基于税务稽查的会计信息失真问题及治理研究

申山宏／著

吉林大学出版社
·长春·

图书在版编目（CIP）数据

基于税务稽查的会计信息失真问题及治理研究 / 申
山宏著. -- 长春 : 吉林大学出版社, 2021.6（2021.9重印）
　ISBN 978-7-5692-8684-7

　Ⅰ. ①基… Ⅱ. ①申… Ⅲ. ①会计检查—研究—中国
Ⅳ. ①F231.6

　中国版本图书馆CIP数据核字(2021)第171947号

书　　名：基于税务稽查的会计信息失真问题及治理研究
　　　　　JIYU SHUIWU JICHA DE KUAIJI XINXI SHIZHEN WENTI JI ZHILI YANJIU

作　　者：申山宏　著
策划编辑：矫　正
责任编辑：张宏亮
责任校对：李潇潇
装帧设计：雅硕图文
出版发行：吉林大学出版社
社　　址：长春市人民大街4059号
邮政编码：130021
发行电话：0431-89580028/29/21
网　　址：http://www.jlup.com.cn
电子邮箱：jdcbs@jlu.edu.cn
印　　刷：天津和萱印刷有限公司
开　　本：787mm×1092mm　　1/16
印　　张：13.25
字　　数：200千字
版　　次：2021年9月　第1版
印　　次：2021年9月　第1次
书　　号：ISBN 978-7-5692-8684-7
定　　价：68.00元

前　言

　　会计的本质是一个信息系统，会计工作和会计信息的价值在于会计信息的决策有用性，决策有用性取决于会计信息的相关性和真实性。随着社会主义市场经济体制的确立，财务会计制度的改革正沿着规范化、制度化、法制化的轨道发展。目前的会计改革正以极大的精力来解决相关性问题，而且也已经初步显示出了改革的成果。但是，会计信息的真实性却是一个令人担忧的问题，它也重要地决定着会计信息的有用性和价值。就目前及今后一个相当长的历史时期来看，会计工作的重点都应是放在如何解决会计信息的有用性，特别是真实性上，因为这是会计工作存在的基础之所在，没有这一点，会计工作就失去了存在的意义。

　　近年来，会计信息失真现象愈来愈严重，会计信息失真及其治理应当说是所有现代国家都面临的课题。20世纪20年代末期美国爆发的那场经济危机，学者们事后的分析也部分归咎于会计信息失真。正是由于认识到确保会计信息真实对于维护整个社会经济、市场良好秩序的重要性，美国政府规定了发行与上市交易证券要公开披露其会计信息，并辅之以注册会计师强制年度报表审计制度，其用意就是要保证会计信息的真实可信。

　　自改革开放以来，会计信息不真实的问题一直困扰着我国的经济秩序，也一直为政府和全社会所关注。自2014年我国进入经济新常态以来，经济增长速度由平均10%降到2018年的6.6%，财政收入增速与经济增速同比下降。而为进一步实现资源优化配置，推进供给侧结构改革和落实以减税降费为主的降成本政策，财政支出增速却呈连年上涨状态，导致我国当前的财政收入面临着巨大压力。2018年我国一般公共预算收入183352亿元，其中税收收入156401亿元，占85.3%。2020年我国一般公共预算收入182895亿元，其中税收收入154310亿元，占84.4%。由此可见，我国绝大多数的财政收入都来源于税收，而企业作为重要的纳税主体，是国家税收的主力军。企业为了实现自身利益最大化的目标而不断进行会计舞弊，致使会计信息失真，给国家政策改革和宏观调控都造成了极其恶劣的影响。会计舞弊行为的屡禁不止，使国家财政每年损失逾千亿元。

随着会计信息失真的表现形式越来越复杂，会计舞弊程度也愈加严重，充分说明当前的会计法律、制度不能彻底地解决会计失真问题，尚存在需要改进和完善的空间。我国的许多学者对会计信息失真与治理进行了系统研究，这一领域的研究成果颇丰，为治理会计信息失真提供了理论指导。本书的研究正是建立在前人的研究基础之上。税务稽查作为国家税收的最后一道防线，有着查处税收违法行为、保障税收收入、维护税收秩序的重要作用，也是打击会计舞弊、防止税款流失的有力手段。本书通过税务稽查和会计信息失真的概述，明确税务稽查的内涵、职能，剖析我国税务稽查工作现状及存在问题，对会计信息失真的含义、类型、表现形式以及危害进行阐释，在阐述了会计信息失真问题及治理的理论基础上，深入剖析会计信息失真问题及其影响因素分析，进而提出了解决会计信息失真的治理方案和应对措施，同时详细阐述了注重会计职业道德建设、建立和完善内部控制制度、优化税务稽查工作等分别从事前、事中、事后进行治理会计信息失真的解决方案，最后还提出了会计信息失真的法律法规制度保障建设，从而在杜绝从根本上治理会计信息失真提出自己的观点和看法。本书的研究，对于加强税务稽查视角的会计信息失真的治理，提出了自己的一些观点、措施，同时对治理会计信息失真进行事前、事中、事后治理的较详细分析，具有较强的实用性和应用性。对弱化企业会计舞弊的侥幸心理，提高财政收入水平，保障经济新常态环境发展具有重大意义。

笔者希望通过本书可以在经济新常态的环境下为企业提供一些日常监督管控的参考，能够为税务稽查部门有效治理会计失真问题提供借鉴方法，从而为减少涉税会计舞弊、促进国家经济结构改革作出少许贡献。但由于笔者能力水平有限，本书尚存在许多不足之处，如，对会计信息失真的国外现状了解不深，对国内现状实地考察不够；本书主要采用归纳、比较、演绎等规范研究方法，缺乏实证分析作为本书论证的支持。在以后的教学与研究中，笔者将持续关注并深入研究税务稽查视角下的会计信息失真问题与治理。

目　录

第一章　税务稽查的一般理论概述

税收是国家为满足社会公共需要，依据其社会职能，按照法律规定，参与社会产品的分配，强制、无偿地取得财政收入的一种规范形式。[①]民以食为天，国以税为本。改革开放四十多年来，税收为国家开展各项活动提供资金支持，是国家财政的核心收入渠道，对于社会经济的宏观调控起到十分关键的作用，其地位不断得到巩固和加强。税收是连接国家宏观和微观经济的桥梁和纽带，意义重大。尽管税收管理机制被改革，但是税务稽查的作用并没有被削弱，依然是税收征管工作的"最后一道防线"。经济越发展，监督越重要。在经济新常态背景下，税务稽查作为特殊的监督管理活动，有着查处税收违法行为、保障税收收入、维护税收秩序的重要作用，也是打击会计舞弊、防止税款流失的有力手段，对于促进社会主义市场经济健康发展，有着十分重要的意义。

本章从税务稽查的概念界定入手，阐述税务稽查的职能、特点、任务和工作流程，进而阐述纳税遵从理论、博弈理论、行政效率理论、风险管理理论等税务稽查相关的理论依据，在此基础上，梳理我国税务稽查管理的历史变迁，剖析我国税务稽查工作的现状，介绍国内外税务稽查成功经验并加以借鉴。

一、税务稽查的概念界定与职能特征

（一）税务稽查的概念界定

狭义的税务稽查指税务机关根据税收法规依法对纳税人以及扣缴义务人的纳税行为进行检查，防止国家税款流失的行政行为。广义的税务稽查是指稽

---

① 蔡昌，刘玉章主编.中国税制 [M].北京: 清华大学出版社，北京交通大学出版社，2009: 23.

查系统各要素的有效组合，完成各项稽查资源的有效运用，最终实现税务稽查目的的资源整合。

税务稽查作为整个税收征管过程中必不可少的环节，在维护税收秩序方面起着举足轻重的作用，它的基本任务是惩戒和打击税收违法行为、提升纳税人税收遵从度，从而保障税收收入，稳定税收环境。稽查局的主要职责是依法对纳税人、扣缴义务人和其他涉税当事人履行纳税义务、扣缴义务情况及涉税事项进行检查处理，以及围绕检查处理开展的其他相关工作。①

（二）税务稽查的职能与任务

1.税务稽查的职能

税务稽查职能是指在税务检查过程中，稽查主体所具备的功能。通常税务稽查的职能包含以下几点。

（1）惩戒职能

本职能体现在税务稽查局检查税收是否违反法律行为时，依据相应的法律法规对稽查对象实施行政处罚或者采取其他制裁手段，一旦事件归属于犯罪案件，立刻移送公安机关的经侦部门，主要作用是严惩并劝诫税收违法行为。惩罚职能是法律法规给予税务稽查部门税收行政处罚权力的终极体现，说明了税收具有强制性。

（2）监控职能

本职能体现在税务稽查局借助于检查纳税人、扣缴义务者、有关当事人的生产运行状况、会计核算报表、申报纳税和代为缴纳税费的状况，对稽查对象是否做到整体、精准、实时完成法律规定的义务进行全面监控。

（3）收入职能

本职能体现在税务稽查部门通过税务稽查工作的实施，实现增加税收收入的目的。稽查的收入职能最终决定于税收的财政职能，能够很好地展现税务稽查惩戒涉税违法行为的作用，进而实现通过税务稽查来促进税收征管工作的顺利开展。

---

① 国家税务总局教材编写组.税务稽查（初级）[M].北京:中国税务出版社,2016:1.

（4）教育职能

本职能体现在借助于稽查执法活动来查处各类税收违法案件，同时对稽查对象、有关当事人、扣缴义务者进行税收相关法律法规的教育，进而达到指导纳税义务人依法纳税的目的。通常税务稽查的教育职能通过两种方式来实现：一是对稽查对象进行检查，对其存在的涉税违法行为予以处理处罚；第二，借助于多种宣传形式来增强稽查执法的影响程度，如发布公告、召开新闻发布会或进行媒体曝光，进而达到教育更多的纳税人认识依法纳税的重要性，对出现的涉税违法行为起到震慑的作用。

2.税务稽查的基本任务

具体而言，税务稽查的基本任务是税务稽查部门按照税收相关法律法规来检查并处理税收违法行为，确保税收收入的安全，坚持推进依法纳税，稳定税收秩序。税务稽查的工作不仅包括相关手段还涉及相关目的。相关手段是指按照法律法规检查处理税收违法行为，相关目的是稳定税收秩序、推动主动纳税、促进依法纳税、确保税收收入安全。相对于税务稽查职能而言，税务稽查的基本任务是其职能的具体化体现。

（三）税务稽查的工作流程与特征

1.税务稽查的环节

稽查工作流程主要有选案、检查、审理、执行四个环节，各环节互相独立、相互制约。

（1）税务稽查的选案环节

税务稽查选案也被称为税务稽查目标的选择，是根据相应的方式方法和条例要求，收集、分析、选择不同纳税人的相关信息，根据相应的工作流程，挑选出最终的税务稽查对象的流程。选案阶段是整个税务稽查的第一个环节，更是整个流程的初始点和基础。[①]选案的精准度将会直接影响到稽查效率以及最终的稽查结果。依照法律并且科学性地选择稽查对象，对于如下税收相关工作来说有着极为关键的作用：税务部门严格执法、依法贯彻履行国家税收法律法规、稳定税务稽查的工作环境、优化税务稽查的速度和质量、维护纳税人的

---

① 伊虹."营改增"后税务稽查发展方向及应对研究[M].北京:清华大学出版社,2017:64-65.

相关权益、做好税务稽查的监察督促工作。

税务稽查选案可以分为主动和被动两种方式。主动选案基本为税务稽查部门对税收专项稽查对象的选择；被动选案为本级税务稽查部门办理上级税务机构交办案件以及接收群众举报案件。

按照税收法律的相关规定，稽查部门按照不同的税务稽查类别进行区分，最终确定选案对象。

①对选案对象的专项稽查和专项整治。即根据上级税务部门的相关要求对企业进行筛选，最终确定专项稽查和专项整治的选案对象。

②专案稽查选案对象。即通过人民群众举报、上级税务机关监督和查办、相关机构转办、跨区域发出协查等方式来决定选案对象。

税务稽查案源的挑选，往往是使用计算机选案、人工选案或者人机结合选案等方式来采集、分类、研究、比较、处理不同种类的税务数据，进而在相应范围内，将最具嫌疑的纳税人或扣缴义务人列为稽查对象。

（2）税务稽查的实施环节

税务稽查的实施环节是指税务部门根据法律规定的流程和制度，开始调查税务稽查对象并对其涉税违法行为给予相应处理意见的流程，这个过程是税务稽查工作顺利进行的关键，是整个税务稽查工作中最核心的部分。税务部门能够按照法律规定流程和实践的要求，在税务稽查进行过程中使用调账检查、具体地点检查和跨区域检查等方法进行。

税务稽查的实施环节要按照以下阶段进行：一是在相关检查工作正式开始前，做好提前准备工作，这样才能确保税务稽查实施环节正常、有效地进行。准备工作包括要保证两名或两名以上的稽查人员，针对被查对象的具体情况，学习和掌握对应的税收法律法规的规定以及会计制度；收集并整理被查对象的税务登记表、会计报表以及纳税申报表等相关资料；通过收集的资料制定检查实施方案。二是在进入检查实施阶段后，稽查人员应仔细检查企业相应年度的会计账簿、记账凭证和财务报表，并对该企业生产经营场所进行实地勘察。三是在稽查工作实施环节的最终阶段，稽查人员要将那些在检查实施步骤中得到的数据信息和证据资料进行分类整理，对检查程序的合法性和完整性进行严格审查，确认全部检查过程符合法定程序；确认取得证据资料的完整性和有效性。最后，制作《税务稽查报告》及其他各类文书并移交审理。

（3）税务稽查的审理环节

税务稽查审理是指税务稽查部门的审理机构根据税收法律法规规定的职责和流程，对于稽查实施环节已经结束的涉税案件按照法律法规进行案件审核以及作出税务处理决定的流程。稽查的审理环节对于税务稽查工作来说是极为关键的，通过对案件进行审理能够有效帮助稽查局严格按照法律法规进行职权的使用，能够保证税收违法案件的检查处理质量，保证不同类别的税收违法案件都能得以公平解决，切实维护公民和法人以及相关部门的正常权利不受侵害。

稽查审理的客体是税务稽查实施认定的涉税事实，在案件审理进行中，审理工作人员要查阅并详细确认《税务稽查报告》和其他有关于案件的数据信息和证据资料，通过《税务稽查报告》，对稽查主体、涉税事实、核心证据、案件性质、数据信息、证据资料、相关手续、法律条文的运用和法定程序进行审理和认定。

稽查审理工作主要是针对稽查对象进行主体审查，同时审查稽查人员在实施过程中是否取得了确凿的证据和准确的数据，在提出处理意见时是否引用了准确的法律条文，处理处罚意见的尺度是否得当，旨在保证稽查实施程序的合法性和审查程序的时效性。

经过全面、完整的案件审理程序后，稽查人员对涉税事实予以认定，提出案件的审理结论，制作《审理报告》及其他文书，移交至税务稽查的执行部门。

（4）税务稽查的执行环节

税务稽查执行环节指的是税务部门遵循法律规定的流程和权限，监督稽查对象严格履行税务处理处罚决定，对偷逃税款予以缴纳的过程。具体的工作内容包括受理审理移交的执行案件、送达《税务处理决定书》《税务处罚决定书》等相关文书、应补税款和应缴罚款及滞纳金的入库、采取税收保全等强制执行措施等。

税务稽查执行环节的对于整个税务稽查工作的重要性不言而喻，它决定了税务稽查案件的成败，只有案件的处理处罚决定能够顺利执行，才能切实维护我国税收法律的权威，体现税务稽查工作的严肃性；才能挽回国家税款的损失，保护纳税人的合法权益不受侵害；才能起到对税收违法行为和不法分子进行严厉打击和震慑的作用。

税务稽查执行工作的具体流程包括案件执行的受理、税务处理文书的送达以及税务处理处罚决定的执行。执行人员将《税务处理决定书》和《税务处罚决定书》等相关文书送达被执行人，在规定的时间内，被执行人到税务征管部门将查补税费、罚款和滞纳金等全额上缴国库。若被执行人未按规定时间执行处理决定，按照相关法律规定，执行部门将使用税收保全、冻结账户等强制措施，以此来确保税务处理处罚决定能够得以执行。案件执行完毕后，执行人员制作《执行报告》并移交归档。

2.税务稽查的特征

笔者从以下四个方面简单地描述税务稽查的特征。

一是特定的主体。实施稽查行为的主要执法机关是省税务局以下的稽查局。[1]二是规范的实施。实施税务稽查行为必须按照法律授予的职责、权限与程序进行。[2]三是明确的稽查对象。一般情况下，纳税人、扣缴义务人与其他税务当事人是税务稽查对象。税法规定具有直接纳税义务的单位和个人称为纳税人；直接负有代扣代缴、代收代缴税款义务的单位和个人为扣缴义务人；稽查执法过程中与涉税事项直接相关的其他单位与个人为其他税务当事人。四是清晰的客体。稽查的客体体现在履行的情况，主要是稽查对象的纳税义务、扣缴义务及税法规定的其他义务。[3]

二、税务稽查的相关理论

（一）纳税遵从理论

纳税遵从，小称为纳税人遵从或税收遵从，具体是指"纳税人遵照税法的规定履行纳税义务，包括及时申报、准确申报、按时缴纳三个基本要

① 李大明主编.税收管理与稽查[M].北京:经济科学出版社,2004:35.

② 国家税务总局教材编写组编.税务稽查管理[M].北京:中国税务出版社,2008:15.

③ 国家税务总局教材编写组编.税务稽查管理[M].北京:中国税务出版社,2008:11.

求。"①而纳税人严格按照税法的相关规定，自觉依法纳税的程度即为纳税遵从度。税务机关能否正确执行税收政策，税收制度能否得以落实，税收征管质效能否提高以及能否建立和维持良好的税收环境和秩序，都是纳税遵从度的高度体现。税收遵从理论的研究在西方已有七十多年的历史，并且除经济学外，已经广泛涉及政治学、社会学和心理学等多个领域，西方经济学家建立的税收遵从理论模型更是为现代税务稽查的理论研究提供了强大的理论分析工具。在税务稽查工作中，通过对涉税违法行为的严厉打击，不仅弥补了税收征管工作中出现的漏洞，维护了纳税人的合法权益，保障了国家财产安全，更提高了纳税人对依法纳税的遵从度和积极性，使纳税人能够主动纳税，降低了纳税遵从成本，完善了税收体系。

（二）博弈理论

博弈论又称为对策论，主要研究行为主体的决策及均衡问题，即当行为主体发生直接的相互作用时，决策者作出的选择既受其他人影响，又影响其他人的选择。博弈论最早在1944年于数学家冯·诺依曼（V.Neumann）和经济学家奥斯卡·摩根斯坦（O.Morgenstem）合著的《博弈理论与经济行为》一书中被提出，这是将博弈理论融入经济学领域的首次系统性尝试，并由此形成了针对现代博弈理论研究的基本分析框架。之后，经济学家约翰·纳什（J.Nash）于1950年和1951年发表了两篇重要论文，其中关于非合作博弈论的研究，即著名的"纳什均衡"，揭示了博弈均衡与经济均衡存在内在联系，这一研究成果成为现代非合作博弈论得以奠定的基石。后来，经过经济学家莱茵哈德·泽尔腾（R.Selten）提出的"精炼纳什均衡"概念和经济学家约翰·海萨尼（J.C.Harsanyi）在不完全信息问题上的突破，使博弈论逐渐发展成为能够广泛应用于政治、经济等多个领域的成熟的科学。博弈论假设每个决策主体都是理性的，会通过各种手段最大化自己的利益，并对其他决策主体的行为有理性的判断和应对。

博弈的类型很多，但基本具备以下几个要素。

1.参与者：在博弈中作出决策，并独自承担决策后果的个人或组织，是博

① 宋良荣,吴圣静.论税收遵从研究的理论基础[J].南京财经大学学报,2009(02)：44.

弈的利害关系者，也是博弈的最基本方面。参与者数量越多，博弈越复杂。

2.策略：参与者作出的决策内容，也就是参与者可以选择的行动方案或经济活动的水平的集合，在定义"博弈"时需要给出参与者能选择的所有策略。

3.过程：参与者是否同时决策，或者存在决策的先后顺序。

4.预期收益：参与者能从博弈中获取的利益，是参与者作出博弈决策内容的主要依据。

由于在税收征管过程中，没有绝对的税收公平，也难以做到绝对的税收遵从，所以税务机关与纳税人在本质上形成了一种博弈关系，税务机关谋求在依法征收的前提下税收收入最大化，纳税人则以经济利益最大化为目标。假设博弈双方为税务稽查部门与某纳税人，税务稽查部门有稽查和不稽查两个策略，纳税人有偷税和不偷税两个策略，纳税人应缴纳的税款为 x，如偷税被查处后需罚款为 nx。为了最大限度震慑涉税违法行为，我国税务稽查部门一般不考虑检查产生的成本和收益，故将该博弈简单化，税务稽查部门只执行稽查策略，同时考虑纳税人被稽查到的概率。假如纳税人被稽查到的概率为 p，则纳税人的预期收益 y 为：$y=(1-p)x-npx$

目前我国税法规定，对纳税人偷税的处罚是 0.5倍到5倍之间的罚款。如 $n=0.5$，则当 $p>0.67$时，$y<0$；如 $n=5$，则当 $p>0.17$时，$y<0$；当纳税人偷税被稽查到的概率小于 0.17时，纳税人偷税的预期收益为正。通过博弈分析我们可以得出结论：纳税人偷税的预期收益与被税务机关处罚的倍数及被稽查到的概率成反比。

在博弈论的范畴内，税务稽查部门想要达到提高震慑、促进纳税遵从的目的，需要从两方面提升稽查工作水平。一是确保稽查执法的刚性。如果纳税人偷税没有任何处罚，即使被稽查查到的概率很高，纳税人偷税的预期收益也永远为正。只有通过依法治税、刚性执法，确保税法规定的处罚能够落实到位，将偷税的预期收益降低，才能使税收违法分子不敢为。二是提升查处涉税违法的能力。稽查部门要不断提升稽查选案的精准度，准确筛选出具有遵从风险的纳税人，同时具备高超的查案手段，及时查清查透涉税违法犯罪的事实，这也是税务稽查最重要的威慑手段。

（三）行政效率理论

行政效率是指行政机关及人员通过从事行政管理活动所获得的劳动效果、社会效益同所消耗的人力、财力、物力、时间等多种元素之间的比率关系。对于税务稽查而言，行政效率即在税务稽查工作中取得的成果与稽查资源的投入产出比例。在税务稽查工作中，行政效率通常有以下体现：通过合理的机构设置优化稽查资源配置，针对不同区域、不同类型的稽查案件能够做到人尽其能、物尽其用，以最少的资源调配成本达到稽查工作收益最大化；通过对稽查环节的严格控制，使稽查各个环节的工作能够达到程序化、标准化，通过准确的选案快速锁定稽查对象，调查取证环节做到有目的性和计划性，避免盲目取证，降低取证成本；合理合法地运用自由裁量权，能够对案件进行准确定性，降低税务行政执法风险；通过对税务稽查的法制化、信息化建设和人才队伍建设，提高税务稽查工作的软硬件配备水平，大幅提高税务稽查工作质效。

（四）风险管理理论

风险管理最早起源于20世纪30年代的美国，在70年代迅速发展并逐步成熟。风险管理理论是研究风险发生的规律和风险控制的技术。风险管理的对象是各类可能发生的风险，主体是对应的组织或个人，主要应用的管理方式包括风险识别、风险评估以及风险应对等。风险管理有两个目标：一是通过评估分析尽量避免或减少风险形成的机会，有效控制各类风险的发生；二是通过风险应对手段对发生的风险进行妥善处理，努力挽回造成的损失。

税收风险管理就是税务机关对纳税遵从风险进行分析，根据风险等级合理配置资源，从而达到降低风险、提高纳税遵从的目的。20世纪末，国际经济合作发展组织（Organisation for Economic Co-operation and Development，简称OECD）将风险管理理论引入税务管理当中，发布了风险管理应用指引，推动了税收风险管理理论的发展。后来 OECD 又陆续通过了《遵从风险管理：管理和改进税收遵从》《遵从策略目录》等，发布给所有 OECD 成员国。

近年来，我国税务机关对税收风险管理也非常重视，将税收风险管理视为促进纳税遵从的根本途径，2018年国家成立了专门的大数据和税收风险管理部门，组织开展税收风险管理、风险分析识别及模型建设、应对任务推送和管理、涉税信息获取及应用等工作。

税收风险管理的成效主要取决于风险管理理念、数据整备质量、风险分析质量和风险应对质量等四个方面，其中风险管理理念是前提，数据整备是基础，风险分析是核心，风险应对是保障。目前我国税收风险管理的主要流程如下。

1.数据整备。采集税务登记情况、发票领用开具情况、申报征收情况等内部数据以及第三方涉税信息、宏观经济信息等外部信息，对相关数据进行清洗和加工，建立企业基础信息库，并定期予以更新。

2.风险分析识别。建设风险分析识别模型，依托税收大数据对企业进行风险"画像"，按高、中、低三个等级进行风险排名，形成税收风险任务、数据核查任务。

3.任务推送。按风险等级推送至下级税务机关或同级稽查部门、税源管理部门、纳税服务部门及专业化风险应对部门等。

4.风险应对。对于中低等级风险的纳税人，通过电子税务局推送提醒，帮助、引导纳税人自我纠正、自查补税。对于高等级风险的纳税人，运用税务约谈、实地核查、纳税评估等方式开展风险应对，涉嫌虚开骗税等违法行为的移交稽查查处。

税务稽查作为税收风险应对的重要手段，也充分将风险管理理论融入工作中。一是在选案过程中，将风险分析和"双随机"选案相结合，对于低风险纳税人实行较低的抽查比例和频次，对异常对象名录库中的高风险纳税人提高抽查比例和频次，增强了稽查选案的针对性和有效性。二是在检查前的案头分析中，通过大数据技术对检查对象进行风险识别和评估，标识重要涉税疑点，让检查人员有的放矢，减少了稽查执法成本，提升了执法效能。三是将稽查过程中发现的税收漏洞，通过稽查建议等方式反馈给税源管理、法规、征管等部门，从根源上减少税收风险的发生。

（五）新公共管理理论

20世纪60年代以来，英国、美国等西方主要发达国家开展了一场来自政府和公共部门内部的改革运动，这场行政改革运动即"新公共管理"运动，它以实践为导向，侧重于政府和公共组织的内部结构、公共服务的供给方式的根本性改变，最终目标是要减小政府规模、压缩政府活动空间、创新服务供给方法，以更低的费用、更高的效率实现公共目标。[①]"新公共管理"的基本思想包括以下几点。[②]

1.政府应以顾客为导向，建立服务型政府。根据公共选择理论，"新公共管理"认为政府应该跳出传统的政府与社会的公共行政模式，向市场法则回归，重新定位两者的关系，政府由传统的行政管理官僚机构向"企业家"的身份转变，将公民作为其顾客，以顾客的需求为导向，提升公务服务的效率和水平。

2.转变政府职能，政府由"划桨"转为"掌舵"，负责制定合理的制度，并做好监督。"新公共管理"主张政府简政放权，将精力放在制定政策这个主要职能上，减少执行政策的部分，将管理与具体操作分开，向小政府发展，达到缩减开支、提升效率的目的。

3.在公共管理当中引入市场竞争机制，提高公务物品和服务供给的效率。取消政府对公共物品和公共服务的垄断，引入竞争机制，让更多的私营部门参与公共物品和公共服务的供给，迫使政府部门通过改革提高供给的质效。

4.建立有效的绩效指标体系和绩效评估方法。"新公共管理"主张通过绩效指标体系来确定政府部门以及公务人员的具体目标，制定能让公务人员灵活实现目标的预算制度和规章，并根据合理的绩效评估方法对绩效目标完成情况的评估和测量，从而提升政府工作效率。

"新公共管理"对税务稽查工作有以下几点启示。

第一，要转变稽查执法方式。稽查执法虽然是带有强制性的行政执法行为，但也需要关注纳税人的满意度，转变执法理念和执法方式，在依法办事的前提下强化服务理念，注重文明执法，体现执法温度，为纳税人讲清道理，规范处罚裁量，持续优化税收营商环境，做到法律效果和社会效果有机统一。

第二，要推动稽查工作向"治理型"稽查转变。面对当前经济社会新形势，税务部门需要持续完善税收治理体系，提升税收治理能力。税务稽查工作作为税收治理的重要组成部分，要以"新公共管理"理论为指导，明确方向，强化税务稽查维护经济税收秩序、国家税收安全和社会公平正义的工作定位，

---

① 张纲.公共管理学引论［M］.杭州：浙江大学出版社，2003：54.

② 彭未名，邵任薇，刘玉蓉等编著.新公共管理［M］.广州：华南理工大学出版社，2007：182-184.

积极推动税务稽查工作由单纯的"收入型""打击型"稽查向服务于税收的"治理型"稽查转变。

第三，要正确定位税务稽查与纳税评估的关系。税务稽查与纳税评估作为税务部门对纳税人进行税收检查的两种方式，我们要充分理解两者在应对税收风险方面的竞争与合作关系，通过内部竞争提升风险管理工作的质效；也要明确税务稽查在打击涉税违法犯罪方面无法取代的地位，使两者工作职能更清晰，工作目标更具体，共同促进税收征管水平的提升。

第四，要建立完善的稽查绩效管理体系。科学设计绩效管理考核指标，建立以稽查案件查处质量为重点、涵盖整个稽查工作过程的考核评价体系，以工作成效论高低、看功绩，形成鼓励真抓实干的明确导向。

三、我国税务稽查管理的历史变迁

我国的税务稽查工作最初开始于新民主主义革命时期，陕甘宁边区建立的税务稽查队，是最早的税务稽查机构。新中国成立以来，我国的税务稽查工作经过长期的发展、探索，税务稽查体制渐趋完善，税务稽查管理水平也在不断提高。回顾新中国成立以来税务稽查管理的发展历程，大致可以分为以下几个阶段。

（一）萌芽阶段（新中国成立初期）

建国初期，百业待兴，各项规章制度都不完善，当时我国的税务稽查正处于萌芽阶段，没有专门的稽查机构，也没有专门的稽查人员，甚至还没有专门的命名，其税收检查权是由基层征管单位的检查人员代为行使。财政部税务总局于1950年4月制定的《各级税务机关检查工作规则（试行草案）》中明确规定：检查工作任务是税务总局及所属各局检查人员，在局长领导下，检查各级税务及专卖机构与纳税人。税务检查人员同时行使了现在的税务稽查和税务监察的职能。由于权力过大、一人独管、缺乏监督，势必会造成腐败现象，于是各地开始逐步探索将税收检查权单设，将其从检查人员的税收管理权中分离出来。1952年12月，政务院颁布的《省市以上各级人民政府财经机关与国营企业部门监督室暂行组织通则》规定：税务机关的检查单位，改称监察单位。今后监察单位的职责，在领导的意图下检查所属税务机关及税务人员执行工作的情况，并受理有关税务的检举与申诉案件。原税务检查人员转变成税务监察人员，工作职责也由外到内。这一变化，标志着税务稽查与税务监察的职能彻底分离。总体而言，虽然在这个阶段税务稽查尚没有正式设立，但是这种形式还是与当时的社会经济发展程度相适应的。

（二）起步阶段（改革开放后至90年代初）

改革开放以后，我国的经济改革不断深入，经济结构发生了重大变化，为了适应这种变化，税制也进行了相应的改革。正是在这个时期，我国的税务稽查制度开始逐步建立起来。部分地区的税务机关在20世纪50年代税务查账队的基础上，自上而下，从省到县，都建立了税务稽查队。税务稽查队的建立极大加强了税务稽查工作的开展，有力地打击了偷、逃、抗、骗税等违法犯罪行为，同时对税务机关和税务人员也起到了的监督制约作用。1979年7月，全国人大五届二次会议通过了新中国成立以后的第一部《中华人民共和国刑法》，其中第121条规定：违反税收法规，偷税、抗税，情节严重的，除按照税收法规补税并且可以罚款外，对直接责任人员，处3年以下有期徒刑或者拘役。这也为税务稽查队提供了有力的法律依据，真正做到税务稽查执法，有法可依。此后，随着1986年7月1日《中华人民共和国税收征收管理暂行条例》的实施，1993年1月1日《中华人民共和国税收征管法》施行及其相配套的法律、行政法规的陆续出台，如《税务稽查工作规程》《增值税日常稽查办法》等，标志着我国包括稽查制度在内的税收征管制度逐步完善、规范，并且日趋成熟。

（三）探索阶段（新税制实施后至21世纪初）

1994年新税制开始实施，全国各地税务机关基本上都已设立专门的稽查机构，税务稽查队伍不断充实壮大，1997年国家税务总局成立稽查局。这一阶段的税务稽查工作基本上处于各自摸索、形式多样的分散状态。各级税务机关逐渐认识到税收工作的重点是征管，税务稽查是"重中之重"。当时税务稽查执法缺乏规范性、统一性和公正性。稽查机构的名称不统一，有稽查分局、稽查队、稽查处、稽查所、检查处等多种称谓；执法程序和执法文书不统一；自由裁量权的使用不尽规范，导致税务处理和处罚的力度差别很大。尽管如此，我国的税务稽查进入了快速发展阶段，全国统一的税务稽查系统正式建立起来。随着稽查地位的不断提高，最终在全国范围内实现了税收征管由"纳税-

申报、税务代理、税务稽查三位一体"的模式向"以纳税申报和优化服务为基础，以计算机网络为依托，集中征收，重点稽查"的新模式转变。税务稽查体制改革也得以快速发展，实现了稽查内部选案、检查、审理、执行相分离，强化了税务稽查的内部监督制约机制。

（四）发展阶段（21世纪至今）

进入21世纪以来，我国的税务稽查进行了新一轮的体制改革。改革本着理顺体制、明确职责、发挥效能的思路展开，主要针对我国某些地区和行业税收违法行为发生率高，跨地区作案，地方保护主义严重等新特点。该阶段的主要标志是"一级稽查"的税务稽查管理体制开始在全国范围内普遍试点。在城市的集中地区集中设立稽查局进行一级稽查，有利于理顺稽查部门同征管部门的关系，克服外部干扰，统筹稽查资源，集中稽查优势力量，促进税收环境的优化。

四、我国税务稽查工作现状分析

（一）我国税务稽查工作主要方式

税务稽查的范围包括纳税人对税务法律、法规、制度等的贯彻执行情况、纳税人生产经营活动及税务活动的合法性以及纳税人是否存在偷、逃、抗、骗、漏税及滞纳情况。目前我国税务稽查部门的主要稽查方式包括随机抽查、专项检查、专案检查等。

1.随机抽查

为了贯彻国务院精神，税务总局在2015年印发了《推进税务稽查随机抽查实施方案》，将"双随机一公开"的监管方式引入了税务稽查工作。"双随机"即检查对象和执法检查人员随机产生，"一公开"即公开税务稽查随机抽查的职责、程序、事项以及随机抽查结果等信息。随着近几年"双随机一公开"的全面推行，随机抽查已成为税务稽查部门重要的日常检查方式。

随机抽查分为定向抽查和不定向抽查，实行的是"双随机"与"风险分析"相结合的选案方式，检查对象主要从税务稽查对象分类名录库和税务稽查异常对象名录库中产生。分类名录库包括总局、省局、市局的重点稽查对象名录库，对重点稽查对象名录库的随机抽查主要采取不定向抽查的方式进行，原则上五年轮查一回。

税务稽查部门以风险管理为导向，建立税务稽查异常对象名录库，实施动态管理。稽查部门以纳税人申报系统中的数据为基础，通过风险分析手段，筛选出高风险企业，将其纳入税务稽查异常对象名录库中，并在随机抽查时，提高对异常名录库的抽查概率和频次，达到风险应对的目的。风险管理还体现在定向抽查方式中，稽查部门可以设定包括隶属关系、组织架构、收入规模、纳税情况、税负率、利润率、行业、信用级别等条件，随机产生检查对象。如福建省三明市税务局第二稽查局在2019年8月，通过设定"委托协查中发现了发票违法情形"为条件定向抽查，抽取了夏商百货、鸿利德贸易等6户企业作为检查对象。

2.专项检查

专项检查，是指由总局稽查局、省局稽查局统一安排，针对某些税收秩序较为混乱、案件发生较多的重点行业、重点地区或某类涉税违法类型进行的检查。近年来，总局稽查局持续组织开展了多个行业和地区的税收专项整治活动，如2016年组织了医药行业、地方石油炼化企业、金融服务业等"营改增"高风险行业、农产品行业的专项检查，共对1629户医药行业企业、2661户地方石油炼化企业、365户农产品收购企业、1.01万户"营改增"高风险企业进行了检查，查补收入300多亿元。随后几年，又陆续部署了房地产业、废旧物资回收行业、机动车销售行业、影视行业、生活服务业及交通运输业等行业的专项检查收到了良好的社会效果。[①]部分省、市税务局稽查局也会根据自身的实际工作情况组织开展辖区内的行业专项检查。

打击虚开骗税也是专项检查的一个重要内容。税务总局持续推进部门协作机制，在原部际协作机制基础上，于2016年建立了专门的税务、公安、海关、人民银行等四部门协作机制，联合开展案件查处，切实加强内外合作，增强执法合力，推进社会共治。同时与联系最紧密的公安部门建立了公安派驻税务联络机制，税警协作防范和打击涉税违法犯罪。部分地区还不断创新警税协作方式，丰富协作内容，拓展协作的深度和广度。另外，税侦支队可以统一税

---

① 国家税务总局网站 http://www.chinatax.gov.cn/.

务与公安的调查取证程序和标准，实现税务案卷与司法案卷证据通用，避免了案件移送公安后的重复检查、重复取证工作，提高了办案效率。税侦支队还可以整合公安与税务的调查手段，公安经侦负责对嫌疑人进行布控抓捕，防止嫌疑人走逃，税务稽查负责涉税案情的判断与检查，优势互补提升案件侦破率。

专项检查已经成为税务机关防范税收风险、促进行业规范的有力手段。针对重点地区和行业的普遍性税收问题进行集中性的检查，查处一批涉税违法企业，既可以达到震慑效果，也可以营造公平公正的行业税收秩序。部门协作机制的推进，可以加强特定行业、重点领域风险管控，提升纳税遵从度。专项检查过程中，稽查部门通过对查实的涉税问题开展分析研判，能够充分发挥以查促管职能，针对区域产业、行业的发展和监管提出措施、建议，堵塞税收漏洞。

3.专案检查

专案检查是指税务稽查部门在掌握了相关案件线索的情况下，带着特定的目的对特定的对象进行的检查。专案检查的案源主要来自税务部门征管或日常检查过程中发现的重要线索、上级部门的交办案件、审计和纪委等部门的转办案件以及检举案件等，大多数为案情较为复杂、涉案金额较高、社会影响较大或是舆论反应强烈的重大税收违法案件。

税务稽查部门在进行专案检查时，一般会以成立专案组的形式进行。遇到社会影响较大、舆论反应强烈的重大税收违法案件时，税务稽查部门会采取提升检查层级、异地抽调检查人员等手段确保检查效果。如2019年，在崔永元实名举报范冰冰通过阴阳合同偷税漏税引起巨大舆论反响后，税务总局稽查局责成由江苏省税务局稽查局负责该案的查处，从各地抽调了精干力量进行专案检查。最终查明范冰冰及其控制的企业通过拆分合同、隐匿真实收入等手段少缴、偷逃税款2.55亿元，对范冰冰及相关企业处以了补缴税款、滞纳金、罚款等8.84亿元的处理和处罚。在该案结束后，税务总局在全国开展了规范影视行业税收秩序专项行动，组织数万户影视企业和数万名影视从业人员开展自查自纠。

为了充分发挥查处重大税收违法案件的社会效应，税务稽查部门通常会运用传统媒体和新媒体等多种形式，开展"以案说法"，及时向社会公开重大案件查处结果，进行税务稽查工作宣传，以达到加强税法教育，增强税务稽查执法公信力和震慑力的目的。如税务总局稽查局每年都会通过新闻发布会的方式公布"十大典型案例"，还经常与公安部门联合发布"虚开骗税典型案例"，各省、市税务稽查部门也会通过各类新闻媒体发布重大税收违法案件的查处情况。

（二）我国税务稽查工作存在的问题

虽然近年来我国税务稽查工作取得了很多成绩，但存在的问题也不容忽视，这其中既有长期以来一直难以解决的问题，也有税收征管体制改革后新出现的问题，这些问题不解决，势必影响我国税务稽查工作现代化进程的发展和推进。

1.稽查职能定位误区问题

要充分发挥稽查职能作用，首先要对稽查工作的职能有正确的定位。长期以来，税务部门对稽查职能的普遍提法是"以查促收、以查促管"，最终目标是通过税务稽查提高纳税遵从度，服务税收治理。但是实际工作中，部分税务机关对稽查的职能定位存在误区。

一是把稽查工作定位为单纯的"收入型"稽查，片面强调税务稽查工作组织收入的单一功能。这种错误的定位，一方面加大了稽查执法的随意性，当税收任务完成较好时，就放松稽查工作，当税收任务难以完成时，就加大稽查工作力度，将稽查查补收入作为完成税收收入的"调节器"；另一方面给稽查工作带来了不良的指向，一定程度上产生了"嫌贫爱富"的情况，迫使稽查人员盯紧各大重点税源企业，而忽略了部分行业和中小企业的税收乱象，削弱了稽查工作对税收违法犯罪的震慑效果，也容易造成税负不公的情况。

二是把稽查工作定位为单纯的"打击型"稽查。重视查处重大税收违法案件的数量和打击虚开骗税的成果，却忽视了检查过程中去发现、总结税收征管漏洞和行业领域乱象，忽视了向征管、税源部门发出稽查建议书。虽然做到了发现问题、查处问题，却没做到提出改进建议、消灭问题，难以达到查处一个、规范一片、促进管理的效果。

2.人才队伍建设问题

一是人员数量不足。近年来，随着社会经济的发展，特别是"放管服"

和商事制度改革，企业的设立较为容易，我国的企业法人单位数从2011年的733.12万个增长到2017年的1809.77万个，税收规模从2011年的8.97万亿增长到2018年的15.64万亿。^①税务稽查监管对象越来越多、规模越来越大，稽查工作人员却呈逐年减少的趋势。全国税务稽查人员数量由2011年的83939人减少至2017年的79158人，占税务部门总人数比例也由11.51%降低到10.78%。

2018年税收征管体制改革后，由于全面撤销了县局稽查局，导致大量原稽查工作人员流失，人员数量不足与繁重的工作任务之间的矛盾愈加凸显。以江西税务稽查为例，改革前原国税地税稽查工作人员数量之和在2000人以上，改革后2018年全省税务稽查工作人员只剩1147人。虽然2019年通过遴选、选调等方式补充了部分人员，但其人员数量也只有1485人，占全省税务部门总人数比例7.1%，这点人数显然难以高质量完成稽查各项工作任务。为了遏制这种趋势，税务总局不得不下达了绩效考核指标，要求各省税务部门2020年稽查人员占比必须达到8%以上。

二是人员年龄老化。全国45岁以上的稽查工作人员由2011年的36745人增加到2017年的45411人，增长了23.58%，占全国稽查总人数比例也由43.78%增加到57.37%，超过了半数以上，而35岁以下的稽查工作人员占比却一直不足1/6。

税收征管体制改革后，稽查工作人员的年龄结构仍未得到有效改善。以江西税务稽查为例，2019年底，全省稽查干部1485人，平均年龄44.36岁，30岁及以下人员224人，占比15.08%；31岁至40岁人员206人，占比13.87%；41岁至50岁人员598人，占比40.27%；51岁及以上人员457人，占比30.77%。各年龄梯队仍不均衡，年轻干部占比较低，老龄化现象仍然比较严重。

三是国税地税人员融合程度不足。国税地税合并前，由于税种差异，原国税稽查人员和原地税稽查人员对企业的检查内容差别较大。合并后新机构的稽查人员需要检查的对象是所有税种，但在实际工作中，由于个人掌握的知识和技能问题，仍然存在部分案件原国税人员检查原国税税种、原地税人员检查原地税税种的情况，原国税地税人员之间对对方税种的政策法规学习主动性不

---

① 国家统计局网站 http://www.stats.gov.cn/.

高，人员融合存在一定的难度，不利于税务稽查长远工作的开展。

四是缺少专业化人才。税务稽查工作的检查对象既有制造业，也有商贸业，既要检查金融、保险企业，也要检查建筑、房地产企业，涉及范围广，相关行业的税收经济知识专业性强，要求税务稽查人员具有较高的专业素质。特别是检查人员，不仅要有较好的财税理论基础，还需要掌握法律专业知识和计算机相关知识，才能完全检查出涉税疑点，保障国家税款不流失。随着纳税人的法律意识逐渐增强，检查人员经常需要与会计师事务所、税务师事务所等涉税专业服务人员进行交锋，没有足够的专业化人才，难以应对目前的工作形势。但实际上我国税务稽查部门的注册会计师、税务师、律师等"三师"人才占比一直不高，虽从2011年的6.88%提升至2017年的8.5%，却一直没有超过10%，还需要继续提升。

由于税务稽查的高度技术性，而税务稽查人员整体素质偏低。具体情况是稽查经验丰富的老同志对会计信息系统不熟悉，对新兴的税务稽查查账软件和审计软件的接受能力不强；而具有很强学习能力、能够很快适应信息化的年轻同志却缺乏到企业查账的实践经验。此外，在稽查队伍的年轻同志中大多数人的专业知识结构单一：计算机相关专业出身的人会计、法律知识不足；会计或法律基础牢固的人其计算机技术和数据处理、管理技术又较弱。总之，复合型人才严重匮乏。为了提高稽查工作的质量、提升稽查执法能力，强化稽查队伍建设是当务之急，其中组建专业数字化的稽查团队是适应时代发展需要的必然选择。

3.执法刚性不足问题

目前的税务稽查工作，处罚的力度还不够大，影响了税法刚性的实现，主要具体表现在以下几个方面。

（1）行政处罚比例较低

根据博弈论的分析，当涉税违法犯罪受到的处罚越重时，纳税人的税收遵从度越高，对涉税违法纳税人依法进行罚款，是稽查依法行政、规范执法的重要体现。然而近年来，我国税务稽查处罚比例（罚款金额除以应补税款金额）一直较低，2011年为18.63%，至2017年整体呈现下降趋势，其中2016年处罚比例最低，仅为3.78%。

（2）自查补税适用范围过宽

近年来，税务机关除了虚开骗税、检举案件等少数案源外，在随机抽查、重点税源检查、行业整治等案源类型检查过程中，都推行了自查补税的工作方式，即由企业对自身的纳税情况进行自我检查，稽查部门根据企业自查的情况再确定是否重点检查。自查补税能够减少稽查成本，对于督促、引导纳税人及时纠正税收违法行为、自觉缴纳少缴税款有一定的积极意义，但在实际工作中，自查补税的适用范围过宽。2015年至2017年间，全国税务稽查自查补税金额均超过稽查查补总额的一半以上。由于自查补税只需要缴纳少缴的税款和滞纳金，不需要缴纳罚款，使得部分案件即使已经进入了检查环节，最后仍然让企业通过自查补税方式缴纳税款，达到减少处罚的目的，以自查代替检查、以补税代替罚款的情况时有发生，部分纳税人存在"即使偷逃税被发现也只需要补税"的侥幸心理，降低了纳税人的纳税遵从度。

（3）行政强制手段使用较少

在执法过程中，被执行人不主动履行税务处理处罚决定甚至走逃失联、暴力抗法的情况时有发生，税收保全和强制执行措施是稽查部门应对这种情况的有力手段。但实际工作中稽查部门存在不愿、不敢使用行政强制手段的情况。虽然税收保全和强制执行的案件数量呈上升趋势，但是占比仍然较低，导致一些案件没有执行到位，损害了国家税收利益，影响了税法权威和税务机关形象，也给税务干部增加了执法风险。

（4）自由裁量空间过大

征管法及其实施细则对税务机关检查赋予了充分的自由裁量权，在工作实践中，税务总局虽然发布了《税务行政处罚裁量权行使规则》，却未制定全国统一的自由裁量权标准，对涉税违法行为人的处理处罚主要由稽查人员根据自身的判断和对法律法规的理解进行自由裁量，难以对处理处罚决定进行有效的事中、事后监督，容易造成自由裁量权的滥用。稽查人员对企业的违法行为是偷税还是对税法理解错误导致少缴税款、是恶意接受虚开发票还是善意取得虚开发票的定性判断，或是罚款金额是 0.5 倍还是5倍的定量判断，都会对最终的处理和处罚产生很大的差别，自由裁量空间越大，越容易滋生腐败，产生廉政风险。虽然各省税务部门都相继出台了自由裁量权的行使规则和参照标准，但由于各省工作情况和对相关法律法规理解不一，参照标准也五花八门，使得各地同类案件经常出现认定不一、处理不一的情况，违背了税收公平原则，也影响税务机关的公信力。

（5）稽查执法外部干扰多

撤销县局稽查局，设立跨区域稽查局后，稽查的执法层级得到了提升，执法独立性有了一定的保障，但在实际工作中，受到的外部干扰仍然存在。由于稽查部门的经费和人员都受同级的税务机关管理，而税务机关的大量工作和经费保障都需要当地政府的支持，当稽查部门对地方招商引资企业、上市公司、大型国企进行检查时，容易受到政府、上级领导的干扰，不能查、不敢查、不愿查的情况时有发生，即使检查有了结果，也面临处理难、处罚难、结案难的情况。

4.部门协作问题

（1）内部职能还需明确

《中华人民共和国税收征管法（实施细则）》第九条规定：稽查局专司偷税、逃避追缴欠税、骗税、抗税案件的查处。国家税务总局应当明确划分税务局和稽查局的职责，避免职责交叉。但在实际工作中，纳税评估作为税收征管常用的一个检查手段，与税务稽查的职能交叉问题比较突出。由于纳税评估使用限制较少，审批简单，且不用对纳税人进行处罚，纳税人配合度较高，特别是税收征管体制改革撤销县局稽查局后，税源管理部门、大企业管理部门均更倾向使用纳税评估的手段对企业进行检查。由于稽查案源与评估案源系统相对独立，相关部门之间沟通也不够顺畅，多头检查、重复检查的情况难以避免，有时甚至出现争抢税源的情况。纳税评估与税务稽查的职责交叉，既增加纳税人的应对负担，损害了营商环境，也让稽查部门与相关职能部门之间的协作配合受到影响，需要进一步明确两者的联系和区别，使税务机关内部部门协作更为顺畅。

（2）外部协作仍需优化

近年来，涉税违法行为的形式更为多样，手段更为隐蔽和复杂，类型更多元化，不仅需要税务部门加大查处力度，也需要更多职能部门进行协作配合。自2015年起，税务总局就与公安、海关、人民银行等三部门开始常态化的联合打击虚开骗税，2018年四部门联合组织开展了为期两年的"打击虚开骗税违法犯罪"专项行动。税务总局还与国家发改委等部门建立了机制，联合多部门开展失信联合惩戒。税警协作方面，配合往往是临时性的，尤其在取证、移送等环节，税警双方意见较难统一，影响办案进度；税银合作方面，对涉案企业的资金流信息获取存在环节多、程序繁、周期长、成本高等问题；税关合作方面，也存在信息沟通反馈不及时、海关凭证查验时间长等问题；联合惩戒方面，税务机关推送户数多，但真正实施失信联合惩戒措施的比例还不够，惩戒结果缺少反馈，互联互动机制还不完善。

5.信息化支撑问题

（1）内部信息流通不畅

随着社会科技、金融、物流等领域的飞速发展，企业跨区域跨领域经营成为常态化，稽查人员对企业进行检查时，企业上下游在外地市甚至外省的情况越来越多。在税务部门的核心征管系统中，稽查人员却只能查询到本地企业的相关涉案信息，无法查询到外地的相关涉案信息，只能通过协查、外调等方式获取，耗费大量时间和人力财力。同时企业的基本资料、申报信息、发票信息等各类征管信息集成度也不高，往往需要稽查人员在各个系统中手工查询、分析、比对，案头分析缺少数据和信息化支撑，影响了选案精准度和案件查办效率。

（2）外部信息获取不足

涉税违法案件越来越复杂，稽查人员也需要更多信息来核实涉税疑点，有时单靠税务部门的征管、申报、发票等信息难以满足稽查对案件的查处需求，需要稽查人员从银行、市场监管、外汇管理、电信、电力、房产、第三方支付机构等部门和机构获取更多的第三方数据。虽然各地都在大力建设政府数据共享交换平台，但税务稽查部门仍然缺少常态化、信息化的应用手段，没有真正用好数据提升案件查办效率。随着互联网技术的发展，网络空间的公开数据也越来越丰富，稽查部门目前仍然忽略了互联网数据这个宝库，没有大力发展应用爬虫技术、大数据技术，导致案件查办缺少外部信息的助力。

（3）信息化办案手段应用不够

为了降低管理成本，提升财务管理效率，企业对财务管理软件的应用越来越普遍，部分企业建设了财务共享服务中心，财务信息化水平不断提升。为了应对这种情况，我国稽查部门相应为检查人员配备电子查账软件，但实际工作中，由于检查人员年龄老化、专业化程度不足、计算机水平不高等原因，熟练运用电子查账软件的人员较少，使用人工核对账簿资料、检查纸质凭证等检查手段的人员较多，这种情况使得部分检查人员工作时检查时间长、办案效率低，越来越难以应对当前的工作需要。特别是在对大型企业集团进行检查时，如果不充分应用信息化办案手段，不仅耗时耗力，也难以充分掌握企业的经营情况和财务信息，做不到全面和深度的检查，涉税疑点无法一一核实，容易造成税款流失。

6.税务稽查法治体系不完善问题

（1）税务稽查相关法律效力层级较低

在我国税收相关法律中，《中华人民共和国税收征管法》这一法律层级涉及税务稽查的内容较少，主要是对税务检查的规定。行政法规层级的《中华人民共和国税收征管法（实施细则）》对税务稽查的主体和主要职责进行了明确，但将具体的工作规则交由了税务总局进行制定。最终对税务稽查各项职能、程序、规则进行详细、明确规定的是2009年由税务总局修订的《税务稽查工作规程》。由于《税务稽查工作规程》只是部门规章层级，法律效力较低，在实践中经常受到质疑。同时由于规程修订时间较早，无法完全适用与当前的稽查工作，税务总局印发了包括《税务稽查工作规范》在内的各种"补丁性"文件进行明确，然而这些文件属于内部规范性文件，在行政诉讼过程中难以作为法定依据，无法为税务稽查工作提供强有力的支撑。

（2）法律手段授权不到位

征管法赋予了税务机关对企业账簿、凭证、经营情况、银行存款等资料检查的权利，但没有赋予税务机关搜查权，即稽查人员只能要求纳税人提供相关资料，或在纳税人同意的情况下对其经营场所进行检查。近年来涉税违法行为人的反检查意识越来越强，违法手段越来越隐蔽，"两套账"的情况比较常见，目前的检查手段，往往很难获得企业真实的账簿资料。而在稽查工作实践中，被检查企业配合程度一般不高，经常存在逃避甚至阻挠检查的情况，有时稽查人员明明知道重要资料就在保险柜或电脑里面，遇到企业各种借口的软性抗拒，也不能强行搜查，导致无法获取重要的案件证据，影响案件的查处，甚至让涉税违法犯罪分子逃脱惩罚。

（3）特派办缺少法定执法主体资格

在征管法及其实施细则规定的税务机关中，对外执法的稽查局只包括省以下税务局的稽查局。特派办属于税务总局派驻部门，不在法律规定范围之内，导致特派办无法取得独立的执法权限，只能暂时以辖区相关省局稽查局名义对外执法，对外使用办案地税务机关执法文书，即增加了工作环节和工作量，也存在一定的执法风险。

（4）移送司法比例较低

按照《中华人民共和国刑法》有关规定，纳税人骗取国家出口退税款数额较大的、逃避缴纳税款金额较大、虚开增值税专用发票、虚开发票骗取出口退税等情形，都属于犯罪，要受到法律的严惩。近年来，全国各级税务稽查部门查处案件每年均在10万件以上，其中逃避缴纳税款和虚开骗税案件不在少数。2011年至2017年，我国税务稽查部门移送司法机关最后判决的案件每年却不足千件，移送司法机关的案件比例较低，法律震慑效果没有得到有效发挥。

五、国内外税务稽查经验借鉴

（一）国外税务稽查经验

基于国外学者的财税思想指引，关于税务稽查的理论研究和实践在西方发达国家起步很早，并且取得了较为先进的理论成果，在现代化建设过程中，基于理论形成了完善的税务稽查体系。尽管我国发展情况和政治制度和欧美等西方的国家存在一定的差异性，但合理运用西方的先进稽查理念和制度方法可以弥补我国在税务稽查管理方面的不足，西方成功的税务稽查经验对于完善我国税务稽查仍然具有积极的参考价值。

1.美国税务稽查

美国的税务稽查制度具有高度的严谨性、规范性和高效性，这与美国的经济发展与法制的完善是高度吻合的。美国的税务机关为国内收入局，下设稽查部和刑事调查部，二者均为税务稽查机构，但负责范围不同。稽查部的职责是调查处理一些带有民事欺骗意味的税务行政违法案件，查处过程中，遇到一些牵涉到刑事行为的案件，如纳税人采取故意性质的虚假申报或者在被检查时拒不合作，态度极其强硬等行为，稽查部可立即向刑事调查部移交案件。

美国的税收相关法律赋予刑事调查部的调查员强大的执法权力，他们在查处案件时可以持有武器，对于不愿合作、态度强硬的纳税人，能够采取监视或跟踪的手段时刻把握调查对象的动向，也能够在持有法庭授予的搜查令的情况下入宅寻找并扣留证据，必要时能够凭借法庭授予的逮捕令，将调查对象逮捕归案。①美国现在拥有超过3000人的涉税刑事案件调查员队伍，对于重大的涉税案件具备强大的查处效力。

美国对于不同类型的行业进行分类稽查，主要针对航空、房地产等将近40个左右的行业的特点整理出培训指南，主要在稽查方面作了细致的阐述，涉及在各行业稽查时需注意的重点难点，对不同行业采取的稽查策略，并对各行业的税收风险点进行了简要评估。与此同时，针对税务稽查案件的税种不同、发生原因不同进行细分，将同类型的划分在一起并作研究分析，便于后期稽查工作的进行。这些措施的实行大幅提高了稽查工作的质效，让税务稽查人员面对各行业的检查都能做到有的放矢。

信息共享方面，美国税务机关十分重视与其他部门的网络互联建设，基本实现了与银行、个人信用机构和各个政府部门的信息共享，对纳税人的基本信息和财务数据能够多渠道获取，实现了税务部门与其他各部门间稽查信息的协调。

2.德国税务稽查

德国是全球范围内纳税意识最强的国家之一，各种税务管理组织联系密切，国家出台了多项法律法规，形成了完善的法律体系，促进了德国税务稽查的发展。德国的税务制度为分税制，主要是以联邦、州、地方三级政府或者是两级政府以规定的比例划分的共享税，其次是以联邦、州或者是地方本级政府所独有的专享税。德国的税务管理模式为三权分立，其含义是税务的征收工作、稽查工作和税务违法案件调查工作分离开来，三者之间既具有独立性又互相联系。②德国税务机关内部，稽查处、税务稽查局和税务违法案件调查局三

① 参见刘次邦，李鹏.美国税务稽查法律制度及其启示［J］.涉外税务，2006（12）：109-113.

② 参见张跃建，陈友福.德国的税务管理模式、税务稽查体系及借鉴意义［J］.税收与企业，2003（S1）：87-88.

个部门均具有税务稽查的职能,但对于在稽查工作中对涉税案件处理的方法,采取的手段,以及对于惩罚的力度均存在差异。日常的稽查工作一般由税务征收局的稽查处负责,当稽查处在检查过程中发现纳税人存在违法的可能性的时候,便会将案件移送至税务稽查局,由他们对纳税人的账目进行全面检查;当税务稽查局在检查中发现案件中有偷税嫌疑或者其他严重违反法律的行为存在,但无法通过常规手段取得证据时,税务稽查局便会将案件移交至税务违法案件调查局。税务违法案件调查局的性质和税警差不多,集警察、检察、行政执法这三种职能于一身,既能进行税务稽查工作,又能侦查、起诉税务违法刑事行为。调查局的调查人员经批准,就能够对犯罪嫌疑人进行人身搜查,或者对其住宅和实际生产经营场所进行全面搜查,同时可以采取跟踪、窃听等非常手段监控犯罪嫌疑人,必要时可对其拘留。

德国的税务征收局、税务稽查局和税务违法案件调查局在工作中既互相配合,又互相制约。案件提交层层递进,杜绝了各机构争抢案源,重复检查。同时在逐级移交案件的过程中,为了保证税收执法行为的规范性,建立了监督机制,案件到了哪个部门,哪个部门就必须认真对待,严格遵守查办流程,不可随意减轻处罚。

德国的税务系统十分重视信息化技术在稽查工作中的运用,例如在选案时,将纳税人的纳税信息输入到系统内,计算机就能够在自动程序中将纳税人的信息生成表格,再通过分析纳税人的各种财务报表来确定最终的稽查对象。

3.加拿大税务稽查

加拿大作为发达国家,其先进的税务稽查制度对经济的高速发展起到了明显的促进作用。加拿大的税务稽查机构设置为各级税务机关均下设稽查部门,而在稽查部门内部,根据需要设置多个职能部门,如战略发展研究部、信息情报部、稽查计划部、国际税务部等。各部门各司其职,制定明确的职能目标。加拿大的税务稽查工作是加拿大税务的重要组成部分之一,其明显的表现为加拿大税务机构在稽查部门的人力资源投入比重很大,占整个税务系统的20%以上。

加拿大税务稽查部门通过严格的审查管理,借鉴网络数据库中的税务信息进行筛选审查,每隔一段时间便进行一次统计打分工作,通过将纳税申报表与预估申报数进行对比，如果差别很大，分数也会随之升高，就意味着被检查的可能性也就越大。在此期间，税务稽查机关通过随机抽样的方式获得了实践性数据，并由此开展税务管理和稽查工作。

加拿大的税务专项稽查工作已经逐步成熟发展起来，成立税务稽查专案组，对涉税违法犯罪率较高的行业进行有重点的审查，尤其是对房地产业、交通业，餐饮业等服务行业严格筛选，使稽查工作重点突出，并向着专业化的方向发展。除此之外，加拿大的税务机关建立了涉税案件披露制度，在官方网站上定期公布涉税违法案件处理情况以及涉税相关企业和当事人的名单，这也是税务稽查执法强度的一大体现。①

（二）国内税务稽查经验

1.海南省"省一级大稽查"模式

原海南省国家税务局长期致力于"省一级大稽查"模式的构建，从2008年到2010年，这三年时间内海南省逐渐由区域性地方管理转变为跨区域集中式管理，将18个市（县）原有的稽查局进行逐步撤销并重新整合，成立了八个省级税务稽查局，以全省为一个整体进行税务稽查工作。从选案、查案到审理和执行全部实行外四分离，整个监督审查系统严格缜密，将过于分散的权力集中起来，选案权也是统一行使，仅设立一个举报中心，鼓励群众积极举报偷税漏税情况。省局的重大案件审理委员会对案件审查工作也较为重视，每年对案件审理的数量到达提交审理阶段的总案件数目的30%以上。经综合考虑海南税务的基本情况和特点，八个省级稽查局充分结合行业分布情况和税源结构特点，实行分类稽查，并各自独立行使审理职能，保证各个稽查局能有一定的主观能动性和自主性，使案件的审理具有效率和准确度的保障。各稽查局在案件审理完毕后，案件的执行工作在各市县局中实施，这样做可以更加均衡有效的办理案件，小区域的管理更容易杜绝"漏网之鱼"。

2.重庆市"跨区域一级稽查"模式

重庆市税务局市级一级稽查体制改革，按照先主城、后全市的步骤分三步走：一是在先建立两个跨区稽查局并成功实践的基础上，再成立三个跨区稽

---

① 参见张云.美加两国税务稽查管理特色及对我国的启示 [J].涉外税务, 2011（03）：41-44.

查局，将跨区稽查模式覆盖到整个主城区，进一步厘清市局稽查局、跨区稽查局和征收管理局的职能界限，确立市局集中选案和大要案查处+跨区稽查的基本框架；二是与重庆市建设主城区1个特大城市和万州、涪陵、江津、合川、永川、长寿6个中心城市的总体规划相适应，在完成主城区市级一级稽查改革后，在上述6个中心城市成立若干跨区稽查局，每个跨区稽查局下设若干检查科，覆盖周边区县的稽查工作，将市级一级稽查管理体制推广到全市范围；三是统一处理解决各种途径（包括举报、跨区稽查局等）转来的各类涉税案件，包括上级部门交办的案件，由本市稽查局集中审核管理并下达检查任务，市局稽查局每半年集中选取一次案件，经市局分管领导批准后下达各跨区稽查局。除此之外，重庆市税务局进一步打破行政区域限制，分行业设立若干专业化稽查局，形成分类分级专业化稽查格局。

3.湖南省"分级分类"稽查模式

2012年9月，原湖南省国家税务局成立第一稽查局，为原湖南省国家税务局直属机构，其主要工作职责为：负责国家税务总局、原湖南省国家税务局定点联系企业的检查工作；负责国家税务总局督办案件的检查工作；负责重大涉税违法案件的检查工作；负责原湖南省国家税务局确定的重点税源企业的检查工作；负责全省汇总纳税企业的检查工作。第一稽查局实行选案、审理、执行3个环节外部分离，由省局稽查局统一负责，检查实施环节实行"分级分类"稽查模式，按照检查行业的划分设置了5个检查科：检查一科负责检查制造业；检查二科负责检查房地产业和建筑业；检查三科负责煤炭、石油等能源企业的检查工作；检查四科负责检查经济类行业，如金融业、保险业等；检查五科负责检查包括交通运输业和信息通信行业在内的其他行业。

4.国家税务总局设立"特派办"

根据中央编办批复，自2017年开始，国家税务总局先后设立驻北京、广州、重庆特派员办事处（正司局级，以下简称"特派办"）。其中：驻北京特派员办事处，承担对北京、天津、河北、山西、内蒙古5个省区市国税地税机关的各项工作部署，具体包括督察该区域税务机关对党中央、国务院的决策部署体落实情况，检查税收征纳和执法工作是否合规，对税务机关进行财务内审，分配跨区域重大案件的稽查任务等等；广州"特派办"承担对湖北、湖南、广东、海南、深圳5个省区的任务；重庆"特派办"承担对重庆、四川、贵州、云南、西藏、广西6个省区的任务。

"特派办"通过对管辖区域内的税务部门贯彻执行党中央、国务院决策部署，以及对各项税收优惠政策落实情况进行全面督查，有利于打通税收政策落实"最后一公里"，让企业充分享受政策红利，进一步激发市场主体创业创新活力。由于国家税务总局对跨区域稽查案件的重视，"特派办"进行重点打击部署，提高了税务稽查工作的权威性和震慑力，为纳税人营造了良好的税收环境。在此基础上，避免了"多头查""重复查"情况的发生，最大程度减少税收执法的随意性，又可优化征管资源配置，腾出更多的人力到为纳税人服务的一线提供优质服务。

"特派办"的设立是稽查联动的终级体现。以往我国税务稽查工作最大的难度就是跨省联动，包括信息资源、人力资源等相关事项的协调上存在较大的难度，本次特派办的成立一次性解决了联动的阻力。"特派办"管辖区域内的省区市税务机关，对跨区域涉税大案要案，可以及时地实现案件信息的传递，包括稽查案件所需的人力、物力资源可以零阻力调配，大大提升了稽查的质效，彻底实现了税收管理的内涵。

（三）国内外税务稽查的经验启示

1.科学合理的机构设置是提升稽查质效的基础

稽查机构设置的集约化和扁平化已成为当前的主要趋势。美国、德国均为三级稽查，稽查机构管理层级较少。从国内来看，我国多个省市税务机构已实现省一级稽查，其他省市也在积极推进此类机构改革的试点工作。稽查机构的扁平式管理，适当地减少管理层级是符合现阶段我国税务稽查资源配置情况和稽查执法工作的特点的，可以按经济区域设置机构，与行政区划截然分开，如美国、加拿大均按照经济区划设置税务机构；可以参照审计部门先进的管理经验，在税收分布较为集中的区域成立专门的派出机构，集中分配和管理跨区域重大案件的查处工作，确保重大涉税案件的完成率[①]，如我国的北京、广州、重庆"特派办"。

① 宋效中.反偷逃税与税务稽查［M］.北京: 机械工业出版社, 2005: 325–326.

同时，分级分类稽查能够更好地针对不同行业特点提升稽查工作效能。如美国和加拿大的税务稽查部门对各种行业进行细化分类，并设置了对应的检查部门，突出行业检查重点。湖南省实行分级分类稽查，按照不同的行业分类设置检查科，确保对各行各业能够精准地进行检查。通过上述稽查部门行业划分的设立，体现了税务稽查向专业化发展的重要性，使税务稽查人员能够准确把握行业特点，总结各类稽查案件的先进经验，提高不同行业涉税案件的查处水平。

2.健全的法规和制度赋予更高的执法权限

美国、德国等发达国家的税务稽查能如此具有威慑力和权威性，是因为税务执法人员拥有更高的执法权限，而税务法规和相关制度的健全是税务稽查工作得以强化的前提。由于欧美发达国家注重税收法定主义原则，强调对纳税人权利的保护和对稽查权利的控制，表现在实践中就是更强调税收程序法。虽然美国、德国的税务执法人员并非严格意义上的警察，但法律赋予执法机关足够的权力，必要时可以使用监视、搜查和拘留等非正常手段的强制措施，使税收执法得以充分发挥其作用，增加入库比率，减少税收损失。即使面对行政诉讼，税务稽查部门取得的充分的证据也能保证胜诉率，彰显税务稽查的刚性。

3.先进的信息技术是强化税务稽查手段的保证

现如今全球经济形式呈现多元化发展，科技水平日新月异，纳税人的信息化管理水平也随之不断提高。由于纳税人对自身生产经营情况的了解程度要远远高于稽查工作人员，这种信息的不对称导致当纳税人采取隐蔽手段隐瞒真实财务数据时，稽查工作的难度也随之增加。于是，建立信息共享平台，拓宽信息来源渠道，把先进的信息技术利用到完善稽查信息的处理工作当中，成为现在的主要任务。许多欧美发达国家利用其先进的信息处理技术，把税务机关内部、纳税人以及第三方的有关数据充分融合，如美国、德国、加拿大都建立了信息处理的专业部门提供信息技术支持，并与其他金融和政府相关部门建立了信息共享机制，更为完备的数据和信息来源使稽查案件选择的准确度和科学性大幅度提高，使税务稽查执法更具针对性和高效性。

4.素质过硬的执法人员队伍是税务稽查工作的关键

欧美发达国家对税务稽查执法人员的综合素质十分注重，规定从事稽查工作，必须能够熟练运用财会和法律等方面的业务知识，对于稽查人员的选拔，建立了相应的准入制度，以综合评判执法人员是否合乎标准，对稽查人员的筛选十分严格。如美国的国内收入局，规定了税务稽查人员的准入标准，即必须取得大学毕业或者商业学士资格的人员才可进入稽查机构，成为稽查人员后还进行分级制度，1至9级为新手稽查人员，属于实习阶段，不具备检查资格，达到14级的稽查人员才具备进入企业稽查的权力。除此之外，稽查队伍的建设需要充足的人力资源配置，美国的涉税刑事案件调查员队伍人数就已超过了3000人，而加拿大的税务稽查人员数量已占加拿大税务系统全部税务人员的20%以上，这都保证了该国的税务稽查事业得以顺利开展。

第二章　基于税务稽查的会计信息失真问题及治理概述

　　企业会计信息的真实性被人们开始关注，源于20世纪30年代爆发的美国股市危机。当时的美国企业还未被要求必须出具公司年报或进行相应的信息披露，这就导致了很多公司利用信息不对称来骗取投资资金，这一举动对美国股市带来了难以想象的灾难。在这种情况下，美国国会通过了《证券法》和《证券交易法》，明确规定所有上市公司必须提供统一规定的会计信息，从此会计信息才走进公众与利益相关者的视线。大约在20世纪90年代中期，会计信息失真问题才成为国内学者研究的热点。在目前国内学者的研究中，虽然开始注意税务稽查风险中的会计信息失真问题，但是时间依旧很短，还是一个较新的领域。

　　企业真实可靠的会计信息对政府经济管理部门、税务机关、企业投资者和债权人及企业自主的经营管理来说都是十分重要的。但是，目前经济活动中出现的严重会计失真现象已经成为制约经济发展的一个顽症。而且随着经济政策、经济法规和核算制度的调整变革，许多新的财务舞弊行为不断出现，手段翻新且花样繁多，几乎到了防不胜防的地步。从正面看，正是因为这些舞弊事件的频繁发生才促进了会计规则、市场监督和管理机制的完善；从反面看，舞弊事件给中小投资者的利益带来的损害是触目惊心的。如何治理会计信息失真，规范会计信息披露，维护市场经济的健康发展，是一直令全球会计界人士深深思索的问题。

　　本章主要探讨五个方面的问题，一是信息、会计信息、公司治理等相关概念界定和会计信息真实性、会计信息失真的基本内涵阐释；二是会计信息失真与税务稽查的关系；三是税务稽查视角下涉税会计信息失真手段；四是会计失真的危害；五是会计信息失真问题及治理的理论依据，包括理性人假设理论、产权理论、信息不对称理论。

一、相关概念界定及内涵阐释

（一）相关概念界定

1.信息

信息作为一种科学概念，首先是在通信理论中提出的。1948年，美国贝尔公司的申农发表了《通信的数学理论》一文，把信息定义为：是用以消除不确定性的东西，是两次不确定性之差。随着现代科学技术的发展，信息理论已经远远突破了通信理论的范围，在计算机科学、物理学、生物学、经济学、考古学等领域到处都可以看到"信息"这个概念的足迹。各门学科都有着自己对信息的定义，然而这些定义大多都侧重于各自的实用领域，都仅仅只是抓住了信息的某一个方面来对信息进行把握，所以这些定义都没有真正揭示信息的本源和实质。因此要搞清信息的本源和实质，还得从哲学上来探究。

笔者采用邬焜在《哲学信息论导论》中对信息的定义。他认为："信息是标志物质间接存在性的哲学范畴，它是物质存在方式和状态的自身显示。"[①]对于这一定义，我们可以从五个层面理解。首先，信息是物质的属性之一，信息不是物质，但又不能脱离物质而存在；第二，信息是一种显示物质状态和存在方式的属性，它并不是一种直接的物质属性，而是作为其他所有物质属性而"外化"着的表现。第三，信息是物质的间接存在性。直接存在性和间接存在性是一个事物的两个方面，因此只要有直接存在着的物质，就有这个物质的间接存在性，即信息。第四，信息的产生动力存在于物质自身的相互作用之中。由于新物质的产生源于原有物质的相互作用，因此，作为新物质的间接存在形式的信息也必然产生于物质的相互作用之中。物质的这种相互作用将引起作用双方的内在结构、能量形式、运动状态的某种改变，正是通过这一改变，使物体脱离了作用前的初态，以某种有所改变的"痕迹"铭记了曾被它物作用过的信息，完成了"信息交换"。第五，任何物的结构和状态都映射和规

---

① 邬焜、李琦.哲学信息论导论［M］.西安：陕西人民出版社，1987：30.

定着关于自身的历史、现状、未来的信息。任何物体都是一个信源、信宿、载体的统一体，其中储存着它何以形成，何以运动、变化至今，甚至以后将如何发展的种种信息。比如太阳系的自身结构，太阳系天体的运动特征都是太阳系自身起源、发展的信息的忠实记录者，同时太阳系的各种特征也在某种程度上预示着太阳系的发展趋势。

2.会计信息

（1）会计信息的概念

会计信息包括许多内容，交易活动中的原始凭证、记录经济活动的会计凭证、会计账簿、企业对外披露的会计报表等都属于会计信息。对于大多数经济主体而言，会计信息主要指企业对外提供的财务报表，包括资产负债表、利润表、现金流量表、所有者权益变动表、附注及其他资料。企业会计信息失真，主要通过对外披露的财务报表体现出来。财务报表可以较为全面地反映企业一定时期的经营活动状况，其质量会受到企业会计处理程序和方法的影响。

高质量的会计信息能够客观反映企业的经营活动状况，它是由企业提供的。企业对外披露的会计信息有着巨大的"经济后果"。它会影响现有及潜在股东的投资决策、影响债权人的信贷政策、政府的调控措施、管理层的收益、企业员工的工作积极性等。因此，企业在对外提供财务数据时，必然会权衡每一项会计信息所带来的成本与收益。

（2）会计信息的质量特征

我国的《企业会计准则》对企业提供的会计信息提出了八项要求，分别是可靠性、相关性、可理解性、可比性、实质重于形式、重要性、谨慎性以及及时性。其中最重要的就是可靠性和相关性。"可靠性"要求企业提供的会计信息真实可靠，能够客观地反映企业的经营活动，即企业对外报告的会计信息都应是真实发生的，不得提供虚假、伪造的信息。"相关性"指的是企业提供的会计信息应当与信息使用者的经营决策相关。会计信息的可靠性是其他质量特征的前提和基础，如果企业提供的信息是虚假的，那么其相关性、可理解性、可比性等其他七项要求便无法实现。企业能否提供可靠的会计信息除了受到企业自身意愿的影响，同时也受到客观技术条件的限制。会计准则的完善、会计核算方法的进步、会计信息技术的发展都会使得企业所提供的会计信息可以更加客观地反映实际的经营活动。

3.公司治理

随着20世纪90年代初我国国有企业建立现代企业制度改革大幕的拉开，公司治理这一概念开始引入我国，成为一个热点问题。其内涵主要是强调公司各类人员的权利分配与制衡。目前，学术界关于公司治理结构的概念还未形成一个统一的定义，国内外学者对它的认识主要有以下观点。

柯林·梅耶（C.Mayer）认为，公司治理是指"公司赖以代表和服务于其投资者的一种组织安排，包括从公司董事会到执行经理人员激励计划的一切内容"①。

布莱尔（Margaret M.Blair）认为，公司治理是法律、文化和制度性安排的有机结合，任何一个公司治理制度内的关键问题都是力图使管理人员能够对企业资源贡献者如资本投资者、供应商、员工等负有义不容辞的责任，因为后者的投资正处于风险中。②

吴敬琏认为，公司治理是指由所有者、董事会和高级经理三者组成的一种组织结构，而且这三者之间要有一定的制衡关系，具体体现在董事会托管所有者的资产；公司董事会拥有对高级经理的聘用、奖惩和解雇权；高级经理受雇于董事会，建立在董事会领导下的执行机构，在董事会的授权范围内经营企业。③

钱颖一认为，公司治理结构是一套制度安排，用以支配若干在企业中有重大利害关系的团体，包括投资者、经理、工人之间的关系，并从这种制度安排中实现各自的经济利益。公司治理结构应包括：如何配置和行使控制权、如何监督和评价董事会、经理人和职工、如何设计和实施激励机制。④

李维安认为，公司治理是通过一套正式及非正式的制度来协调公司与所有利害相关者之间的利益关系，以保证公司决策的科学化，从而最终维护与公

①　Mayer Colin. Corporate Governance in Market and Transition Economics. For Presentation at the International Conference on Chinese Corporate Governance, 1995.

②　参见蔡春, 唐滔智, 等.公司治理审计论［M］.北京: 中国时代经济出版社, 2006.

③　参见吴敬琏.现代公司与企业改革［M］.天津: 天津人民出版社, 1994.

④　参见青木昌彦, 钱颖一.转轨经济中的公司治理结构［M］.北京: 中国经济出版社, 1995.

司相关的各主体的利益的一种安排。①

以上几种有代表性的概念从不同角度对公司治理结构进行了阐述，笔者比较倾向于李维安教授的观点。公司治理结构包括内部治理机制和外部治理机制两个方面，内部治理机制主要是通过股东大会、董事会和监事会发挥作用，外部治理机制主要通过资本市场、产品市场、劳动力市场、经理人市场、法律法规、信息披露、会计准则、社会审计和社会舆论等来发挥作用。通过这一系列的内部和外部机制实施的共同治理，既要达到股东利益最大化的目标，还要保证公司决策的科学化，从而保证公司各方面利益相关者利益最大化的最终目标的实现，所以，公司治理的核心和落脚点应该是保证公司决策科学化，而利益相关者的相互制衡只是保证公司科学决策的方式和途径②，不应把公司治理的方式、方法和公司治理的目标本末倒置。

（二）内涵阐释

1.会计信息真实性的内涵

（1）会计信息真实性的概念

如果弄不清什么是会计信息的真实性，就无法判断会计信息的"失真"。对于会计信息的真实性，理论界的解释多种多样。有人将其等同于客观性，也有人将其等同于合法性；有人认为是一个客观范畴，也有人认为是一个主观范畴。

我们认为，会计作为一个信息系统，它所反映的对象是会计主体的经济活动，就其反映的内容来说是客观的。同时，会计作为一个人工系统，在对客观经济活动进行反映时，难免会有一些主观色彩。因此，会计信息的真实性是客观内容与主观形式的统一。所谓会计信息真实性，就是指会计信息如实地反映各项经济活动，准确地揭示所包含的经济内容，客观地反映会计主体的财务状况。具体来讲，会计信息的真实性就是，一方面会计行为主体遵循会计准则的规定，如实反映在经济活动中的一切内容及其数量关系，真实地提供形成会计信息的资料。另一方面，会计账簿和报表，作为会计信息的载体，其所有内容及其数据都应该客观地反映一切与货币有关的各项经济业务事项的运

① 李维安主编.公司治理学（第2版）[M].北京: 高等教育出版社, 2009: 16.

② 李维安主编.公司治理学（第2版）[M].北京: 高等教育出版社, 2009: 14.

动情况。

（2）会计信息真实性的评价标准

什么样的会计信息才算是真实的，如何评价会计信息是否真实？目前会计理论界基本已形成了共识。一般认为，会计信息真实性的评价标准主要有客观性、合规性、可核性和中立性。

①客观性。所谓客观性，是指会计信息应当以实际发生的交易或事项为依据，真实地反映其意欲反映或理当反映的交易或事项。正如美国财务会计准则委员会（Financial Accounting Standards Board，简称FASB）所说，反映真实性就是一项数值或说明，符合它意在反映的现象。[①]

②合规性。所谓合规性，是指会计信息的生成、列报和披露应该遵循相关法律、法规及制度。在我国《中华人民共和国会计法》（以下简称《会计法》）、《企业会计准则》《会计基础工作规范》及《证券法》等会计法规或文件中，都对会计信息真实性问题作了明确规定。如《会计法》第十三条规定会计凭证、会计账簿、财务会计报告和其他会计资料，必须符合国家统一的会计制度的规定。[②]2019年财政部修订的《会计基础工作规范》第二十条规定：会计人员应当按照会计法规、法规和国家统一会计制度规定的程序和要求进行会计工作，保证所提供的会计信息合法、真实、准确、及时、完整。

③可核性。所谓可核性，是指由不同的会计师相互独立地工作，他们都会通过检查相同的凭证、数据—记录或通过验算得出基本相同的数据和结论。FASB指出其意义在于，核实的目的在于高度保证会计数值反映它意在反映的东西，通过验证来尽可能地纠正计量员的偏向，比纠正计量方法更为有效。

④中立性。所谓中立性，是指在有不同方法选择时，主要应考虑会计信息是否准确、合理、相关，而不应考虑选择这种方法或那种方法对特定利益集团的影响。会计人员对形成会计信息的过程和结果不能有特定的偏向，不能在客观的信息上附加某些主观的色彩，否则信息的真实性就会受到质疑。

---

① 参见［美］财务会计准则委员会编.论财务会计概念［M］.娄余行译.北京：中国财政经济出版社，1992.

② 全国人民代表大会常务委员会法制工作委员会编.中华人民共和国法律汇编（1999）［M］.北京：人民出版社，2000：171.

（3）会计信息真实性的重要性

决策有用性是会计的基本目标，是会计信息使用者对会计信息质量的最基本要求。而要使会计信息具有决策有用性，会计信息首先必须是真实的。如果说质量是会计信息的生命，那么，真实性是会计信息的生命之魂。真实性是决策有用性的基础。只有真实的会计信息才能引导人们作出正确的经济决策。不真实的会计信息不仅毫无用处，还会产生误导。因此，决策有用性必须建立在真实性的基础之上。

另外，需要特别指出的是，在我国现阶段必须把提高真实性作为会计信息质量的首要问题来考虑。笔者认为，会计信息的真实性与会计信息质量中另一特征——相关性是相互联系、相互转化的，两者之间并不矛盾，一般来讲，不能只强调一个而忽略另一个。虽然从国际发展趋势看，许多国家越来越重视相关性，公允价值会计已深入人心，但从我们国家的现实情况看，目前许多会计信息严重失真，已大大丧失了有用性，并且会计人员素质和市场信息管理系统发展水平不高，如果一味强调与国际接轨，盲目追从公允价值会计，则有可能加重会计信息的失真，对此我们应有清醒的认识。针对现实情况，就必然要求尽可能把提高真实性作为首要问题来考虑，没有了真实性，不仅会计信息的相关性会削弱，严重的还会贻害社会和广大公众，损害广大利益相关者的利益。因此，我国会计要发挥其在经济生活中的重要作用，现阶段就必须把提高真实性作为首要问题来考虑，不论将来怎样改革，都不应偏离这个基本方向，必须以真实性为保证。

（4）会计信息真实性的相对性

马克思主义哲学原理告诉我们，真理是相对的和发展的。会计信息的真实性也具有相对性和动态性的特点，受制于主客观条件的限制，会计资料的真实性只是相对的，不可能绝对精确。

会计信息的如实反映并不是照镜子式的反映，它要作一定的重新归纳、分类甚至是抽象的基本假设，而且会计资料中总含有一定的人为估计因素或有相当的"模糊性"，这是会计的内在机理所导致的。同时，企业会计信息的真实性与经济学上的真实性是有判别的，这是因为，会计作为一个实务操作系统（或信息系统），确认、计量、报告等主要内容，无论是在理论上还是在实际应用中，都有其自身的局限性；况且任何一个会计主体都要受内外因素影响，交互作用，错综复杂。因此，会计信息的真实性无法达到经济学的真实性所要求的程度。当然，会计信息必须努力追求真实，虽然不可能达到绝对真实，但可作为追求的目标并无限接近它。随着会计技术和方法的发展，会计模型的演进，每前进一步，就意味着会计信息向"绝对真实"迈进了一步。

实践中必须正确把握会计信息真实性的相对性。一方面要认识到会计的相对真实性，这样可以防止把现行的会计制度绝对化，当客观环境发生变化时看不到改革的必要性。另一方而也不能夸大其相对性。由于会计信息真实性的相对性的存在，在探讨会计的本质时，有学者提出将会计首先应视为一种艺术的观点。将会计称之为一门艺术，本意是指会计工作存在很多不确定性或相对性，会计信息的如实反映并不是绝对真实的反映，要作一定的归纳处理，有时需要借助会计师的职业判断。会计师凭借个人的经验进行判断、处理，这时候显示的便是会计的艺术性，与虚构经济业务事项、随意改变核算方法、故意编造虚假会计资料有本质的不同，借此否认真实性是一个客观范畴的论据是站不住脚的。因此，笔者认为，将会计视为一种艺术的观点与某些人为了某种局部利益，肆意采取所谓的"艺术"会计处理方法，来牺牲会计信息真实性的做法是不可同日而语的。我们要用科学的观点看待会计信息的相对性，不能以艺术性的借口来夸大会计信息的相对性，更不能把会计视为"魔术"。

2.会计信息失真的内涵

（1）会计失真的含义

《现代汉语词典》对失真解释为："跟原来的有出入。"那么，会计信息失真，就可以理解为会计信息和原来客观的经济活动有出入。

牟建国、侯文哲从会计工作实践角度，将会计信息失真解释为会计信息不能如实、准确地反映会计对象，人为地捏造事实，篡改会计数据，为利益驱动编造假账、假表或者假亏实赢，从而使会计信息失去真实性。[①]聂洪明将会计信息失真总结为会计信息的输出与输入不一致产生的信息虚假，具体表现在财务会计报告所反映的数据、情况与会计主体经济活动的实际状况和结果不一

---

① 牟建国,侯文哲.会计信息失真对我国税收的危害及对策分析[J].黑龙江纺织,2005(04)：30-33.

致，包括待定项目信息与实际不符，整体信息对于事实不完整、不充分。[①]但其定义仅考虑到企业的财务会计报告这一方面，口径较窄，定义有失全面性。郑雪蓉的观点是会计信息的形成与提供违背了客观的真实性原则，不能正确反映会计主体真实的财务状况和经营成果。[②]

结合以上定义，笔者认为，会计信息失真是指会计主体在形成与提供会计信息时，违背了客观真实性原则，导致不能正确真实地反映财务状况、经营成果和现金流量等信息，进而导致企业的利益相关者不能正确地执行自身的权益。

（2）会计信息失真的分类

从会计人员主观意愿的不同进行分类，会计信息失真有两种表现形式：会计信息不实与会计信息造假。[③]这两个概念是截然不同的。所谓会计信息不实，是指由于会计人员的主观判断失误，经验不足和会计本身的不确定性，造成会计信息与客观经济活动本身之间存在差异性。而后者则存在主观故意，是指财会人员为美化企业的财务状况，以获得投资人的信心，获得更多的资金，而利用会计信息的不对称性造成的信息虚假。

从会计信息产生的过程来看，会计信息失真可以从两个方面来定义：一方面，如果会计准则制定过程及其有关的制度安排本身就是不能成立，即所依据的会计准则欠科学合理性，即使财务人员严格遵循了会计准则，会计信息也可能失真；另一方面，如果会计准则是高质量的，但如果相关的制度安排存在问题，导致会计从业人员在执行过程中未严格遵守会计准则，会计信息真实性也会受到影响。其判断标准是看财务人员在会计处理过程中是否违反会计法规、会计准则和会计内在原理的要求。

（3）税务稽查视角下会计信息失真的含义和特征

简单地说，会计信息失真就是指会计主体违背客观真实性原则，向企业利益相关者形成或提供不真实、错误的会计信息，导致决策者不能正确地执行

---

① 聂洪明.我国会计信息失真的原因及治理对策 [N].中国经济时报, 2010-06-15.

② 郑雪蓉.会计信息失真的原因分析及解决对策[J].老区建设, 2011(20)：27-30.

③ 《会计信息质量与会计监督检查》编写组.会计信息质量与会计监督检查[M]北京：中国财政经济出版社, 2001: 05.

自身的权益。从会计人员主观意愿的不同进行分类，会计信息失真分为会计信息不实与会计信息造假；从会计信息失真的过程来看，会计信息失真可以从会计制度标准的合理性和执行的严格程度这两个角度分类。

这些分类的方法，都是站在会计信息失真的生产者，或者从会计信息的生成过程等角度来进行的。参照2011年2月由中国税务出版社的《税务稽查审计型检查工作底稿指引》，我们将税务稽查分为"风险评估""控制测试""实质性程序"和"纳税遵从评价"四大工作模块。由此角度着眼，会计信息失真问题也可以相应地分为企业风险信息失真、内控机制信息失真、运营程序信息失真和纳税遵从信息失真。这四者共同构成企业会计信息失真，相互之间并不是孤立存在的。它们都是从不同层面来分析企业会计信息失真的问题，企业风险信息失真、内控机制信息失真和运营程序信息失真依次从企业宏观理论层面、企业内部运营机制以及实际运营过程角度来探索会计信息失真问题，纳税遵从信息失真则是结合了税务征管部门外部评价机制对会计信息失真进行探究。

①企业风险信息失真。企业风险是指因不确定的内外环境、复杂的生产经营活动和企业管理能力导致企业的实际收益达不到预期水平，甚至引发企业生产经营活动失败的可能性。它主要是由以下八个相互关联的要素组成：内部环境、目标制定、事项识别、风险评估、风险反应、控制活动、信息和沟通、监控。依据风险来源，企业风险可以分为外部风险和内部风险 。外部风险主要指顾客风险、竞争对手风险、政治环境风险、法律环境风险、经济环境风险等；内部风险则主要是指产品风险、营销风险、财务风险、人事风险、组织与管理风险等。

由此，广义的企业风险信息的含义包罗万象，凡与企业经营活动相关的内外部信息都包含在内。然而在税务工作中，必须要有准确证据才能定案定性，因此笔者站在税务稽查的视角，将企业风险信息的主要范围定义为：纳税人的申报资料等征管信息、第三方信息、电子账套数据，询问纳税人管理层和业务层相关人员得到的信息、观察生产经营现场，核查相关文件资料，结合财务报表数据分析得到的相关信息和有关数据等，并且能够根据这些信息对企业涉税风险进行初步判断，同时运用这些信息可以提高检查针对性和检查效率。

企业风险信息失真就是企业没有正确真实地反映其风险的状况，也就是其会计信息中反映出来的风险状况与实际情况不一致，在税务稽查中表现为从不同渠道获得的同一方面的信息的不一致。从信息来源看，可分为内部信息和外部信息。内部信息包括内部环境信息、内部财务信息和纳税申报信息等内容。外部信息包括评估部门的资料、纳税人征管信息、网络报刊等媒体对被查单位及其行业的相关报道、国际税收情报交换信息及其他第三方信息。

企业风险信息失真最大的特征就是它的不一致性。财务报表中的数据资料可以反映出一个企业财务状况、经营成果和现金流量等，而企业其他公开信息亦可从不同方面反映出该企业的实际情况，所有这些信息反映出来的情况应该是相互印证的，如果会计信息和其他信息同时显示了相左的现象，就有很大可能出现了企业风险信息失真，在税务稽查过程中应予以重点关注。

税务稽查工作中的风险评估就是要跳出单据、账本、报表的束缚，以被检查单位的风险评估为基础，综合分析评审影响被检查单位经济活动的各种因素，判断企业风险信息是否失真，根据失真信息数量多寡，程度深浅，从而得出量化风险水平指标，用以确定范围和重点，进而开展实质性审查。

事实上，企业风险信息比较容易搜集，也不需要掌握复杂的技术方法，在日常工作中就能够较好地实行。对企业风险失真的研究亦可为税务稽查提供明确的方向，对提高检查针对性和效率有非常积极的作用，因此有很高的研究价值。

需要注意的是，在搜集和判断企业风险信息失真的过程中，无论内部或者外部信息的获得，一定要客观、权威并且合法。因为笔者强调的是在税务稽查工作中一定程度上会涉及法律问题，最后对企业的结案也绝大多数会产生法律效力，因此所取得信息在来源的可靠性和内容的客观性上必须有相当高的质量。

②内控机制信息失真。内部控制是指为了确保完整安全的经济资源，保障经济行为和会计信息的真实可靠，协调好企业的经济行为，规范其生产经营活动，单个经济体的各级管理层利用组织内部分工而产生相互制约且相互关联的作用，形成一系列具有控制职能的方法、措施、程序，并予以规范化，系统化，使之成为一个严密的、较为完整的体系。

内控机制信息失真主要是针对企业的内部控制机制和执行情况，是指企业销售环节、采购与付款环节、生产环节、投资与筹资环节、人事管理和关联与非常规交易等方面内控制度的不真实性。此类信息失真源于因企业管理与决策部门设置的合法性与否，或者管理和决策执行的有效性与否。

　　税务稽查工作中的控制测试主要是在风险评估的基础上，税务机关对内部控制制度的有效性及执行情况进行测试，进而从内控层面排查评估涉税风险点。在风险评估的基础上，通过"穿行测试"等方法，对企业内部控制制度的有效性及执行情况进行测试，进而从内控层面排查评估涉税风险点。另外，结合实质性程序发现的个别涉税问题，进行相关控制测试，最终由点到面发现全部同类涉税问题。检查期间如果内部控制制度发生重大变化，需要对变化前后分别进行测试。

　　由此可见，税务稽查中所说的内部控制和审计中的内部控制在定义和范围上基本是相同的，它是以审计中的内部控制为理论基础，并且借鉴了审计中内控测试的方法，只不过对和涉税相关的那些控制点更加重视，关注范围从面上来讲较审计中的内控稍窄。

　　尽管国内近年来引入了国外风险导向审计的概念，并据此对内控机制及内控信息有了更进一步的研究，可能还有新一步的讨论方向，然而笔者认为，税务稽查不能等同于审计。单从时间上说，税务稽查相关法律法规中对进入企业进行稽查的时间都有非常明确和严格的规定，时间一般在60天以内。在大的方向上，因为税务稽查是对涉税问题的检查，更多集中在追缴国家税款方面，比如何种内控不到位可能使企业减计收入，减少利润从而减少国家税收。同时本着相关和实用的原则，在一些地区大型企业较少，上市公司更是凤毛麟角，税务稽查就其本身性质上来说，不会也没有义务同时为权益投资者和风险投资者提供相关资料，甚至除税务机关以外的其他政府相关部门，在一般情况下也没有公开企业资料的义务。

　　按我国税法规定，企业应当依法缴纳的税种较多，计算依据也各有不同，企业利润也仅仅是计算企业所得税这一个税种的基本依据。而内控信息的失真带来的影响不仅仅体现在利润中，与其相对应的其他涉税信息也会有重大的影响，因此对其内控机制失真的研究也不能仅仅停留在财务信息方面。在目前审计和风险管理的研究中，对内控的关注可能仅限于企业是否有内控机制或者内控是否有效，以此来判断风险点并进行作业，并提请管理层关注。然而站在税务稽查角度，一个控制点的失效可能辐射到多个税种，因此会出现发现有内控信息失真的现象并由此深挖的程度更胜于其他检查的情形，所以这样看来，税务稽查视角下对于与税务相关控制点的研究程度可能比在其他着眼点要深。面小而点深最终成为稽查视角下内控机制信息失真的特点，其形式的多样性和影响的广泛性是内控机制失真判断的难点。

③运营程序信息失真。税务稽查工作中对实质性程序的考察主要是在风险评估的基础上，通过观察、盘点、分析、协查等方法，对固化在业务循环中的各会计科目下的基本涉税风险点，按照对应的检查程序并结合相应的内部控制进行实质性检查，其主要是对财务报表和会计处理进行有针对性的、详细的检查。

本书界定的运营程序信息是指用会计方法和数据形式记录企业在生产经营中的财务活动，主要反映在会计账务的处理、会计政策的选择和会计估计的运用上，其载体是会计分录、记账凭证以及各种财务报表。

由此看出，税务稽查工作的实质就是对运营程序信息的检查。企业运营程序信息失真与否亦是税务稽查具体工作的重点。同时在税务稽查中要求计算出企业具体应补税额，因此不但要判断出运营程序信息是否失真，而且一旦界定信息失真就必须计算出准确的数额。

运营程序信息失真的判定是税务稽查工作中最重要的环节，是整个稽查案件的核心。其特征和重要性主要表现在：一旦在稽查工作中认定企业运营程序信息失真，必须就失真的情况、程度，采取的方法等来判断是何种性质：是普通的税收违法行为还是要追究其刑事责任，因此它是案件定性的关键；同时，在《税务处理决定书》和《税务行政处罚决定书》中都必须给出准确的金额用以要求企业进行补税、加收滞纳金和进行税务行政处罚，所以它又是案件定量的基础和依据。

在企业的整个生产经营过程中，将运营程序信息失真进行细化，主要体现在销售与收款、采购与付款、生产与存货、投资与筹资、固定资产与折旧、人力资源与薪酬和货币资金等各个环节的信息失真。在税务稽查中，企业财务人员经常或多或少采用一些手段对企业的财务状况进行改变，比如隐瞒收入，多列成本费用，虚减利润，达到少交税款的目的。由此引起的运营程序失真，其常见情形比较多，现略举四种情形：其一，随意调整固定资产的折旧计提方法，将固定资产折旧作为利润"调节器"。如为了调节成本，将原采用年限平均法而改为双倍余额递减法或年数总和法。其二，企业为了少计销售和虚减利润，就虚构债务，或将已经实现的销售收入长期列入预收账款、其他应付款等债务账户中，不转收入。其三，随意计提跌价准备。计提跌价准备本意是为了更准确地反映资产的可变现净值或可收回金额，但是在期末对存货的账面成本和可变现净值进行比较时，可变现净值需要会计人员的职业经验判断，存在较大的主观性。其四，企业发生非货币性资产交换，以及将货物、财产、劳务用于捐赠、偿债、赞助、集资、广告、样品、职工福利或者利润分配等用途的，应当视同销售货物、转让财产或者提供劳务，企业不进行纳税调整。

④ 纳税遵从信息失真。遵从，是社会学上的概念，反映的是作为主体的个人对作为客体的行政行为的服从和顺应。行为反映的是心理，但我们在实践中很难判定行为是真实的还是虚假的内心表现，只能相对于一个参照标准来判定，即只要依照法律法规规范去行动，就是"遵从"。

从税收上讲，纳税遵从是指纳税人遵照税收法律法规及税收政策的要求，依法履行纳税义务，并服从税务部门及税务执法人员符合法律规范的管理行为。它包括及时申报、准确申报和按时缴纳等三个基本要求。反之，纳税人不申报、不及时申报、不如实申报以及不按时缴纳税款等不遵守税法的行为，不管是故意还是非故意，都是纳税不遵从。

根据纳税人提供的各项信息，可以将纳税遵从分为自律遵从、他律遵从、指导遵从和强制遵从等四种类型。自律遵从是指企业内部控制高效合理，财务核算水平高、自我约束强，能够自觉依法履行纳税义务，未发现较大涉税问题。他律遵从是指企业内部控制较好，能够自觉缴纳应缴税款，但由于财务人员对税法理解存在偏差、税收筹划不当等客观原因导致税收流失，且流失率未超过10%。指导遵从是指企业由于管理层在内控设计方面存在着重大缺陷等客观原因导致税收流失，且流失率未超过10%。强制遵从是指企业由于治理层（或管理层）主观故意（隐匿收入，虚列成本，骗取税收优惠等）导致重大税收流失，或税收流失率达10%以上。税务稽查通过对纳税人的纳税情况进行综合评价分析，基本掌握和反映了纳税人一定时期税收遵从度的情况，因此可以把税务稽查的结果体现在纳税遵从评价体系工作中，作为评价相应纳税遵从的参考依据。

纳税遵从信息失真是指税务稽查部门在对税务机关管辖的税种申报缴纳情况实施税务稽查时，通过纳税遵从评价这一工作模块对企业会计信息失真的一个整体评价。在纳税遵从评价的四个等级中，自律遵从等级说明了被考察企业的会计信息真实性很高，被评为强制遵从的企业则是存在着较为严重的会计信息失真问题。纳税遵从评价角度来分析企业的会计信息失真问题，主要是依据税务稽查中的控制测试和实质性程序等工作流程中对企业的内部控制机制和财务核算能力考核结果，对企业会计信息真实性的总体评价。

在我国以纳税人自行申报为主、税务机关征收为辅的税收征管模式下，由于纳税资料、数据是纳税人自行申报和提供的，在税收征纳双方的博弈中，纳税人在信息资料方面占有主导地位。而税务机关想尽可能多地占有纳税人、扣缴义务人涉税信息，而纳税人、扣缴义务人怕露"底"，于是千方百计地隐藏自己的涉税信息。对涉税信息的掌控程度因此成为税务稽查能否成功的关键，而其中的涉税信息更多的是会计信息。因此，纳税人、扣缴义务人对税务稽查有一种利益攸关的恐惧和抵制。税收遵从低、被评为强制遵从的纳税人并不全部如实申报，而对稽查提出的疑点往往寻找各种理由掩盖真实情况。因为征纳双方信息不对称，纳税人对疑点的解释和举证，是完全站在有利于自己的角度，所举证的资料是单方面的、不完整或者是错误的。面对这种纳税不遵从情况，税务机关由于无法完全取得纳税人或者第三方相关信息和资料，对纳税人的解释和举证，税务机关没有充足的理由和证据排除疑点，造成税务稽查通过前面风险评估、控制测试和实质程序获得的疑点，最终以纳税人单方面的解释和无法核实作为检查疑点排除的依据。这样不仅不能通过税务稽查减小纳税人应纳税款和实纳税款的差距，提高纳税人的纳税遵从，相反因为税务机关没有及时、有效地排除疑点，还会助长纳税人的纳税不遵从。

总之，税务稽查不是在传统意义上对企业会计信息失真问题的考察、对会计信息的真实性进行机械分类，而是在从现代先进企业管理理念的风险评估角度来对企业会计信息失真问题进行统筹分类。

二、会计信息失真与税务稽查

（一）会计信息真实性与税务稽查

会计信息真实性和税务稽查是相辅相成的。一方面，会计信息的真实性影响税收征管，制约了税务稽查的效能，进而影响到我国税收的公平性和国民经济的发展。因为税务稽查工作的基础是企业的会计信息，税务机关依据税务稽查征集到的相应信息对企业税收缴纳工作进行判定。偏离真实的企业会计信息阻碍税务稽查工作的有效性，从而提高税务稽查的成本。因此，如果会计信息这一"地基"缺乏可靠性，那么接下来的税务工作将是"空中楼阁"。

会计信息是会计主体向政府有关部门、企业管理者及与企业有经济利益关系的各方提供的，反映主体一定时期财务状况、经营成果和资金变动情况的有用信息。同时，会计信息也是税务部门计算应纳税款、分析经济形势、制定有关政策的依据。会计信息失真、失实，一是使税收丧失据实征收的基础，导致国家税收大量流失，而且使本来属于国家财政收入的资金归入企业或个人所有。二是使得纳税申报失真，增大税收成本和征管难度。现行以自行申报纳税为主的税收征管模式，纳税申报的真实程度如何，很大程度上取决于纳税户会计信息的真实性。会计信息失真，纳税申报也就失去意义，税收征管就得依靠稽查这个最后环节来发现、查处，这样必然导致整个税收征管的难度加大，征收成本上升。三是影响国家税收政策的制定和税收调控经济职能的正常发挥。会计信息不仅是税收征管的依据，还是国家分析经济形势，制定税收政策的依据。国家要想了解国民经济的运行情况，正确地运用税收手段调控经济，就必须详细地了解企业的经济活动，直接或间接地依据企业提供的会计信息。因此失真的会计信息，必然妨碍国家税收政策的制定，影响税收职能的发挥。四是扰乱市场经济秩序，不利于国家税收和社会经济的长远发展。目前，我国社会主义市场经济不断发展，股市、期货等经济趋于成熟，是国家税收新的增长点。然而，会计信息失真也侵入了这些领域，对它们的发展造成了不良影响。

国之税收，民为邦本。税收与国计民生息息相关。充分发挥税收作用，是改善民生的重要保障，关系到国家建设和人民群众的切身利益。一方面，改善民生要依靠充足的财政收入作保障。没有税收的持续稳定增长，保障和改善民生就是没有财政支撑的空谈。税收促进发展，发展改善民生。税收是政府改善国计民生、提供公共产品和公共服务的重要财务保障。有效的税收机制保证公共产品的提供，以税收纠正外部效应，弥补市场"无形的手"的内在缺陷，有利于配置资源。同时，税收改善国民经济结构，促进产业结构、产品结构、社会经济组织结构、流通交换结构和消费结构的合理化；此外税收调节公平收入分配，鼓励平等竞争，缩小收入差距。另一方面，税收通过促进经济发展，也间接地改善了民生。民生问题是人民生活水平高低的问题。经济发展的成果，最终体现在人民生活水平的提高上。经济的持续发展，带来的是城乡居民收入的持续增长。城乡居民收入的持续增长，必然会达到提高人民生活水平，改善人民生活质量的实效。

税务稽查是税收征管工作中的最后一道防线，把偷逃的税收追缴回来，增加税收收入，减少税收流失。其目的就是达到对税源的有效监控，实现税收公平和公正，以促进国民经济的发展和民生的改善。同时税务稽查是加强税源监控的重要手段，是税源监控强有力的后续保障，健全的税务稽查工作制度，能有效地打击偷、逃、骗、抗税等税务违法行为。

反过来说，税务稽查在一定程度上能大幅减少企业会计信息失真的可能性，对企业会计信息的真实性具有一定的保障作用。税务稽查在检查企业纳税情况时，需要对企业会计信息进行有效的核实，排除不真实的会计信息，降低企业会计信息失真的现象发生。此外，由于存在税务稽查的威慑力，企业会综合考虑到会计信息失真的成本，减少甚至制止会计人员对会计信息的篡改。因此，前者是后者的基础，后者是前者的保障措施之一。

（二）会计信息失真与税务稽查

会计信息的真实性与否与税务稽查的风险大小是呈一定比率的正相关性的。

第一，税收征管受会计信息真实性的影响。由于税务稽查工作的基础主要是来自企业的会计信息，税务机关依据企业相应信息对企业税收缴纳工作进行判定，决定是否需要进行税务稽查。企业会计信息的不真实性会增加税务稽查工作的风险，使得税务稽查工作的成本大大提高。会计信息失真，不仅使据实征收税收的原则丢失，并且会让原本属于国家财政收入的资金流入企业或归个人所有。第二，使纳税申报的信息失真，产生的税收成本和征管难度也大大增长。现行的税收征管模式是以自行申报为主，纳税申报的真实性将由纳税户的会计信息真实性决定。会计信息失真，纳税申报也就失去意义，同时税务稽查在发现、查处这些环节实施公平性上也难度加大，稽查成本上升。

三、税务稽查视角下涉税会计信息失真手段

（一）收入类会计信息失真手段

收入类会计信息失真是企业在会计处理时故意使用虚假的收入数据，用以降低利润、偷逃税款的会计信息失真手段类型。收入类也是涉税会计信息失真行为中最常发生的会计信息失真类型，企业常通过隐匿收入和推迟确认收入等手段，达到偷逃税款的目的。

1.隐匿收入

隐匿收入是指企业故意隐匿全部或部分收入而不予以确认的会计信息失真行为，包括不计收入和少计收入。

不计收入是指企业隐瞒全部的营业收入、营业外收入、其他业务收入等。在实际生产经营中，企业常通过虚报实际销售收入、隐瞒边角料销售收入、以物易物、现金交易等手段隐匿收入。现金交易是企业隐匿收入的典型手段，是指企业取得收入后，账面并不体现与该笔收入相关的记录，也不做任何的账务处理，只是通过现金完成交易。

少计收入是企业在确认收入时，只确认部分收入或通过伪造协议、合同等违法途径，转移出部分收入，以达到减少收入，少缴税款的目的。"阴阳合同"是企业少计收入的常见手段。是指合同双方当事人根据同一纳税事项签订两份金额不同的合同，一份金额较少的虚假合同对外用于确认收入并缴纳税款，另一份金额较大的合同对内，反映双方真实产生的经济往来。

2.推迟确认收入

推迟确认收入是指企业为了降低利润，少缴税款，在销售行为发生的当期不开具发票也不确认收入，推迟到下期做账务处理。企业通过推迟确认收入的舞弊手段人为调整当期收入，达到少缴税款的目的。在税务稽查所有案例库

中，近80%的企业都会采用收入类舞弊手段，采取此种舞弊手段也是降低税负最为直接的手段。

（二）成本类会计信息失真手段

企业汇算清缴企业所得税时，常以人为调整利润总额的方式逃避税款。在计算利润总额时，成本越高、利润越低，应缴纳税款越少。根据以上原理，企业常通过虚增成本、混淆成本性质等手段降低利润，达到偷逃税款的目的。

1.虚增成本

虚增成本是指企业发生经营业务时，故意虚列违规的成本，以达到人为调节利润的目的。"账外销售"和虚增单位成本都是企业经常采用的会计信息失真手段。如：企业在发生销售业务时将产品分为账内和账外两种形式销售，确认收入时，账外销售部分不确认收入，但将其销售成本全部计入账内产品，以提升账内产品的单位成本。通过此种会计信息失真手段既能减少账面的营业收入，又能提升营业成本，同时降低了企业应缴纳的流转税额和企业所得税额。

2.混淆成本性质

混淆成本性质是指计入成本时，不按照规定故意混淆成本的所属性质。企业通过混淆成本性质，可以人为调整当期成本、利润和应纳税额。将资本性支出计入收益性支出是企业经常使用混淆成本性质的会计信息失真手段。《企业会计准则》中明确规定，划分资本性支出和收益性支出原则是会计核算重要原则之一。资本性支出是资产成本构成的一部分，而收益性支出是产品生产的直接成本，如制造费用、材料费、人工费等。

（三）费用类会计信息失真手段

费用类会计信息失真也是企业常用的一类舞弊手段，通过调整费用使企业减少甚至亏损，达到少缴企业所得税的目的。

1.提前或延后列支费用

提前或延后列支费用是企业不按照会计管理规定依法列支费用，以调节利润为目的，提前或延后列支费用，已达到偷逃税款的目的。"在建工程"是企业会计信息失真行为的高发性会计科目，会计管理制度规定，企业的工程借款利息，工程竣工结算后才可以计入"财务费用"，在竣工前应列支在"在建

"工程"科目。但有些企业为减少利润，将应计入在建固定资产造价的费用，在竣工结算未办理前计入当期"财务费用"。

2.虚列费用

虚列费用是企业通过虚构费用、改变费用用途等手段违规列支各项费用，进而调减当期利润，达到偷逃税款的目的。企业虚列费用的手段主要包括：通过虚增从业人数、多计生产工时，以补贴名义额外发放工资等手段虚列直接人工费用；通过盘点只报盘亏、利用已损耗原材料制作出库单等手段虚列直接材料费用；通过多提折旧、多记固定资产修理费等手段虚列制造费用；通过改变低值易耗品摊销方法、多提贷款利息、开具虚假发票等手段虚列期间费用，通过超标准计提招待费、不合理摊销咨询费、中介费等虚列管理费用等。

（四）发票类会计信息失真手段

自我国1994年实施"以票抵税"的增值税税制以来，发票类会计信息失真事件越来越多，金额也越来越大，给社会造成了严重的影响。虚开发票和恶意取得发票是发票类会计信息失真常使用的手段。虚开发票是一种不根据事实交易开具发票的会计信息失真手段，企业使用虚假的商品名称、数量、价格，甚至为不存在的交易事项提供虚假发票。而恶意取得虚开发票是企业为了抵扣进项税额或抵减成本费用，利用虚构或不实的经济业务恶意取得虚假发票，不论是虚开发票还是恶意取得发票，企业都是为了减少收入、增加成本或费用以达到降低利润、偷逃税款的目的。

有些企业还利用虚开增值税专用发票获取额外收益。如：在企业实际经营过程中，抵扣链的终端消费者可能是个人，也可能是一般纳税人，个人不一定会索要发票，但无论企业是否开具发票，都要对这部分收入进行申报纳税，为取得额外收益，企业会将这部分发票开给一般纳税人，并收取一定的手续费。在日常生活中，加油站、大型商场、超市都是此种会计信息失真手段发生率较高的行业。

四、会计信息失真的危害

近些年，我国会计舞弊现象层出不穷，失真的会计信息给国家税收、经济市场和信息使用者带来了不可估量的损失。

（一）导致国家资产及税收大量流失

企业所缴纳的流转税等是我国税收的主要来源。而一些企业，为了其自身的利益，少报税，少缴税，从而通过各种造假手段，使账目混乱，以隐瞒利润等，使得企业的净资产由正变负，大量国有资产、国家税收流失。一方面，阻碍了我国的经济发展。另一方面，也给税务征管部门的工作带来很大的困难。

2018年查处的某明星偷逃税金8亿元案，新中基财务舞弊案、华虹计通财务舞弊案、九好集团财务舞弊案等令人"叹为观止"，这些教科书般的舞弊案例仅仅是冰山一角，反映出了我国当前经济环境的严峻形势。近年来，企业通过利用国家税收优惠政策骗取财政补贴，报送虚假财务报表偷逃税款、占用国家或集体资产等舞弊方式图谋私利，给政府的财政收入带来巨大的损失，据统计每年税收流失逾千亿元。

（二）扰乱资本市场的正常运行秩序

客观、真实的会计信息是企业会计准则中明确规定的，资本市场的监管部门为了保持资本市场的正常运行秩序，也是严格监督的。但部分公司仍旧会存在财务舞弊现象。一方面，对于各类企业的生存与发展而言，信息时代的发展，使得谁能获得有利的信息，就可能赢得市场。因此，企业通常会非常关注市场内、外部的各类信息，并从中寻找可利用信息，进行未来的市场定位，以决定是否开发新产品、制定未来的战略定位等。但如果所获得的信息中有虚假的信息，且将其作为未来市场与战略定位的依据，那必将在激烈的市场竞争中处于劣势，甚至是重要决策上的失误，使得企业可能面临倒闭。另一方面，众多的投资者以及债权人往往都是通过上市公司所公布的会计报表以获取相关的财务指标，对企业的盈利能力、偿债能力、成长性等进行评价。而当公司提供虚假的信息，如果使用者以此为依据，作出了相关的重要决策，那必将受到经济上的严重损失。可能会导致投资者不愿再继续投资，银行不愿继续贷款，企业生产无后续资金，导致企业严重亏损，甚至倒闭。

（三）扰乱市场经济秩序

真实、准确的会计信息是国家进行宏观调控，制定财政措施的重要依据。税务部门通过企业报送的会计信息，了解企业的实际经营状况，比对税收执行情况，调整税收计划。财政部门根据企业的财务状况，监督执行财政管理政策，制定财政规划改革方案。政府将各相关部门的数据整理分析后，形成基础经济数据，为地方经济总体发展制定战略目标提供依据。虚假的会计信息使政府不能准确地掌握经济市场的真实状况，无法制定出适合我国实际国情的宏观经济政策，也无法合理有效的分配市场经济资源，严重扰乱了经济市场，危害了国民经济的健康发展。

（四）损害会计信息使用者的利益

企业的最终目标是盈利，基本原则是利益最大化，真实、准确的会计信息，是企业决策的基础和依据。一旦企业采用了虚假的会计信息进行舞弊，决策者不能根据企业的实际生产经营状况作出正确的评价，进而也无法制定出正确的企业发展决策。会计舞弊能够使企业在短期内获得较大的利益，但在企业长期经营期间内需要花费更大的代价不断地掩盖前期的舞弊行为，长此以往，恶性循环，企业的决策者无法看到真实的财务状况，对企业也没有正确的自我评价，管理逐渐弱化，大大地增加了企业的运营风险。

虚假的会计信息，给企业的相关利益者也带来了巨大的经济损失，企业的潜在投资者、供应商、员工、顾客等都是企业的利益相关者，他们以企业的会计信息作为数据来源，分析企业的盈利及信用情况，进而作出对自身有益的重要决策。不实的会计信息和财务指标，使其偏离本意作出错误的决策，严重损害其根本利益。

五、会计信息失真问题及治理的理论依据

（一）理性人假设理论

"理性人"是微观经济学的重要假设之一。微观经济学认为，市场活动的主体都是"理性的"，他们在信息充分的市场条件下，理性的分析成本收益，趋利避害，作出符合自身效用最大化的选择。该假设的"理性"主要体现在：第一，主体根据"成本—收益"模型作出选择；第二，主体进行任何选择的标准都是能够使自身的效用最大化。在现实中，个人投资时，会在风险和收益中作出衡量，选择净收益最大的项目。企业在生产时，会对各类产品的收益率进行比较，选择能带来最大现金流或是最高收入的产品。该假设也有缺陷，

首先，信息充分的市场条件不能够被满足；其次，由于认知水平的限制，经济主体也不可能作出完全理性的判断；最后，该建设忽略了经济主体"社会性"的一面，受到宗教、文化、道德等社会因素的影响，经济主体的活动也不是完全"自利"的，除了个人的收益，也会考虑到其他社会主体的需求。"理性人"的合理性和局限性可以用来分析会计信息失真问题。

1. "效用最大化"对会计信息的影响

"自身效用最大化"是理性人追求的目标，也是经济主体作出选择与判断的依据。与会计信息相关的利益主体也不例外。政府、股东、债权人、管理层、财务人员、企业员工、外部中介机构等主体都依靠该标准进行决策，这些主体的决策最终影响着会计信息的生产和质量。

政府对会计信息的影响。首先，国家的宏观调控政策影响会计信息的质量。税收是国家财政收入的主要来源和宏观调控的重要手段。国家对产业的支持和产业格局的调整，可以通过税收政策体现出来。如高新技术企业可以使用所得税优惠税率，从事废品回收利用的企业可以享受增值税优惠政策，等等。25%的企业所得税对企业的当期利润有着重要影响，少数企业通过调整会计科目，减少应纳税所得额，这一行为会降低企业会计信息的质量。其次，地方政府对本地企业的"支持"与"保护"影响会计信息的质量。知名企业可以提高地区知名度，提高地方财政收入，增加地方就业，带动整个地区的经济发展，在整个地区有着重要作用，所以，这种企业的发展就不仅仅关系着自身，还关系着当地政府的政绩、当地经济的发展，如果企业出于某种目的进行财务造假，地方政府有帮助企业掩盖失实信息的动机，如为了维持上市公司的业绩，政府部门会与企业合谋伪造文件材料、政府批文，等等。在这种情况下，会计信息所反映的事项虽然是假的，但相关手续和票据却是真的，这种有政府参与的造假，手段隐蔽，造假证据难以被发现，给外部审计工作带来了极大的挑战。除了合谋，有的地方政府为了完成业绩，直接干预企业的数据。地方政府的这些行为，会严重损害会计信息的质量。

股东对会计信息的影响。与其他利益相关方向比，股东更关心企业未来的发展，而不仅仅是短期的收益。在我国，持有长期投资观念的中小股东很少，股票市场上更多的是投机者，这些投机者中不乏一些机构投资者，这些具有一定规模的机构投资者本可以利用专业知识进行更为理性的长期投资，但却做起了投机，不利于市场投资观念的建立。这些投机者对企业信息的反应更为迅速，容易受到短期财务信息和其他信息的影响。他们会因为企业某些指标没有达到预期，或由于偶发因素引起的企业业绩的不利变化，"用脚投票"，抛售股票。股东对企业的判断主要来自企业对外提供的财务报表，为了获得股东的信任，企业会选择"美化"报表，引导投资者的选择。因此，现有及潜在股东的趋利避害行为，会影响企业对外披露的财务报表的信息质量。债权人作为企业资金的来源方之一，其对会计信息质量的影响与股东类似。

企业的管理层对会计信息有着直接而且重要的影响。管理层受托于企业所有者经营企业，该委托赋予管理者控制企业经营活动的权力。企业管理者为企业作出的贡献主要通过财务数据体现出来，收入、利润以及现金流量可以比较直观地反映出管理层的经营能力，若管理层当期经营业绩不能达到企业目标和股东的预期，会对管理层当期的收入产生负面影响，管理层就有造假动机。相对于企业股东，拥有实际控制力的管理层可以掌握企业更多的企业信息，便于影响会计活动，再加上如果一个企业的内部控制体系不完善，管理层缺乏有效监管，就会进一步增加管理层造假的可能性。

中介机构对会计信息的影响。企业在上市融资前，需要聘请中介机构对企业进行尽职调查，在上市后，需要中介机构定期对企业进行审计并披露财务报表。这项制度的初衷是增加第三方监管，减少企业违规行为，但却存在缺陷。企业是中介机构的客户，相对于数量众多的中介机构，优质客户资源就显得稀少而珍贵，如果上市成功，企业融得资金，中介机构获得报酬，若不成功，双方均无利。中介机构一方面从企业得到报酬，另一方面却要按规办事，查找企业的违规违法行为，中介机构的独立性受到了损害，它们自身利益和企业的利益捆绑在一起，为了使效益最大化，他们倾向于与企业合谋帮助企业上市。在我国的资本市场中，有不少企业上市后，业绩大"变脸"，究其原因，除了企业管理者有意隐瞒相关信息外，中介机构自身没有全力调查也是重要的原因。我国法律制度不完善，企业上市后，即使发现有造假的行为，对其的处罚力度难以达到"杀一儆百"的威慑力，而且我国的退市机制也不成熟，"壳"资源稀缺，即使企业难以靠自身力量持续经营，也会有其他企业、中介机构、政府机构通过重组使企业继续在资本市场中存活。这种不完善的体制机制纵容了企业的造假行为。

综上所述，会计信息虽由企业自行生产，却关系着各方的利益，有巨大的经济后果。企业对外提供的财务信息，是其根据内外需求，经过利弊权衡后得出的，作为"理性人"，企业提供的会计信息可以使其成本小于或等于收益。造假成本低，使"理性人"倾向于提供失真的会计信息。

2."有限理性"对会计信息的影响

现实中，从事经济活动的市场主体并不是完全理性的，客观条件和自身的知识水平都会影响到主体的判断和决策。"有限理性"对会计信息的质量有着重要影响。

首先，"有限理性"影响会计准则的制定。认识和理解会计准则要从博弈的角度出发，而不仅仅从会计学科角度出发，要认识到会计准则是利益各方相互博弈的结果。2008年的美国次贷危机使会计成了众矢之的，许多机构和个人声讨"公允价值"计量属性，认为其背离了资产的真实价值。该计量属性不稳定，缺乏客观依据，需要更多地依靠主观判断，反映主体对未来的预期，并且公允价值有顺周期性等的缺陷。次贷危机后，许多国家都通过了决议，允许金融机构暂停使用公允价值进行会计计量。欧洲议会批准了国际会计准则理事会对公允价值会计准则的修改。该措施在一定程度上遏制了公众不断下滑的经济信心指数，但同时也将舆论的矛头指向了会计界。会计成了次贷危机的"替罪羊"。会计只反映客观经济活动，并依据经济发展作出调整，而不能直接参与企业生产活动，不能决定企业的具体经营方针，将危机的原因归结到会计，是有关主体逃避责任的表现。公允价值本身存在缺陷，但根据资产、负债的定义，公允价值的确能够较为准确的反应资产、负债，尤其是金融类资产负债的市场价值，不能因噎废食，更不能拿会计作为"挡箭牌"。由此看来，"有限理性"对会计准则的影响既反映在准则制定者有限的认识和知识水平，更体现在可以影响准则制定的各利益主体的"有限认知"。

（二）产权理论

产权指人所拥有的对物的权利，它主要包括所有权、使用权、处置权和收益权等。产权的拥有者可以通过交换获得收益。从字面上看，产权是人与物的关系，实际上，产权体现的是人与人之间的关系。界定清晰的产权，可以使各部分权力的拥有者在分配收益、承担责任时有据可循。分析产权、清晰界定产权有利于合理分配利益，协调经济主体的冲突。

社会分工不断细化，每个经济主体都凭借自身的优势参与生产，有资本优势的主体成为股东和债权人、有提供经营力的主体成为职业经理人、有各项知识技术的主体成为企业核心技术人才，等等，明确各项主体的贡献并按照贡献分配利益可以有效激励和约束各经济主体，规范主体行为。

1.资本力、经营力、知识力、劳动力的概念

资本力是指经济主体凭借自身拥有的货币资金、固定资产、土地等资本进行生产的能力以及获得收益的权力。在早期，企业主要靠扩大生产规模谋求发展，资本在这个阶段起着关键性的作用，拥有资金就可以购买资产，扩大企业的规模，实现经济利益。大机器生产时代，在企业的所有权和经营权还未分离时，资本对企业的贡献容易计量，因此，这一时期资本所有者可以凭借资本力获得较为合理公平的报酬。随着企业资本所有权和经营权分离度的提高，人力资源、知识技术在企业发展中的作用不断增强，各因素对企业的贡献难以区分，没有合理的标准可以准确界定资本力究竟可以为企业带来多少收益。从目前的分配政策看，拥有资本力的股东的收益来源于股利以及买卖股票的资本利得，股利取决于企业的股利分配政策和经营业绩，股价取决于资本市场对于企业的期望。在这种分配制度下，股东的收益依赖于企业经营业绩的提高和股价的增长。企业生产的会计信息可以反映企业的经营状况，影响企业的股价，因此，股东期望企业提供的是反映利好的会计信息，他们更偏好"漂亮的"财务数据。

经营力主要针对企业家，是指企业家、高级管理人员所拥有的合理调配企业资源，实现盈利的一种能力。企业家和职业经理人有所区别，职业经理人可以经过培训学习后天养成，比如通过参加财务管理、人力资源管理、生产运营管理等方面的培训获得全面的管理知识并运用到工作中，而企业家强调的是拥有战略眼光和创新性思维。在复杂多变的市场环境中，企业能否看到发展的机遇能否充分利用自身资源把握机遇并实现盈利是成功的决定因素，能够准确把握市场走势，洞察发展机遇，除了一般性的技术分析方法，更需要企业家个

人独到的战略眼光。经营力是天赋、经验、知识等多种因素结合形成的。人类发展到现在，基本的物质和精神需求都可以被满足，市场经济从需求决定供给逐渐转变为供给引导、创造需求，各行各业尤其是高新技术企业，通过自我创新、合理利用自身资源，不但实现了企业的发展，还促进了整个社会的进步。典型例子有苹果公司，它的创始人以其团队通过分析消费者的行为习惯，对传统的手机设计进行了颠覆，发现了新的市场。领先的技术是其成功的重要原因之一，但最关键的还是其创始人及团队独到的眼光和设计理念，创造了智能手机的"神话"。再如腾讯公司，近几年它推出的微信手机应用系统，就是企业传统产品与新兴的智能手机结合在一起的结果，实现了企业的又一大步发展。还有阿里集团，它推出的"余额宝"等一系列网络理财产品，正是抓住了民间金融发展的巨大潜力。这些企业的飞速发展，除了客观的技术条件，直接的推动力就是企业家的经营力。要区分出经营力对利润的贡献也是很困难的，企业家的收益来源于固定工资、年薪、股权等，合理的激励机制可以促进企业家为企业长远发展谋利、为股东的利益服务，将管理层的短期与股东的长期利益结合在一起。

知识力是指技术人才所拥有的创新能力、为企业创造价值的能力。人类所经历的三次科技革命，推动因素都是技术的创新与发展。技术在生产生活中发挥越来越大的作用，袁隆平的杂交水稻解决了数以亿计人的吃饭问题；电子商务的发展改变了人们的生活方式，不但使创业成本变得很低，还激活了关联行业如快递业的发展；3D打印机的发明可能又会引发新的变革。知识、技术已经成为企业的核心竞争力，技术人才可以增加企业的竞争力，财务人才可以优化企业的财务资源配置，降低企业生产成本、管理人才可以合理调配企业的生产资源，为企业的长期发展作出战略规划等等，各领域人才知识力的合力共同推动企业的发展。如果人才可以按贡献获得收入，就会积极地在制度内按规定行事，若不能得到合理的报酬，就缺乏努力工作的动力，甚至为了某些利益作出有损且生产效率的事情。

劳动力特指人类的进行劳动活动的能力，强调体力消耗。任何人类活动都有体力的损耗，在企业中，分工不同，劳动力发挥作用的程度就不同。车间工人更多地依靠其劳动力获得报酬，管理者更多地依靠经营力、知识技术等因素获得报酬。知识、技术等"软实力"在价值创造的过程中的地位越来越显著，我们国家长期为发达国家提供基础的加工劳动，耗费大，花费人力多，但实现的劳动回报却很少，就是因为基础劳动的经济增加值在不断降低。任何因素要发挥作用都不能脱离人的劳动。人类的其他活动，如知识创新，技术创新，最终都要依赖于劳动力才能实现，劳动力的重要性依旧不言而喻。讨论的劳动力的关键，还在于与劳动力相关的利益的分配，企业员工拥有并在价值创造过程中耗费的劳动力也应得到合理的补偿。

分析各个产权的目的是为了合理界定产权，明确上述因素在价值创造中的作用和贡献力的大小，才能合理分配利益，从而进一步促进企业的正常有序发展。

2.产权界定对会计信息失真的影响

产权是表现在物之上的人与人之间的关系，是人与人之间利益博弈的结果。产权明晰才能实现对资源的有序分配。企业的利润是资本力、经营力、知识力、劳动力共同作用的结果，区分每种因素在企业价值创造中的贡献大小，可以使各主体的付出得到相应的补偿，才可以激励和约束的行为主体，最终促进企业的发展。

会计信息尤其是会计报表是企业经营结果的反映，是企业进行分配的依据。对于投入资本力的股东和债权人，前者获得股利，有些股利政策依赖本年实现的利润，利润的大小决定股东收益的高低。对于债权人，要求收取利息收回本金，企业支付的利息会反映在报表中的成本、财务费用等相关科目。对于投入经营力的企业家，其报酬来源于固定工资、股权以及年终奖金、年薪，企业报表中所反映的经营成果直接决定了企业家的收入，并且企业家等管理人员对会计信息有一定的影响力，他们可以通过权力、个人威信等对直接做账的财务人员施压。如果管理者的报酬与企业长期发展关联性不大，就很容易使得管理层出现调整报表的短期"获利行为"。将这几个要素对企业的贡献完全界定清晰是不可能的，但可以优化企业的薪酬体系，尽量趋近于"按劳分配"。如果仅用企业的短期经营业绩来衡量管理者的能力，不能公正评价管理层经营力对企业的贡献，管理层就有动机通过其他违规行为获利。对于知识力和劳动力的所有者也一样，经济活动终归是人在进行，而人身后是制度，如果激励和约束机制可以使人们获得合理的报酬，就会减少欺骗行为，激发创造力。

（三）信息不对称理论

信息不对称是市场失灵的主要表现之一。微观经济学的基本假设之一是信息充分，任何经济主体都可以获得关于交易的全部信息，并依据信息作出理性决策。这个假设在现实生活中由于客观条件的限制是不可能实现的。由于信息有价值，拥有较多信息的一方在交易中占有优势，可以利用该优势在交易中获得额外收益。比如保险公司与客户，客户对自己所投保的事项有着更为充分的了解，他在投保时可以隐瞒与财产相关的信息，降低保险公司对自己风险评级，实际上这项交易增加了保险公司的风险，但由于信息不对称性，保险公司难以辨别。现实中的很多事件都会受到信息不对称的影响，会计信息的质量也同样如此。

1.信息不对称对企业内部生产会计信息的影响

会计活动是企业经营活动的一部分，企业是会计信息的直接提供者。所有权和经营权分离是企业壮大的必然结果，它使得企业经营更加有效率。由于企业所有者和经营者的目标并不完全一致，管理者相对于股东拥有更多的信息，就会出现管理者利用自己所掌握的信息，作出有损股东权益的行为。股东的目标是企业的长期发展，更加注重企业发展的长期规划和前景，他们的主要受益来源是股利和股票转让的资本利得，管理者更加关注自身的利益、闲暇时间等，这些收益往往与企业的短期经营业绩相关联。股东和管理层的矛盾是企业长期目标和短期目标的矛盾，是整体与个体的矛盾。

在企业内部，信息不对称造成的影响主要表现在"逆向选择"和"道德风险"两个方面。"逆向选择"是在管理者在被聘用之前，股东无法充分了解应聘者，股东对管理者的评价可能高于或低于其实际能力水平，致使最终聘用的人不是最合适的。"道德风险"是在股东聘用管理者之后，管理者没有以"股东权益最大化"为目标，谋求企业长期稳定发展，相反，管理者更关注自身利益，提高短期业绩，作出牺牲企业长期发展换取短期利益的行为，或者消极怠工，谋求自身福利最大化、增加闲暇时间等。企业会计信息失真主要与管理层的"道德风险"有关。由于管理者的经营业绩直接反映在企业的财务数据中，为了增加自身收益，管理层会通过会计活动影响财务数据，财务活动成为管理者利用信息优势谋取私利最直接、便利的手段。

外部市场也会因为信息不对称对会计信息的质量产生影响。各国资本市场对拟上市公司的财务指标都有要求，我国在主板和中小板上市的企业，需要企业在最近三个会计年度的净利润均为正数而且累计需要超过三千万元、三年经营活动产生的现金流量净额累计超过五千万元或者三年营业收入累计超过三亿元等。在创业板上市的企业需要最近两年连续盈利、累计净利润超过一千万元，且持续增长，最近一年盈利，净利润不少于五百万元，最近一年营业收入不少于五千万元，最近两年营业收入增长率均不低于30%。[①]拟上市的企业会尽力使自己的财务数据达到上市的指标要求。证监会为了保护投资者的利益，控制上市公司的质量和资本市场的风险，出台措施规定了企业上市与退市的条件。政策是根据经验以及大多数企业的情况制定的，政策制定者不能充分了解每个企业的经营状况，发展前景，不可能面面俱到，只能以一些指标来进行风险控制。拟上市的企业，可能会出现以下三种情况，一是企业自身符合政策规定的条件；二是企业虽具有良好的发展前景，但是不符合上市条件；三是企业不具有发展前景，也不符合上市条件。企业如果处在后两种情况，存在通过调整企业报表，达到上市目的的动机。我国的主板上市条件较为严格，正在发展的中小板、创业板和新三板市场，可以建立和完善多层次的资本市场体系，为具有发展潜力的企业成长创造机会。对于处在第三种情况的企业，很可能会通过调整会计报表，甚至是用造假手段，达到政策规定的条件，实现上市。这些企业在上市后，业绩便会出现大"变脸"。资本市场本身是为了具有发展潜力的企业提供融资平台，"变脸"企业上市会降低资本市场中企业的整体质量，问题暴露以后，还会影响投资者对资本市场的信心。我国的退市机制并不完善，"壳资源"稀少，对于这些面临退市风险的企业，总会有机构出面采用重组等手段，保住它们的"壳资源"，这些都不利于我国资本市场的健康发展。因此，证监会对拟上市公司"一刀切"的条件，一方面可以控制上市公司的质量，另一方面也会促使一些企业为了上市通过调整财务数据，达到政策要求。

---

① 吕洪雁.创业板市场发行、上市规则的解读与思考［J］.财会月刊，2009（35）：35.

2.信息不对称对中介机构审计的影响

在上市前，企业需要保荐机构、会计师事务所、律师事务所对企业的经营状况、财务状况等尽职调查，出具报告。上市后，上市公司每年都要对外披露经过会计师事务所审计的财务报告。引入第三方审计机制，是为了合理保证上市公司会计资料的真实公允，属于第三方监督。外部审计的运作机制存在缺陷，首先，企业是事务所等中介机构的客户，这些中介机构受雇于企业，报酬来源于企业，如果他们可以帮助企业达到上市目的或维持上市公司的地位，对中介机构自身有好处，这种受人委托，监督委托人的机制本身就会使得中介机构的独立性受到极大损害。上市公司对于事务所而言是稀缺的客户资源，如果企业不能满足上市资格，一些缺乏职业素养与道德的中介机构为了实现自身利益最大化，就会尽力争取客户，与企业合谋造假。其次，在进行审计工作前，会计师事务所要对客户进行综合评价，从而决定是否承接业务。事务所无法全面接触到企业的资料，企业也可能会对事务所隐瞒一些不利信息，这就增加了事务所的风险。最后，事务所承接业务后，也会由于企业隐瞒信息以及客观因素的限制，影响审计的效果。

为了规范事务所的行为，中注协出台了注册会计师执业准则和一些道德准则来提高注册会计师的执业水平、约束注册会计师行为。证监会也出台了一系列措施，如2012年出台的《财政部办公厅关于征求〈事业单位会计制度（征求意见稿）〉意见的函》（财办会〔2012〕4号）（以下简称4号文），就对注册会计师的审计工作提出了非常具体的要求，包括要求事务所关注企业的关联交易等。无论是4号文还是《中国注册会计师职业规范准则》，都是对事务所行为的约束，但事务所本身也是市场竞争的主体，其存在是以盈利为目的的，并不是为了成为道德楷模。事务所从事的各项业务是服务性的，受人之托，为人办事。号文对事务所的规定只给事务所下达了任务，提出了事务所在审计中要重点关注的问题，但却没有给事务所相对应的权利。4号文中要求事务所等中介机构重点督查关联交易。关联交易关系到多方主体，事务所可以要求被审计单位提供资料，但却无权要求其他关联方、外部机构给予配合。除此之外，企业的一些手段比较隐蔽，这就对注册会计师提出了更高的要求，例如企业通过在建工程等项目虚增资产，要想查出问题，注册会计师不仅要有会计、审计等财务方面的知识，还要了解工程方面的问题。这无疑会加大注册会计师的压力，增加事务所的成本。事务所增加的审计成本却要通过企业支付报酬来弥补，这一体系本身就有矛盾。除非企业有决心通过外部审计真正查出企业存在的问题，否则企业不会让外部机构干涉自己的财务问题。

外部审计以及其他中介机构的设立初衷是合理保证企业财务活动的真实公允，但由于机制设计、信息不对称等原因，中介机构无法做到经济上完全独立，这就会影响审计的监督检查效果，使得其监督效力大打折扣。

第三章　会计信息失真问题及其影响因素分析

　　所谓会计信息失真，简单地说，就是会计信息没有反映经济真实。企业的经济真实是企业客观存在的经济事项及其状况。不管会计如何反映经济事项，这个经济真实总是客观存在的，企业的一切活动，包括生产、销售、融投资决策等活动都必须建立在对企业经济真实的可靠反映。

　　作为会计信息的使用者和提供者，对会计信息失真的看法自然不同，会产生不同的视角。有学者指出："如实反映经济状况，使人们了解经济真实是创造会计并使其不断完善和发展的初衷，也是对会计的一项基本要求。"[①] 当会计没有达到这个目标的时候，就出现了会计信息失真问题。这种看法迎合了会计信息使用者的要求而倍受推崇，但将会计定位在完全反映经济真实，对会计及会计职责而言显然是要求过高，同时也大大增加了会计师的责任。会计的基本前提如货币计量、会计分期、权责发生制等决定了会计在相当程度上必须依赖估计和判断，并受制于会计存在的客观环境。要求会计完全反映经济真实，是无法达到的，也是不切合实际的。在职业会计师看来，如果会计师根据业务发生时的具体情况，按照会计准则、会计制度或其他法则的要求，进行了适当的会计处理，就不存在会计信息失真问题。这种看法迎合了会计信息提供者的要求而倍受推崇。前一种看法更加贴近投资者的利益，因为投资者注重的是会计信息对于投资决策的效用。后一种观点则更多地从经营者的角度看问题，着眼于会计师责任的解除。显然，上述两类观点存在着期望差异。现代会计致力于调和使用者与提供者之间的矛盾，缩小期望差异，在成本效益原则和重要性原则之下尽可能满足信息使用者的利益和要求，从而求得自身的生存和

---

① 孙秀英, 王文钟, 龚秀珍.反映经济真实是会计的基本职能 [J].锦州医学院学报, 2001(06)：95.

发展。

本章分别从上市公司和一般公司的视角对会计信息失真的现状进行总体分析，从会计信息失真的动因、法律、政策、制度、技术、会计人员自身等多个维度剖析导致会计信息失真的影响因素，并辅以真实案例分析，为制定会计信息失真治理方案提供现实参考依据。

一、会计信息失真的现状分析

（一）从上市公司的视角透视会计失真现状

1.从证监会对证券市场相关组织的处罚统计资料分析上市公司会计信息失真现象

会计信息失真问题，在我国乃至于全球，都是亟待解决的重要问题。尤其是近年来，随着社会经济的不断发展，会计信息失真的现象此消彼长。例如蓝田股份，其作为一家以农业为主的综合性经营企业，自1996年上市以来，一直保持业绩的飞速增长。但在2002年初，这家公司突然被宣告停牌。随后，其高管受到调查、资金链断裂等，最终消失。后经调查，该公司采用多种造假手段，以创造"业绩神话"。至此之后，会计信息失真问题成为我国迫切需要解决的难题。

通过近几年证监会对证券市场相关组织的处罚统计资料的对比、分析，可以对会计信息失真有一个直观的了解。对证监会所发出的处罚公告进行统计时，除去了对非注册会计师个人发出的公告。从统计情况来看，在2009年至2013年期间，证监会对公司及注册会计师共发起了182项行政处罚，其中针对上市公司的就有120次，占65.93%；其次是注册会计师，共23次，占12.64%；第三位是证券公司和投资公司，各14次，各占7.68%。

从各年的处罚数量来看，2013年证监会共发出了79次（全部，包括公司、会计师事务所等，以及对个人的处罚），是近几年中最多的一次。2013年注册会计师违规人数大幅上涨，律师事务所违规情况也较为严重，有4家。

笔者选取证监会发出行政处罚最多的2010年进行统计发现，信息披露违规是导致被处罚的主要行为。因临时公告而受到违规处罚的最多，为40次。披露信息虚假有48次。

2.上市公司会计信息失真的表现形式

在上市公司公布的财务报告中，关于财务欺诈方面的虚假信息有很多，这些内容基本覆盖了报告全文。在这些虚假的信息中占比最多的是与利润有关的会计信息，其次是资产、股份、资本金等信息，募集资金的挪用、与实际用途不符也占有很大一部分比例。整体来说，虚假财务报告主要就是虚增利润，夸大上市公司的业绩，实现转移投资者注意力的目的。通过调查发现，上市公司会计信息失真主要有以下几种表现形式。

（1）虚构交易事实

上市公司财务部门的主要任务是将公司经营情况通过会计规定的形式进行确认、计量、汇总等，同时还负责向外界公布关于公司内的财务状况及公司业绩。显而易见，上市公司管理层控制公司的财务信息需要做好以下两点：一是影响信息的加工工程；二是影响信息的加工对象。目前，国内一些上市公司控制公司财务信息的方式主要是编造虚假的业务往来。编造虚假的信息往来就是一种控制公司财务信息的行为，以此来改变公司真实的财务状况。众所周知，操纵公司财务信息就需要通过编造虚假的交易来改变公司的财务信息，同时还需要将虚假的交易变得真实，而财务报告上的交易都是编造出来的，是虚假的，这会导致公司的实际经营状况与财务报告中显示的信息不一致。

（2）不恰当利用会计政策和会计估计

目前，会计应计制和收付制有一定的区别，会计准则有较大的弹性空间，使得相同的交易事项会有很多种会计处理方法，给上市公司提供了利用会计政策和会计估计进行盈余管理的空间，由此导致会计信息失真的现象主要如下。

①通过提前确认收入操纵财务信息。根据会计准则的相关要求，上市公司确定销售收入需要符合以下几点：一是购货方已获得商品所有权及其主要风险和报酬；二是商品所有权已不再属于上市公司；三是企业已获得商品所带来的利益；四是收入和成本真实存在，且有据可查，在上市公司公布的财务信息中明确其合理的归属期，需要在现实经济活动中对不同会计期间的收入进行确认。上市公司合理控制公司财务信息，需要对销售期间进行区分，以此来实现公司能提前确认收入的目的。整体来说，上市公司提前确认收入的方法包括四

种方式：一是货物起运后对方确认收货，交易结束后进行收入确认；二是货物一旦发出，立即对发生的收入进行确认；三是对分期销售收入进行统一确认收入；四是对资产存在不稳定因素情况下进行收入确定。

②利用会计政策的变更操纵财务信息。会计政策变更是指会计信息处理所遵循的会计规则发生变化，或者计算方式发生一定的变化，通常都有必须执行和重要性的特点。部分上市公司往往都会根据其具体须要来对会计政策进行变更，趁着会计政策变更之时来实现控制财务信息的目的。上市公司会计政策变更的方法有以下两种：一是变更存货计价方法；二是变更坏账计提方法等。为体现财务盈利信息，部分企业还会通过放宽信用政策及延长信用期限来实现盈利目的，如将风险大的客户作为赊销对象，将未来的销售业绩提到当年。

③利用会计估计变更操纵财务信息。上市公司在经营过程往往会受到多种不确定因素的影响，无法准确地统计会计报表中的项目计量，只能按照经验大体预估一个数值。会计估计变更是指受不确定因素的变化，或有其他新信息，则需要对会计估计进行调整。鉴于会计估计充满不确定性，需要会计靠职业判断和经验来对其进行调整，所以第三方人员对此也无迹可寻，使得上市公司可以通过会计估计变更来处理财务信息。同时，会计估计作为处理和控制财务信息中的一种计量方法，其具有一定弹性空间。上市公司在管理财务信息过程中缺乏对会计估计的科学应用，存在通过滥用会计估计操纵财务信息的现象，以此获取非法利润，增加了会计信息披露失真的风险。

（3）掩饰交易事实

掩饰交易事实是指上市公司公布的财务信息项目与实际不符，或财务信息中隐瞒了部分重大交易真实情况，致使公布的财务信息不真实的行为。投资者主要是通过上市公司对外披露会计信息的方式来掌握上市公司的经营状况，从而判断其是否具备投资条件。然而，部分上市公司在公布会计信息过程中对一些重要项目采取避重就轻或瞒而不报的行为，致使投资者无法了解公司真实财务状况和经营状况。面对变化万千的经济市场，会计报表往往无法准确、真实地反映上市公司的经营状况和财务信息，决策者仅凭借会计报表的相关信息就贸然选择项目投资是不明智，不可取的。决策人还应该结合会计报表附注中的相关信息酌情考虑，其中的信息主要是对报表中的列示项目进行详细说明或对未列示的项目进行进一步说明。但是，在实际生活中，上市公司都会调整会计报表中的附注信息进而调整会计信息。同时，上市公司还对部分重大项目瞒而不报或避重就轻的公布一些无关紧要的事情，如公司内股份占有比例、资金占用情况、诉讼事项等。

对投资者而言，证券市场上的机会稍纵即逝，如果投资者能及时掌握财务信息，那将会获得更多的利益。但上市公司所公布的财务信息存在重大信息延迟再报或者粉饰过后再报的现象，致使财务信息不真实，对了解真实情况的投资者来说，其将会获得巨大的利益，而对不了解真相的投资者来说，将是损失严重。

（4）通过关联交易操纵利润

在国内证券市场上，对于上市公司的管控是非常严格的，根据相关规定，一个上市公司若是持续三年都亏损，那么该公司将面临被摘牌，从而失去从证券市场筹资的权利。另外，根据相关规定，如果一个上市公司净收益低于10%，那么该公司则不具备配股资格。因此上市公司经营不善导致其不能满足相关规定要求。上市公司进行融资需要采取相应的措施来提高企业的盈利能力，通常是虚增企业利润，提高上市公司的盈利能力和信用等级，这种做法会影响投资人的判断力，同时大大增加了金融市场面临的风险。从债权人的角度来讲，虚假的盈利数据会大大增加债权人的投资风险。

在我国，众多的上市公司大多都是由国有企业重组而成。通过改组重建后，上市公司与重组前的母公司和子公司之间关系密切，业务往来也很频繁。上市公司往往会利用两者之间的往来交易调节利润。举例来讲，上市公司会计利润表中的支项营业利润需要达到利润总额的70%才能获取更多的收益，为了提高经济收益，上市公司会采用抬高商品物价，将其出售给与其业务往来频繁的子母公司，以此提高营业收入和营业利润。另外，部分上市公司与子母公司合作，通过资金借贷业务来调节利息，进而调节公司利润。还有一些上市公司向子母公司收取或支出高额管理费，或与子公司分摊共同费用的方式进行操纵公司营业收入和利润。

（5）采用线下项目调节利润

所谓线下项目是指在公司利润表中不包含营业利润的项目，比如投资收益、营业额以外的收支，该项目是一个企业非常重要的利润来源，然而，通过调整线下项目来控制会计信息，这也是大多数上市公司常用的一种控制企业财务信息的方法。举例来讲，上市公司通过变更被投资单位收益的核算方法，违反协议规定用权益核算法替代原来的成本法，被投在单位在经营状况良好的情况下不易觉察，进而增加上市公司的投资收益，虚增公司的营业利润。还有一些上市公司通过调整会计利润表中的"以前年度损益调整"项目的方式，调整往年的年度损益，也可以达到虚增年度利润的目的。还有一些上市公司借助地方政府的金融补助政策优势，通过巨额财政补贴增加收入，以此扭转上市公司经营亏损的被动局面。

（二）从一般公司的视角透视会计失真现状

通过对一般企业的各种专项审计和工商年检，发现在审计和年检过程中一般企业存在的会计信息失真的情况有以下几种。

1.对财务报表进行造假，欺骗会计信息使用者。如私自提高不实资产比例；虚盈实亏，利润严重不实；签订虚假购销合同或造假购销业务等。

2.多转成本、少列收入、隐瞒利润、少缴税金。就一般公司来讲，通常通过隐瞒公司的利润，从而达到少交税金的目的。一般是采用多转成本、少列收入，或者是专门通过税法与会计上的不同，减少利润。

3.私设小金库，资金账外循环，侵害国家以及投资者的利益。通常有以下一些表现：第一，部分生产型企业以及制造业企业在进行成本核算时，将企业生产加工过程中的残次品和大量的边角料计入产品成本中，而在账面上完全不对这些残次品和边角料进行列示，当进行变卖以后，所得的收入也不入账，而是直接将这些收入装进个人腰包或者进入账外的小金库。第二，有部分公司以低价把该公司自己的产品转让给其在账外非法设立的公司，由账外的公司实现产品的利润，从而偷逃国家税收，直接损害了投资者的利益。第三，部分施工企业把在工程中使用的交通工具以及办公用品一次性全部计入工程的成本中，而不在账面上进行列示，直接将很多在完工之后使用状况仍然很好的设备在账外进行处理或者使用，从而造成了国有资产流失。第四，以下情况也出现在我国审计的实践中，企业将自身的利润转移到理不清关系的关联方，有些大型企业集团内部的子公司采用不一样的税收政策，这样企业通常就会向利用优惠税收政策实现企业转移利润。例如：主要生产农产品且免交增值税的某大型农场，它所投资的食品加工企业属于增值税一般纳税人，需要交纳增值税，该农场就以高价将自身的农产品销售给其食品加工企业，从而使该加工企业的增值税进项税额增大，进而达到减少增值税的效果，直接侵害了国家的利益。

二、会计信息失真的案例分析

针对我国资本市场中会计信息失真现象较为严重，在此，选择近年来较为突出的案例进行分析。笔者在此选取紫光古汉和沈暖公司，对我国上市公司和制造企业的会计信息失真问题进行研究。

（一）紫光古汉会计失真的案例分析

1.公司基本情况介绍

紫光古汉是湖南医药行业首家上市公司，坐落于湖南省的第二大城市——衡阳市，于1996年在深交所挂牌上市。该公司属于国家高新技术企业，且长期致力于研制中西药产品，并进行生物制品的研发，其产品畅销国内外。公司的产业面横跨中药、西药、生物制药三大板块。

公司成立于1956年，历经了半个多世纪的积累与沉淀，在改革开放的大环境下，蓬勃发展，其旗下有多个品种规格的药品。尤其是中药养生品种，以长沙马王堆西汉古墓出土的《养生方》为基础，进行深入的研究与试验，形成了具有补肾益脾、健脑安神之功效的养生药品，享有"人类健康福音"之美誉，自问世二十多年来，畅销海内外。

公司原名为湖南古汉集团股份有限公司，于2000年更名为清华紫光古汉生物制药股份有限公司，于2007年再次更名为紫光古汉集团股份有限公司。

2.财务舞弊情况介绍

2013年，紫光古汉（000590）长达数年的财务舞弊浮出水面，且数额之大，令人瞠目结舌，在国内引起了轩然大波：

（1）2005至2008年的四年里，紫光古汉以各种方式虚增高达5000万的净利润。其中2007年和2008年，各年虚增净利润都超过2000万。虚增净利润的主要方式是与关联方虚开普通发票、高开部分费用发票、拆借、账外发货等。例如在2005年时，紫光古汉向北京康达家虚开普通发票1655万元；向湖南紫光药业虚开普通发票1376万元；向某部队单位虚开普通发票639万元，从而达到虚增利润的目的。

（2）2005年，在未经董事会授权的情况下，承接南岳制药的不良资产与负债，且并未进行披露。在之后的几年里，采用虚假土地出让金协议等方式，进行冲销；并在偿还债务时隐性地执行相关的补充协议，未在报表中进行及时的披露。

（3）与注册会计师事务所合伙进行报表舞弊。作为独立第三方，为了获得利益，而忽略了职责与职业操守。

3.紫光古汉财务舞弊采用的主要手段

（1）虚增收入与成本，虚减费用（表3-1）

表3-1　2005—2008年紫光古汉净利润虚增情况

单位：元

	2005年	2006年	2007年	2008年
虚增主营业务收入	36 694 689.82	11 222 832.54	5 335 384.62	
虚增主营业务成本	6 752 513.52	4 459 039.80		
虚减营业费用	7 560 000.00		880 024.00	1 156 933.00
实现虚增利润	37 502 176.30	6 763 792.68	6 215 408.62	1 156 933.00

表3-1所示，紫光古汉虚增净利润数额之高。虚增主营业务收入与成本，以及虚减费用已成为我国资本市场中常用的手法，其目的是为了实现虚增利润。

紫光古汉通过虚开大量的普通发票以确认销售收入。即使是没有违背销售收入的确认条件，但开具普通发票，也是一种无中生有的错误。而CPA（注册会计师，下同）在其执业过程中通常是采用"逆查"的方式，即由明细账查至原始凭证。但销售发票属于公司内部审计的证据，对于CPA审计过程中存在着不充分、不适当的成分。因此，相关的审计人员应该从其他的角度搜集更多、更有力的证据以证实其真实性与否。

（2）关联性交易

在监管部门的最终调查中，紫光古汉就采用了较为"传统"的关联方交易，主要采用了关联购销和资金往来两种手法。在2005和2006年，向湖南紫光药业虚开发票。而紫光古汉参股公司40%的股权，而另60%则是由紫光古汉的控股股东紫光集团控制。

对于关联交易是否存在着交易的必要，可以通过了解公司业务运转情况，以及相关的管理部门咨询便可以进行验证。虽然紫光古汉披露是以市场价进行的交易，但由于其采用的是现金交易，使得CPA在执业过程中缺乏有力的证据。而由于证监会对上市公司的"摘牌"有着硬性的规定，而该公司为了逃避而利用关联交易操纵利润。

从此也可以看出企业内控制度存在较大的缺陷。且财务相关人员在其执业过程中，并没有严格遵守相关的职业操守。

4.紫光古汉财务舞弊的原因分析

（1）内部控制制度不完善

在日益激烈的市场竞争中，公司的内控制度作为内部管理的一种机制，在其业务运转与持续发展中起着举足轻重的作用。而紫光古汉为了逃避被戴上"ST"的帽子，以及随之而来的退市风险，铤而走险，主要采用关联交易的手法进行利润的操纵与报表的粉饰，说明其财务方面的内控没有发挥其原有的功能，完全失效。

（2）会计师事务所监督不力

紫光古汉自上市以来，一直聘请天职国际会计师事务所承担其审计工作，有着长达十余年的合作关系。CPA因其发挥着外部独立审计的职能，因而被称为"经济警察"。也因其通常具有较强的专业胜任能力，在对紫光古汉的审计中，应该是第一时间审出公司报表中所存在的各类问题。但在其审计过程中，仅有2005年出具了保留意见的审计报告，系CPA受到审计条件的限制，对该公司作出了"商品期末余额无法进行满意的审计程序以证实其真实性"的结论。其余年份均出具了标准的无保留意见审计报告。

在日趋激烈的竞争格局下，市场情况不断变化，即使是对老客户，也应该按承接新客户时一样的程序进行操作，以减少审计风险。但对于天职国际会计师事务所，由于紫光古汉是其长期、稳定的客源，并没有对其进行定期的再评价，而是一味地继续承揽此项业务，忽视了业务承接环节上的管理。但同时，上市公司可以决定事务所的"饭碗"，且在实务界，CPA是否存在过失又没有严格的量化标准，部分 CPA 出于私利的考虑，在利益的驱使下，可能会与舞弊公司同流合污。

（3）公司管理层道德、素质不高

在此案例中，无论是通过关联交易进行财务舞弊，还是签订虚假协议冲销相关的款项，其公司内的高层管理人中都有着无法逃避的罪责。由于管理层在公司内部通常有着绝对的权力，即使是财务人员不愿意与之配合"造假"，但可能会出于生存的考虑，而不得不屈从。因此，在紫光古汉财务舞弊案中，公司管理层的职业道德、专业素质不高，也是其主要原因之一。

（4）政府监管不力

外部监管机制是维护资本市场正常秩序的重要保障。除了前面所谈到的民间审计——CPA 以外，还有政府相关的监管部门。在紫光古汉一案中，长达四年多的财务舞弊，但作为市场监管者的证监会并没有在第一时间发现，就更谈不上及时采取措施保护广大投资者的利益。同时也反映出目前我国资本市场的监管效率不高，还有待于提升。

（二）沈暖公司会计信息失真的案例分析

1.沈暖公司概况

沈暖公司注册于2007年，是一家以暖通空调产品和电器开发、生产、销售、安装为主的专业公司。主导产品为与各类风机配套的热风幕、空气幕和成套的电控箱、保护器，各种型号的暖风机、风机盘管和空调机组，并承揽各种大、中、小型暖通工程；同时也生产、销售各类配电箱、计量箱、插座箱和低压成套开关（柜）；产品覆盖东北、华北、西北地区。主要产品涵盖以下几个系列。

暖风机：包括移动侧吹式、吊顶式、壁挂式、高大空间热水式/蒸汽式、辐射式，按用途可分为工业专用、温室大棚专用、养殖专用、驾驶室用。

热风幕/空气幕：轴流式、贯流式、离心式、蒸汽式、热水式、旋转门式。

其他暖通空调净化设备有大中小区域空调系统、变风量空调器、风机盘管空调器、组合式空调机组、柜式新风空调机组及风淋室。

沈暖公司的企业性质为私营有限责任公司，注册资本500万元，系增值税一般纳税人，增值税适用税率17%，执行企业会计制度。公司除法人代表外有员工25名。

2008至2012年这5年间，公司的各类产品在北方地区开辟了一定的市场。在当地的主要客户群包括政府机关、医院、学校、银行、宾馆、科研院所，同时还承接大型商场、火车站的暖通工程项目。

2010年该公司申报收入545万元，应纳增值税10.9万元，税负2%；2011年申报收入598万元，应纳增值税13.156万元，税负2.2%；2012年申报收入571万元，应纳增值税12.277万元，税负2.15%。

2.针对沈暖公司的税务稽查过程

（1）针对沈暖公司的纳税评估

2013年，原辽宁省国家税务局围绕总局在2012年召开的全国税务系统深化征管工作改革会议上提出的"提高税法遵从度和纳税人满意度，降低税收流失率和征纳成本"这一税收征管改革总体目标，对省内的重点税源企业实施税收风险管理，建立事前税务风险管理体制，以实现税务管理环节前移，将发现型控制转为预防型控制。

原辽宁省国家税务局建立了税收风险分析识别特征库，根据税源类别以及行业的不同归纳出可能存在的风险点并对风险项目做了详细的描述和解释。

沈暖公司的增值税税负连续3年低于同行业平均税负（3.24%）的30%以上，沈暖公司的主管税务机关认为其可能存在虚抵进项税额、隐瞒销售收入的风险。税务机关拟对沈暖公司进行纳税评估，从国税综合数据平台和税收征管信息系统（CTAIS系统）内调出该企业2012年纳税申报和财务报表（表3-2）。

表3-2　沈暖公司2012年纳税申报和财务报表

单位：万元

	2010年	2011年	2012年
销售收入	545	598	571
营业成本	523.20	571.69	546.31
期间费用	8.12	11.50	8.97
营业利润	12.76	13.98	15.32

	2010年	2011年	2012年
销项税额	92.65	101.66	97.07
进项税额	81.75	88.504	84.793
应纳增值税	10.90	13.156	12.277
税负	2%	2.2%	2.15%

其他生产经营数据如下。

①2011年期初存货635973.30元、应收账款429705.50元、其他应收款47512.90元、资产总额15584956.69元；期末存货574541.80元、应收账款489195.12元、其他应收款25948.50元、资产总额15561450.41元；2012年期末存货612536.48元、应收账款475068.90元、其他应收款37088.60元，资产总额15596458.97元。

②生产工人工资计算方法：以计件工资为主。

③该企业原材料投入产出比率95%。

评估人员根据取得的该企业各类财务报表及年度所得税汇算清缴资料，结合采集到的机器设备产能、原材料及辅助材料、主要完工产品、能耗等信息，通过测算相关指标，进行案头分析后发现如下疑点。

疑点1：营业利润率偏低

在全省范围内，该指标的行业参考值为5%，而沈暖公司3年平均营业利润率为2.45%，远低于预警值4.3%。且营业收入变动率与营业利润变动率的配比为-0.47，该指标正常情况下的比值接近1。由此两项指标的异常情况来推断，沈暖公司可能存在少计或不计收入、多列成本费用、扩大税前扣除等问题。

疑点2：库存产成品

沈暖公司2012年产成品销售收入为500万元，平均每月41.67万元。而2012年期末存货612536.48元，相关附列资料显示期末产成品成本为180835.11元。每年年末为沈暖公司的产品销售旺季，按产品正常的生产销售周期15天计算，期末产成品成本偏低，可能多结转了营业成本。

疑点3：废料收入

生产制造电器设备的企业出售下脚料收入一般符合两个特征：其一，边角料、废料收入大于或等于电费的1.5倍。其二，企业如果购进板材进行切割加工，废料收入占比营业收入不低于1.6%；若企业外购切割件，废料收入占比营业收入不低于0.8%。企业所得税年度汇缴资料体现沈暖公司2012年废料收入为3.54万元，占比营业收入0.62%，因此可能存在未入账的废料收入。

通过以上分析可知沈暖公司的主要问题是收入与利润率偏低，营业成本偏高。

税务机关针对以上疑点问题，向沈暖公司下达了《税务事项通知书》，要求公司负责人和财务人员在规定时间到税务机关进行约谈。公司负责人和财务人员自查举证情况如下：因为主要原材料价格、运输费用在逐年上涨，造成公司利润率不高。对废料收入问题的解释为2012年采用的原材料均为购进的板材切割件，因此下脚料很少。

沈暖公司提供的2012年资产负债表日库存产成品盘点表经税务机关核对后，发现部分产品的数量与金额不相吻合。沈暖公司解释调整盘存产品价值的理由是扣除了不合格产品的损失，对产品数量则未予改变。但税法规定，存货损失经税务机关审批后才能在企业所得税申报时扣除，现沈暖公司直接将其扣除属违规行为。

约谈后，沈暖公司负责人和财务人员承认未能充分理解税收政策法规，同意调增库存产品成本94570.72元，同时相应调减营业成本，增加应纳税所得额。

企业自查举证看似正常，但为进一步证实评估指标分析出的疑点，评估人员认为有必要实地核查。在约谈后的第二天，税务机关向沈暖公司下达了《税务事项通知书》，通知实地核查。

在实地核查工作中，评估人员进行库存商品账实核对时发现，2012年11月、12月虽发出商品，但产成品盘点表上却没有记录。继而检查有关发出商品的账务处理，确认2012年11月、12月的发出商品的收入均为2013年实现并入账，但成本却是2012年结转的，不符合配比原则。

由于沈暖公司的行为已涉嫌偷税，评估人员根据相关规定，将评估材料移交稽查局作全面检查。

（2）税务稽查发现沈暖公司账务处理疑点

稽查人员下发查前告知书及检查通知书后，进入沈暖公司财务部门查账。沈暖公司未设置纸质账簿，会计核算完全采用用友 U8财务软件。

稽查人员在对沈暖公司2012年财务数据进行核查时遇到了意想不到的困难：登陆数据服务器以后发现，无论怎么查找都找不到2012年度的账套数据。沈暖公司的会计向稽查人员解释为：今年年初进行数据维护时误操作，在财务软件中把数据初始化了，因没有做备份使所有财务凭证数据丢失。是否存在主观故意，稽查人员无从考证。

稽查局决定以最快的速度抽调技术人员对数据进行恢复。经信息技术人员查看 SQL Server 企业管理器，发现软件做的操作是把近300张表 Drop 掉后重新 Creat 相同名称的表。再对 MDF 文件进行分析，发现 SQL Server 已经把已删除表的 ID 删除，而新创建的表又重新创建了新的 ID。

技术人员修复数据的过程如下。

第一步：对 MDF 文件进行备份，防止进一次造成破坏。

第二步：对删除的表进行字段分析。

第三步：对 MDF 进行底层数据分析，与表结构进行匹配。

第四步：通过程序的匹配，找到所有删除表的原始 ID。

第五步：通过 ID 和新表结构，对数据进行提取，生成 SQL 脚本。

第六步：把 SQL 脚本追加到新的数据库中。

第七步：把未删除的表的数据进行迁移。

历时2天，98%的数据成功恢复。对税务检查而言，这无疑是一个重大突破。

稽查人员调取了沈暖公司的电子账，在检查企业所得税时，先核对年度计税依据。从电子账上看，主营业务收入科目（6001）当年的发生额较大，但同时业务类的账外科目——维修服务费科目（7002）累计了一个较小的发生额，似乎反映的也是主营业务收入。稽查人员就此问题询问沈暖公司的财务人员，财务人员解释：有效合同的销售收入总额计入（6001）科目，按合同约定收到的维修服务费计入（7002）科目。稽查人员抽查了两个被查年度的部分销售合同，核对当年6001与7002科目的累计发生额和申报缴纳所得税情况，确认与计税依据相符，表面上看无疑点。

然而，结合沈暖公司的财务核算办法及凭证拆分规则分析，就会发现6001与7002科目的发生额有一定的关联——7002是6001的递延。沈暖公司对于一些大型的暖通空调净化设备和组合式空调机组以低于市场价4%的价格向客户出售，同时与客户签订维护合同，约定在10年内为客户维修设备，每年收取的维修费高于市场价的10%。如2012年销售一套市价10万元设备，则6001科目发生额为9.6万元，在今后的10年，每年7002科目都会有5500元的发生额（维修费市价为5000元）。根据二者的逻辑关系，稽查人员决定采用趋势比对分析法来发现问题。

稽查人员在税务稽查查账系统中新建纳税人账套，将"数据采集软件"采集出来的涉税电子数据导入。然后打开被查企业账套，将沈暖公司实际使用的会计科目转换成稽查软件中的标准科目。之后稽查人员按操作步骤先点击"稽查实施→科目趋势分析"，将会计期间为2011年1月1日到2012年12月31日的6001、7002账户贷方发生额设定为分析项目，再点"分析"按钮就生成了趋势图表。稽查人员在前期与沈暖公司销售人员沟通时了解到，大型暖通空调设备每年的销量都不是均衡的。具体情况是11月旺季时，销售收入有较大的增幅；6月转入淡季，销售额骤减。但企业的生命周期处于生长阶段，业务在不断拓展，销量也是持续上升的。由此判断，6001的趋势曲线与实际相符。而7002曲线的特点是无曲折稳步平滑增长，这与6001曲线有较大波折不相吻合。因为根据两条曲线对应科目的关联关系，6001曲线的起伏变动同样也会呈现在7002曲线上，但会有一定的滞后，现在从形状来看，7002好像是一条与6001无关的独立曲线，所以科目数据极有可能经过人为加工修饰。稽查人员随即查阅了全部销售合同和相关原始凭证，并按规定程序在履行相关手续后对沈暖公司的银行账户进行了检查，逐月核对收入拆分情况。最终确定了沈暖公司2010年至2012年通过人为递延销售收入的方式来延迟缴纳税款，以偷漏增值税、所得税为目的少计收入510.2万元的事实。

稽查人员依据《中华人民共和国税收征收管理法》第六十二条，《中华人民共和国增值税暂行条例》第一条、第二条第一项、第六条以及《中华人民共和国企业所得税暂行条例》第一条、第二条、第五条的规定，对沈暖公司作出追缴增值税税款55.27万元，企业所得税25.8万元并处少缴税款50%罚款的处理。

在对沈暖公司的稽查中，如果仅从形式上看，6001和7002科目的会计处理正确，核算清晰。稽查人员没有被表象迷惑，运用稽查软件的分析工具对收入轨迹进行整体比对，绕开部分数据片段设置的陷阱直接把握了实质，从而使舞弊无所遁形。

三、会计信息失真的影响因素分析

会计信息失真的影响因素包括内在动因和外部环境两个方面：会计信息生产者与会计信息之间存在一定的利益关系，是产生虚假会计信息的内在动因；虚假会计的会计信息产生的内部动因是造成会计信息失真的决定因素，但有了内部动因，并不意味着一定会产生虚假会计信息，而虚假会计信息的产生还有赖于一定的外部条件。归纳起来，虚假会计信息产生的外部条件主要包括：法律环境、政策因素、制度因素、技术因素和会计人员业务、道德水平等因素。上述两方面多因素共同作用，导致了虚假会计信息的产生。

（一）会计信息失真的内在动因

1.难以承担税负的压力

此压力是指企业守法经营需承受来自政府、社会、同行业以及自身的各种负担。税负则是企业要承担的来自税务部门的税收负担，是企业经营发展中不可避免的大额成本。

（1）税收负担重

2016年，世界银行发布了全球税负情况报告，报告统计范围涉及190个国家和地区，报告显示这190个国家和地区的平均税负率为40.6%，而同年中国的税负率为68%。尽管由于计算税负的方式不尽相同，以上统计数字不能全面、准确地反映出我国实际的税负水平，但也充分的说明我国的税负水平之高。国家税务总局税收科学研究所所长李万甫撰文认为，中国企业承担了90%以上的各种税费。同时，企业需要承担的税费种类过多也是导致舞弊的重要因素。当前，企业正常经营需要申报增值税、企业所得税、城市维护建设税、教育费附加税、个人所得税、消费税等十余种税费。过高的税负和过于复杂的税费种类使企业产生巨大的压力。

（2）税收优惠政策阈值压力大

我国税收优惠政策的制定往往配合着国家经济、政治、民生发展的总体战略目标，如：国家为重点扶持小型微利企业发展，稳定就业形势，近年来不断推出普惠性减税措施。自2019年1月1日起，增值税起征点从每月3万元调整到了每月10万元，对小型微利企业年应纳所得额不超过100万元、100万元到300万元的部分分别减按25%、50%计入应纳税所得额，等等。这些政策是国家给予符合条件的纳税人在特定时期的税收照顾，但是部分企业对税收政策的认识和运用把握不全面，甚至为了能够享受优惠政策，不惜做假账，提高成本、降低利润，申报纳税时填报不符合优惠条件的减免，大大提高了税收风险。

2.企业产权中行为主体的利益冲突

从经济学的角度来看，人都有着自私的一面。作为理性的个体，都会追求最丰厚利益的实现。我国企业产权中，同样存在着多个主体。由于各主体有着各自的利益需求，因而，往往会产生冲突，都会有着不同角度的关注与考虑。政府最关心的是国家税收的征缴。经营者关注的是在对企业的业务运营管理过程中业绩有所提升，获得附加收入的可能性。债权人最关注的是其债权能否在约定的时间内按约定的数额进行收回。所有者最关注的是能否实现企业利益的最大化，自己投入的资产能够保值并最大可能地增值。资本市场的投资者最关心股票的价值能否上涨为自己带来既得利益。因此，不同的目标主体，在其各自利益的驱动下，不可避免地产生了利益冲突。

从经营者的视角来看，他们与其他利益的主体有着不同的利益目标，且有着独特的地位。即受所有者的委托直接管理着企业的业务运营，因此，他们对信息的获得更为方便、易行。现代的企业，必须要有足够的资金，这是其生存及未来发展壮大的根本保证。在资本市场中，为了获取更多的资金支持，减少融资的契约费用，往往偏好于向投资者、潜在投资者及债权人披露与其决策相适应的会计信息。且由于信息的不对称，还存在着引发"道德风险"问题。即经营者出于自私的需求考虑，可能会进行一些违规、违法行为。

而信息的各方使用者各自利益目标并不相同，对信息的要求也存在着差异。中小股东们，由于我国目前的资本市场投资与投机并存，大多数投资者并非长期地持有股票，而是在股价上涨后获利后便离场。因此，他们的关注度放在了股价上。即使是虚假的会计信息，如果相比真实会计信息更能引起股价的飙升，他们会宁愿选择虚假会计信息，这样可以获得更多的利益。

对于政府的各相关部门来说，更需要客观真实的会计信息。这是缘于他们往往是宏观政策的制定者，将依靠所获得的信息，进行相关政策的制定与调节。但由于可能部分个体与部门为了小团体的利益，或是领导干部希望获得优良的政绩，并不希望不利于自身的真实信息被发布。

目前我国企业的债权人多是银行，而银行在放贷时往往偏好于大型企业，在放贷之前对其会计信息的真实性较为关注，但在放贷之后对其关注就大大下降了。分析其原因在于：一方面，真实的会计信息可能会反映银行业绩并不如意，此时，可能对于银行、放出贷款的业务员来说，更希望利于自身的虚假信息被发布。而另一方面，即使知道贷款企业的某些真实情况（如财务状况、业务运营差等），但也无能为力。

因此，某些企业产权的主体对报表真实性并非关注，这也成为我国相关信息质量并不高的原因。

3.企业中激励与约束机制的不对称

在现代企业中，激励与约束机制是保证其有效运转的两大重要机制。由于产权结构会在一定程度上可能会决定一些个体的行动。因而，产权的具体安排实际上是一种行为规范，规定了个体与个体之间在相互交往中所必须遵守，如果违背了这种行为规范，则必须为此会出代价。

在现代企业制度框架中，往往是通过对个体所获得的报酬来引导个体的行为，在个体行为违反了行为规范时，通过报酬上的惩罚使其付出相应的代价。企业与经营者签订劳动合同时，往往在合同上就已将业绩与报酬做了一次性的规定，如年薪多少。但实际上，经营者努力工作，做出了成绩，但这部分的回报并没有在合同中有具体的规定，而这部分基本无法获得回报。这就造成了经营者心理预期的不一致，为了获得更多的利益，可能就会自作主张地从公司中获得非合同规定的收益，以满足自身的需求。

另一方面，所有者一般赋予了经营者绝对的权力，而这种绝对的权力就容易滋生绝对的腐败，经营者在企业的生产运营中一手遮天，无人监督，也无人敢监督。

也正是这种有效激励机制的缺乏，可能引发经营者的"偷懒"。同时，公司内部监督机制的缺失，可能引发经营者个体实施风险较小的违规行为，而获得个体物质上的满足感，所谓"造假者得好处"。

4.企业中存在着委托——代理关系

作为资产所有方的所有者，即委托人，将企业的日常经营、业务运营都委托于资产的管理者，即代理人。因此，将企业委托代理理论看成是企业的契约组合理论的具体化，而随着现代企业的不断发展，这种委托关系又被分解为以下几种形式：①股东与董事会之间的委托代理关系；②董事会与经营者之间的委托代理关系；③经营者与财务主管之间的委托代理关系；④会计主管与财务工作者之间的委托代理关系。

各委托代理关系中存在着几个非均衡的特征，对其进行详细剖析，可以找寻出信息失实的深层次原因。

（1）委托人与代理人之间信息不对称

随着两权分离，信息不对称问题就产生，而由此引发了一系列问题，如"逆向选择""道德风险"等，严重影响了企业的市场运行效率。所谓"逆向选择"，就是委托、代理双方在签订契约时，由于信息不对称而产生的。对于企业的经营者来说，他能够方便且真实地知道企业业务运营实际的情况，同时，对自己的能力与态度也是非常清楚的。但是对于企业的所有者来说，由于并不参与到企业的日常运营中，使得在相关信息方面处在了弱势地位，其信息的来源主要是依靠经营者所传递的。且委托、代理双方对这种情况都是十分清楚的。双方博弈的结果，就是所有者并不能清楚地掌握企业真实的运作情况，不能实现对自己资产的掌控。同时，也没有一定的标准能够去比较管理者的能力。因此，所有者可能就不得不按照所有企业（尤其是同行业）的平均业绩来决定其是否能够接受企业的业绩，从而选定合适的经营者。企业的管理者，有的可能会因为其业绩较差，而被所有者淘汰，甚至被市场淘汰。但如果向外公布经过"加工"的各类业绩指标，可能会获得继续留任的资格，而免遭淘汰。由于经营者所占据的信息优势，很清楚自己是被高估还是低估，而高估的经营者更会趋向于粉饰会计信息，以减少企业被兼并的可能性，得以继续留任；而低估的经营者可能会被解雇。

所谓"道德风险"，是指企业的经营者是否会完全以自身的利益作为出发点，所有者是不得而知的，或因进行监督的成本太高而不得不选择接受，在这种情况下，经营者就可能毫无顾虑地为了自身的利益而利用职权优势增大自己的效用。

（2）委托代理双方签订的契约不完备

关于契约不完备的经济后果如何，学者们展开了深入的研究。签订契约时存在着无法事前明示的盈余，就是所谓的剩余盈余，且由于在事前无法对这部分剩余盈余进行分配权的配置，就形成了剩余索取权。

在委托人与代理人最初签订合同时，就注定其存在着不完备性。①未来发生的事情是难以预料，或是根本无法预料的，而合同的制订，不可能包括这些不确定的因素。②合同不可能涵盖各种情况，面面俱到，并将各方的权利、责任完全规定出来。③由于合同中的部分用语本身存在着模糊的性质，使得在签订时无法准确无误地用语言将所有条款进行详细的描述与界定。④合同作为指导代理人具体工作的条款，在具体执行过程中并不可能得到完全准确的履行。

合同在实际签订时，实际上是一种关系契约。即对双方的关系做一个框定或是界定。但在双方的权利与责任上，并没有详细地达成协议作出约定，仅是对总目标、某些偶然事件、解决争议等达成协议，显然不具有完备性。

5.会计人员的主观判断

会计工作中的某些工作内容需要凭会计人员的主观判断来进行，这为会计人员编造虚假会计信息提供了职务上的方便。会计核算工作就其内容而言，虽然具有客观的一面，但也不能完全脱离会计人员的主观判断。在日趋复杂的经济活动中，会计核算方法、会计核算程序的选择及财产价值的评估等，都需要会计人员客观、公正的主观判断。如果会计人员不能完全排除利益的干扰，其主观判断就会失去客观和公正，这就为会计人员编造虚假会计信息提供了职务上的便利。在会计信息失真案例中，有许多是在折旧的计算、费用的摊销、各项准备金的计提等方面，通过核算方法舞弊造成的。这样形成的虚假会计信息往往非常隐蔽。

6.上市公司的公司治理缺陷对会计信息的影响

（1）股权结构特征对会计信息的影响

股权结构决定了上市公司股东的构成及其决策方式，从而直接对董事会以及监事会的人选产生影响，进而作用于管理层，最后这些相互的作用和影响将从企业的运营效率中得到综合的体现。就我国上市公司的股权结构来看，普遍存在以下问题。

①股权高度集中，第一大股东往往处于控股地位

当上市公司第一大股东处于绝对控股地位的时候，上市公司的经营活动将由控股公司控制，其对会计政策的选择和信息的披露也必将迎合控股公司的需要，由此产生会计信息失真的可能性必将增大。近年来，上市公司与关联公司，特别是母公司联手进行的利润操纵案例较多，其通常手法是在双方进行的一系列诸如商品购销与劳务提供、托管经营、管理费用及资金占用费，实行资产和债务重组等关联方交易中违反公平交易的定价，其目的不仅是使上市公司获得在资本市场融资的资格或者避免"摘牌"、退市的命运，最重要的还是为母公司无偿占用上市公司资源，间接获取资本市场的财富营造有利条件，这种行为导致了上市公司粉饰财务报表，会计信息披露不充分、及时，其所具有的决策有用性大为降低。按照我国《公司法》相关规定，股东作为公司的所有者，有权审议批准公司的年度财务预算方案、决算方案等，可以在股东大会上向董事会提出质询。如果股东的利益因公司提供了虚假的信息而遭受损失，股东有权向信息提供的责任人及管理当局追究。但由于我国上市公司股权过度集中，大股东很容易操纵股东大会，中小股东根本没有发言权，无法制约公司的会计信息造假行为。

②国有股比例过高

在众多上市公司中，处于控股地位的往往是国有股，其产权主体是各级政府和行业主管部门。由于行政机关并不享有剩余索取权，因而缺乏足够的经济利益驱动去有效地监督和评价经营者，其直接的影响是导致国有股东虚化，国有资产的流失，以及对经营者监控的缺位，形成事实上的"内部人控制"。而公司的财务报告是由公司的内部人来编制的，财务报告很可能就会成

为内部人滥用控制权、掩盖其经营管理不善的工具。

③流通股比例过低

我国上市公司中流通股比例过低，分散在许多社会股东之间。流通股股东难以通过股东大会左右管理层行为，无法对上市公司的控制权产生大的影响。在无法直接"用手投票"的前提下，流通股股东只能"用脚投票"，抛售或拒绝购买上市公司的股票，这种约束力量对内部人产生了一定的制约作用。但是由于社会公众股持股比例较小，很可能会存在"搭便车"心理，导致其即使有对高质量会计信息的需求，影响力也十分有限。

（2）董事会特征对会计信息的影响

在现代公司治理结构中，董事会直接承担了公司法人资产的经营，是公司法人财产权的主体，同时又是连接所有者和经理人的桥梁，是公司经济活动的统帅。因此，董事会处于公司治理结构的核心地位，起着关键性的作用。但是目前我国上市公司董事会的独立性和工作效率方面存在着严重缺陷，具体表现在以下方面。

①执行董事比例过高。董事长、总经理两职兼任或董事会成员与公司高级管理人员大量重合现象普遍，执行董事在董事会成员中占有很大比例，造成董事会和管理层之间权力的重合，形成董事会中的内部人控制，董事会会议流于形式。在这种情况下，管理层的运作缺乏足够的外部监控，董事会不可能对经理人员实行有效的监督，董事会与经理机构之间的相互制衡作用只能是一种空谈，从而为管理层进行会计信息造假提供了巨大的空间。

②独立董事功能难以发挥。独立董事只有在形式上和实质上都真正独立时，才能对内部人形成有效的制约，充分发挥其在防范虚假会计信息等方面的作用。而我国的独立董事多数是由上市公司大股东向董事会推荐，难免不代表大股东的意志。独立董事人格的独立性与行使权利的独立性很难保证。而且许多上市公司大股东完全不把独立董事当一回事，不尊重独立董事的意见，独立董事的权益无法保障。独立董事难以发挥有效的监督职能，这在一定程度上也会助长上市公司经营者披露失真的会计信息的动机。

③董事缺乏专业性。由于财务报告具有较强的专业性，董事须具有相关知识背景才能更好地阅读和分析财务报告，但我国上市公司的董事很多都不

具备财务专业背景，缺乏足够的专业能力对公司的会计信息披露行为进行有效监督。

（3）监事会特征对会计信息的影响

我国《公司法》规定上市公司必须设立监事会。监事会具有检查公司财务，以及对董事、经理人员执行公司职务时违反法律、法规或者公司章程的行为进行监督等职能。但是实际上监事会在法律上只是被赋予了有限的监督权利，对违反法律、行政法规、公司章程或者股东会决议的董事、高级管理人员仅有罢免建议权，而没有任何惩戒条款和强制措施，使得监事职权难以操作。另外监事会成员大多数由公司内部人员担任，在行政上置于总经理的领导之下，其报酬、奖励、晋级、工作关系等都是由董事会或总经理决定，这种上下级关系使得监事很难对董事及经理人员进行有效监督。这些客观因素的存在使得监事会在运行中只是流于形式。而且大部分监事缺乏法律、财务等方面的知识和素养，不熟悉会计准则与证券法规、读不懂会计报表、缺乏对财务数据的判别力，难以对上市公司的财务舞弊行为进行监督和制约。

（4）高管层特征对会计信息的影响

高管层作为公司的最高权力中心，直接管理公司，控制着会计信息系统的运行。当公司的实际运营情况与契约存在冲突时，高管可以要求财务人员选择有利的会计处理方式或会计政策调整财务数据以满足自身利益需要，而会计人员作为管理层领导下的委托者，受制于管理者，他们的任用、调动等都掌握在管理者手中，他们的工资、奖金等都与企业损益密切相关，因此为了自己的利益而不得不屈从于管理者的权威。在公司治理结构完善的情况下，内部监控机制能够有效地对管理者进行监督和制约，从而强制管理层不得不提高会计信息的透明度和真实性。而当公司治理结构不完善时，在内部人控制的情况下，由于信息不对称很有可能引起"道德风险"和"逆向选择"，管理层层会利用职权操纵会计信息生成过程，提供虚假信息，导致会计信息失真。

另外，由于我国缺乏有效的经理人竞争市场，董事会不能通过竞争性的经理市场来选聘经理人员，无法通过经理市场及其要素市场对经理人员形成控制和约束。无形中，经理人员的权利不断被强化，就有可能利用职权以公谋私。公司会计行为的价值取向将直接受控于经理人员的利益偏好，成为经理人员谋取私利的工具，会计舞弊及合谋进行虚假陈述等会计信息失真现象由此而生。

（5）外部审计特征对会计信息的影响

会计师事务所在会计信息市场起着十分重要的中介作用，在证券市场信息披露中起着外部审计作用。独立性是会计师事务所审计的一个重要特征，也是注册会计师职业道德的核心，它是审计结果得到社会公众信赖的基础。但从我国目前情况来看，审计人员的独立性却远未达到市场经济发展的规范要求。

我国审计服务市场是买方市场，会计师事务所能否提供满足上市公司要求的审计服务，成为会计师事务所能否取得市场份额的关键，而会计信息质量却显得并不重要。虽然《公司法》规定，上市公司对会计师事务所的聘任或解聘应经股东大会作出决议，但是当董事和经理牢牢掌握公司控制权时，股东大会批准只是一种形式，对于会计师事务所的聘任或解聘往往是由董事或经理决定。在此情况下，会计师事务所受制于管理层，这必然会削弱会计师事务所所应有的独立性。

另外，研究表明非标准无保留意见对上市公司股价具有显著的负面效应。为了避免被出具有问题的审计意见，上市公司会产生购买审计意见的动机。既然是由公司的管理当局来委托会计师事务所，决定对注册会计师的付费和更换，一旦注册会计师不愿意与管理当局同流合污，就会出现会计师事务所的变更现象。会计师事务所为了留住客户，就必须迎合上市公司管理当局的造假需求。这种情况下，审计质量根本无法保证，甚至会出现与上市公司管理层合谋提供虚假会计信息的现象。

（二）会计信息失真的外部环境

1.会计信息失真的法律分析

（1）法制环境不完善

一方面，会计制度在制定过程中，为考虑实务操作的可行性，制定了许多弹性的规定，如低值易耗品的摊销方法、固定资产的折旧方法、成本核算方法，等等，都可以由企业自行选择，选择不同的核算方法和方式会对企业的成本效益产生很大的影响，无形中为舞弊者提供了可利用的机会；另一方面，税务局、工商局、财政局、人民银行等部门对企业的财务报告负有审查监督的责任，但各部门的权责划分不清晰，联动机制不完善、监管方式不健全、审查范围不全面等问题普遍存在，无法形成一个齐抓共管、严格有力的监管环境，造成了多管理、低效率的局面。如：我国税法规定，企业应聘请会计师事务所、税务师事务所等社会中介机构在年度结账后进行企业所得税汇算清缴工作，工商、税务部门根据审计后的财务报告依法年检或根据企业所得税年度报告依法征税。事实上，工商部门年检和税务部门征收年度企业所得税时，往往不要求企业提供会计师事务所的审计报告，只要求企业自行在网上填报年检报告表和企业所得税年度申报表。企业自身也不愿承担这部分审计费用和风险，导致监督部门无法确认报告表的真实性和准确性，在企业自身存在不规范操作，财务状况透明度较低的情况下，提升了企业舞弊的概率。

（2）处罚力度小

我国《税收征管法》第六十三条及《刑法》第二百零一条都明确规定，纳税人有偷逃、漏税行为，追缴其不缴或少缴税款，处以罚款和滞纳金，金额较大，构成犯罪的处以刑事处罚。但是事实上大多数企业舞弊行为被发现后，一般的都被处以罚款并查补税款，被罚款的数额较偷逃税款的金额也是九牛一毛，甚至会出现企业违法行为被处罚后的收益仍高于守法纳税收益的情况，涉及民事赔偿、刑事处罚的更是凤毛麟角。当企业发现违法舞弊机会时，舞弊行为获取的利益远远超过了被发现后受到处罚的成本，会计舞弊的冲动就会尤为强烈。偏低的违法成本，过小的处罚力度，根本无法震慑舞弊者。

2.会计信息失真的政策分析

我国当前的法制建设尚不健全，经济管理工作还必须依靠各种行政手段。如果行政管理部门不能很好地发挥其职能，甚至袒护和纵容各种会计工作中的不法行为，就会提供虚假会计信息产生的温床。比如，我国的个别地区或部门，由于某些领导功利思想严重，为了突出自己的政绩，明确要求所属企业必须上报夸大的工作业绩，迫使企业制造虚假会计信息；也有些管理部门严重失职，对企业的会计工作管理不严，对会计信息造假现象更是不闻不问，从而使会计信息失真现象越来越严重；也有的企业（特别是国有企业），内部管理混乱，国有资产流失严重，会计工作无法发挥其应有职能，会计信息失真自然不可避免；没有良好的经济秩序，也是会计信息失真的重要原因，如果社会上的各种造假行为都极为严重，虚假会计信息泛滥成灾也就不足为怪了。

3.会计信息失真的制度分析

（1）我国的会计制度本身并不完善

从组织经济学的角度来看，组织中存在着多个个体，且这些个体通常都希望能够获得专属于自身的收获。然则，个体在组织中所获得的利益总会有一个限度，不可能无限扩张。因为每一个体都在组织中寻求利益，总是可能造成相互影响、相互制约对方获得较小的利益。制度其实质就是合同，是一种在组织内部个体的行为及其产生的后果的合同，因而就形成了多方的博弈。从这点来理解，其成因有两个。

第一，我国的会计制度没有体现充分博弈的要求。从博弈论的角度来看，一种制度的制定就应该是能够让各方主体反复、多次的博弈，这样制定出来的制度更为完善与合理。会计制度也不例外，需要经过会计信息的供、需双方进行多次的博弈过程，最终达到纳什均衡。任何一种成功的制度，其制定过程必然是需要来自信息供、需双方的代表共同参与，并经过反复、多次的协调、谈判、意见的征求、讨论过程，最终才能订立能够充分兼顾各方利益，且让博弈双方能够自愿执行、自愿受其约束的契约。但从我国现有会计制度的制定来看，基本是政府行为，且在其制定过程中缺乏各界代表，对会计信息的各方使用者的利益没有充分考虑。从博弈论来看，由于缺少各利益主体参加，供、需双方代表没有反复、多次、充分博弈，使得制度并不是十分恰当。

第二，会计制度的博弈是一个动态的过程。任何事物都是动态的，制度的制定与修订也是一个无限循环的动态过程，其过程可以表示为：反复博弈—纳什均衡—反复博弈—纳什均衡……会计制度也是同样，在不断的博弈中，制度不断健全与完善。我国虽然改革开放已有三十多年，但是随着社会经济大环境的不断变迁，新的经济业务不断涌现，会计制度总是难免有着疏漏与不完善之处。

（2）相关制度不健全

为了保证我国市场经济的平稳和谐快速的发展，我们需要对企业的会计行为进行规范，鉴于此，我国制定了大量的法律、法规等，其中《中华人民共和国会计法》是我国规范企业会计行为的最基本的法律，它是制定会计准则、会计制度的依据。而在具体的规范中，我国还有相关的比较细化的法律，如《审计法》《证券法》《公司法》《税法》等。但是，因为各个细化的法律在考虑角度以及颁布时间上的差异，所以出现了各种不同法律、法规之间相互不一致的情况。又由于目前对虚假会计信息的认定上还有差异，因此，在面对某一个具体的会计信息失真的问题时，可能会出现不同的判定，这也正体现了相关法律在具体性和系统性上还有待完善。而随之带来的问题就是，在处理具体的财务问题时，因为方法的不同，最终处理的结果也会存在差异，从而导致了会计信息缺乏可比性。

（3）监督机制不完善

①内部监管不严格。企业的内部监督管理是有效防控会计舞弊的第一道防线，我国现阶段法律制度没有针对企业内部审计制度设定统一的标准和规定。许多企业虽设有内部审计部门，但大多都不能发挥其实际作用，往往形同虚设。我国当前经济处于高速发展时期，多数企业面临着规模小、竞争大的生存压力，掌握企业决策控制权的大多都是企业的业主和合伙人，所有权和经营权集中导致职责划分模糊。经营者法律意识淡薄、滥用职权的状况比比皆是，而内部审计部门却没有足够的权威性对经营者开展监督工作。对效益成本的高度重视和对内部监管制度的极度忽略为企业会计舞弊提供了机会。

②外部监督弱化。外部监督包括政府审计和社会审计两部分。当前，由于政府各机构之间的权责划分不够明确，使得政府监督弱化。虽然，物价、财政、监察、工商等部门都对企业的经济活动进行了监督，但在实际工作中，职责划分却不明确，甚至有重叠的现象，这样就导致了在面对某一企业的某种违法行为时，既可能出现"大家都来管，不知听谁的"的现象，也可能出现"大家都不管，任由它乱着"的现象。而各执法机关的各自为政，又更加重了这种现象的发生。而在社会审计方面，目前来说，在我国从事社会审计的人相对较少，并且在年龄结构方面，也不太合理，整体的业务素质也是有待提高的，还存在着未来争夺客户而与违法企业同流合污、出具假的审计报告、验资报告的情况，这一系列现象，都使得社会审计没能真正发挥其应有的作用。

③稽查部门监管职能不到位

客观地讲，税务稽查职能主要包括两个方面，即查补税收收入和以查促管。查补税收收入职能是税务稽查的基础职能之一，通过税务稽查把流失的税款追补回来，增加税收收入，减少税收流失。它是反偷税的一种税务征管手段，通过税务稽查直接和间接查补收入是税收增长的重要一环，能有效改善税收环境。

以查促管的税务稽查职能，是通过将税收征管过程中具有的"威慑""内控""宣传"等职能集中于税务稽查这一点，以提高税收征管水平。也就是说，稽查的"以查促管"职能是体现在税务稽查对税收违法行为的宣传力和威慑力。税务稽查的威慑力，既体现在它能直接让偷漏税者因偷漏税行为付出巨大的经济代价和无形资产的损失，也同时从反面让纳税人引以为戒，自觉劝诫引导纳税人自觉增强纳税意识，营造良好的税收环境，这是"以查促管"的最基本体现。税务稽查对税收征管的内控，能促使税收征管部门规范各项征管措施和征管行为，已达到依法治税的目的，这也间接体现了税务稽查的"以查促管"的职能。税务稽查的宣传职能则主要指对个别纳税人实施的直接当面政策法规宣传，以及以先进典型税收个案向社会宣传。这不仅能改善税务机关的形象，建立良好的全社会的征纳税关系，而且也能帮助纳税人增强法制观念，自觉足额纳税，它有效地体现了税务稽查的以查促管职能。

首先，当前的税收体制和环境，导致税务稽查职能尚未充分发挥。税务稽查职能是指税务稽查活动所表现出来的固有功能。税收稽查部门的职能未能真正实行的原因在于，一方面是稽查部门未能真正实现其专属检查权，另一方面在于尚未理顺税务征管部门与稽查部门关系。稽查部门的专属检查权是指法律赋予稽查部门行使的管理权，专属检查权是不能和税收征管部门的专属征管权相互替代的。目前，虽然在形式上，税务稽查和税收征管相分离的格局已经形成。但由于税收征管部门也被赋予了一定的检查权限，这就导致税收征管部门和税务稽查部门的检查权出现重叠，甚至无法严格界定两者的权限，造成当前税收管理工作中存在一些问题。当税收征管部门履行专门检查权时，税务稽查部门也就会减少甚至失去检查专属权。如果税务征管部门作出处罚决定和稽查部门意见相左时，常常会影响到整个税收进程。

其次，作为税收管理的"两只手"，税收征管与税务稽查的密切配合和协同作战能增强税收工作的效果。但是目前，这两个机构的关系还很难提高税收征管的效率。一方面，税收征管与税务稽查联动性不够，缺乏信息沟通。其主要表现在：一是税收征管主要侧重协调和管理税收征收工作，而很少通过稽查解决税收管理工作中存在的问题。因税收现代化管理水平不是很高，现行的申报纳税制度并没有很好地被履行，纳税人不是很自觉地申报缴纳税款，且纳税申报质量不高，同时，某些地方税收征管部门只强调申报率，而不考虑应纳税而未办理税务登记的纳税户，致使该类企业成为税收管理上的难点。因此只能通过税务稽查才能发现和处理这些问题，但是因税务稽查和税收征管机构欠缺信息联动和相互之制约，使得这类问题显得极为棘手，往往出现税收征管发现问题但无法解决，税务稽查想解决问题但看不到存在的问题。从税务稽查运行机制角度看，稽查信息应主要来自税收征管和税款征收过程，但实际上税务稽查部门除了有限的纳税申报资料，几乎得不到其他较为规范的案源信息资料。在这种情况下，税务稽查目标没有重点，税务稽查活动没有针对性，造成了普查、滥查、重复检查的结果，使得税务稽查缺乏应有活力，进而弱化税收管理工作。二是税务稽查部门按照法定职责只负责检查纳税人的纳税情况，很少和税收征管部门沟通征收管理中存在问题，这导致征管部门难以有针对性强化税收征收工作。比如说，税务稽查部门，在工作中发现纳税企业在应纳税种、应税税额存在少报或不报的问题，但由于缺乏机制常常导致不能及时传达到税收征管部门，这样也就导致税收征管水平很难提高。

最后，缺乏对税收征管部门监督与制约，税收征管部门缺少动力去有效及时地识别企业虚假的会计信息，导致税收流失。当前，我国税务流失的两大原因在于：纳税人采取不合法手段故意少交甚至不交税款；税收征管人员故意不征或者少征税款。近几年，通过加大税务稽查和处罚力度，打击了各种偷逃税，已较好地制止了纳税人的偷逃税行为。但是由于税收征管工作缺乏督促和制约，导致税收征管少征税的现象没有得到遏制。此现象存在的真正原因在于，税收征管部门拥有较大的量税额度，因而对纳税企业的管理存在很大的自决权，同时对于征管工作结果往往是一锤定音，缺乏必要的监督和检查。这样从客观上，纳税企业有了外部条件去采取不正当手段，拉拢贿赂税收征管人员。在内因和外因共同条件下，税收征管工作中自然也就存在违规甚至违法现象。从税收征管流程来看，税务稽查作为税收征管最后一道防线能发现税收征管存在的问题，进而有效及时防止税收工作中存在的违规违法现象。因而，税收征管和税务稽查的关系对于组织税收是较为重要的因素，应尽快规范这两者的关系。

4.会计信息失真的技术分析

会计中的不确定性与模糊性是导致会计信息失真的技术性因素。不确定性是指事物发展结果有多种可能性。按经济学的观点，不确定性意味着在既定环境状态下人们的主观概率分布处于离散状态。不确定性包含两个方面的含义：一是与概率事件相联系，其出现的结果有稳定的概率；二是与概率无关，是一种没有稳定概率的随机事件。模糊性指在对事物进行判断时所进行的"亦是亦非"抑或"似是而非"的不明确判断。此时，对事物的性质，很难断言其归属。无论是模糊性，还是不确定性，都是事物所固有的客观属性，它们都可以使得人们在认识事物时难于甚至不能作出准确、唯一的判断。在经济活动过程中同样存在大量的不确定性和模糊性，加之会计处理原则和方法中也存在着不确定性，这样，就造成会计工作中的种种不确定性和模糊性，主要体现在以下几个方面。

（1）会计准则中存在着大量的不确定性措辞

在会计准则中使用最典型、最广泛的是"极少可能""有一可能"和"很有可能"。由于对事件发生概率的主观判断因人而异，因此，什么情况算是"极少可能"，什么算是"有可能"或者是"很有可能"，便成为影响会计选择和会计处理方法的重要因素。

（2）会计确认、计量中存在不确定性和模糊性

会计活动归结起来就是对经济事项的确认、计量，并在此基础上对事项的记录、反映和控制。然而，会计确认和计量本身就存在着不确定性和模糊性。如在资产的确认中，对商业信誉等无形资产的确认就很乏力；在固定资产核算中，残值、折旧本质上是一种估算，况且由于存在着多种折旧方法，每一种方法对经营绩效的评价都会有不同的影响。其他如外币折算、合并会计报表、衍生金融工具计价等等，也都存在着大量的不确定性和模糊性。

（3）对未来事项认识的不确定性和模糊性

未来事项由于受现在和未来各种必然和偶然因素的影响，它的发展变化

也是模糊和不确定的。虽然人们努力探讨各种预测方法，试图尽可能准确地预测，但只要我们将会计预测结果与实际发生情况进行比较就不难发现，其准确性是值得怀疑的。同时，会计本身是反应性的，导致会计信息与实际情况间存在"时滞"现象。

（4）有关分析、评价方法的模糊性

人们在运用数学方法试图精确地描述原本模糊的事物时，往往附上若干假设的前提，而这本身就是不确定的。如计算净现金流量，以确定有价证券价格时贴现率的确定，也有若干不同标准，选用不同的贴现率，计算的结果会有很大的差异。又如财务比率分析从本质上讲并不严谨，比率的选择、比率的确切定义以及比率的解释在很大程度上带有判断和假设的色彩。

5.会计信息失真的会计人员素质分析

虚假会计信息的产生还与会计人员的业务、道德素质有密切关系。一般而言，会计人员是虚假会计信息的直接制造者，如果会计人员具备了较高的业务素质和道德水平，就能够自觉抵制来自各方面的诱惑和压力，拒绝制造虚假会计信息。但是，治理会计信息失真不能完全依赖会计人员道德素质的提高，如果没有良好的法制环境、经济秩序以及必要的行政手段作后盾，会计人员的作用就很难发挥。单纯依靠会计人员的个人素质，有时可以解决个别企业的问题，但无法解决整个社会所面临的会计信息失真问题。

第四章　注重会计职业道德建设，强化会计信息失真治理的事前遏制

习近平曾说过："人而无德，行之不远。没有良好的道德品质和思想修养，即使有丰富的知识、高深的学问，也难成大器。"[①]2010年财政部印发的《会计行业中长期人才发展规划（2010—2020年）》中也特别强调："培育会计人才爱岗敬业、诚实守信、廉洁自律、客观公正、坚持准则、参与管理的会计职业道德精神，实现会计人才队伍全面协调健康发展。"[②]

可见，道德在社会主义经济建设中是极为重要与必不可少的，并且与我国的经济建设息息相关。我国的会计信息失真问题，已经危害到了社会主义市场经济正常运行，因此会计信息质量问题必须得到我们的高度重视。究其原因，一方面，是由于社会生产力不高，法律建设不够健全，而且已经出台的相关法律法规也没有被严格执行，因此无法有力地约束人们各种不良行为；另一方面，从根本原因分析，则是由于一些会计人员的道德标准下滑，有些人为了私利，无视法律法规，影响了会计信息的真实性与准确性，进而出现许多虚假的会计报告。

针对前文对会计信息失真问题及其影响因素的深入剖析，本章提出强化会计信息失真治理的事前遏制路径——注重会计职业道德建设。从会计职业道德的含义、内容、特征和培养会计人员职业道德的意义对会计职业道德进行概述，进而剖析会计职业道德缺失的表现及危害，通过国内外会计职业道德体系比较，在借鉴美国、英国等会计职业道德体系制定的经验基础上，探讨加强会

---

① 习近平.干在实处　走在前列——推进浙江新发展的思考与实践［M］.北京：人民出版社，2006：304.

② 财政部关于印发会计行业中长期人才发展规划（2010—2020年）的通知_2011年第5号国务院公报_中国政府网［EB/OL］. http://www.gov.cn/gongbao/content/2011/content_1803167.htm.

计人员职业道德建设的对策，一方面有助于企业会计职业道德培养，从而塑造企业会计正确的职业道德观，使企业会计职业行为符合会计职业道德要求和行为准则，使他们学会做一个对社会、对企业、对他人有责任的人；另一方面，为会计信息失真问题的有效治理做好事前遏制。

一、会计职业道德概述

（一）会计职业道德的基本内涵

1.道德

在日常生活中，人们常常将"道德"二字挂在嘴边，作为评价人们善与恶，真与假，对与错的标准。那么，什么是道德？"道德"一词最早是分开解释的：所谓"道"，最初是指人走的路，引申为做人的道理，之后进一步表示事物运动、变化、发展的客观规律；"德"是指直视前行，引申为认清前进的方向而内心有所得。将"道"与"德"二字合用，始于春秋战国时期。在《荀子·劝学》中有"故学至乎礼而止矣，夫是之谓道德之极"，指出了人们的道德品质及道德境界是在社会生活中所形成的。在西方文化中，道德（morality）一词源于拉丁文（mores），意味品格德行、风俗习惯。因此，无论是在中国还是西方，道德的基本含义是一致的，是指社会生活中的人们所需遵守的原则和习惯，以及在这过程中人们形成的道德品格和道德修养。

随着社会的发展，人们对于道德的认识越发深刻，许多专家学者都提出了自己的见解。王泽应认为："道德是人类社会生活中所特有的，由经济关系所决定的并反作用于社会关系的价值和精神现象，是以善恶正邪荣辱为评价标准，依靠社会舆论、传统习俗和内心信念来维系的调整人与人、人与社会集体以及人与自然之间关系的一种特殊的心理意识、原则规范和行为实践的总和。"[①] 甘绍平认为，道德具有两个层次的含义，第一个层次是指"某一族群或文化共同体自然生成的、通过传统流传下来的行为规范系统，其合法性与约束力来自于人们的相互认可，其作用在于规范和调节该族群或文化共同体内部的行为模式与利益需求"[②]，第二个层次是指普遍道德，具体表现为自然的特

① 王泽应编著.伦理学 [M].北京: 北京师范大学出版社, 2012: 6.

② 甘绍平.道德概念的两重涵义 [J].伦理学研究, 2013（05）: 27.

殊道德与人工的普遍道德两种形式。以上学者虽然从不同角度提出了对道德的认识，但基本包含了以下几个方面的内容：一是认为道德是一种特殊的社会意识；二是道德的约束力主要取决于社会舆论、传统习俗、内心信念；三是道德具有一定的调节功能。由此，我们可以将道德概括为：道德是一种特殊的社会意识，依靠社会舆论、传统习俗和内心信念的力量来调整人与人、人与社会之间相互关系的行为规范的总和。

2.职业道德

生产力的发展使社会形成了众多的分工，不同的职业便应运而生。从事不同职业的人在其职业活动中，也逐步形成了具有行业特征的职业行为准则和规范，即职业道德。职业道德是一般社会道德在职业活动中的具体化，且更直接地反映着人们的道德价值。正确理解职业道德的基本内涵，应把握以下几个要点：一是内容上，职业道德是在职业实践过程中形成，特定的反映职业、行业的特殊要求；二是表现形式上，职业道德较一般社会道德相比，它的表现形式更加灵活多样，主要采取制度、公约、守则、条例等形式；三是从调节范围上，职业道德是用来调节从业人员之间、从业人员与服务对象之间的关系。简而言之，职业道德特指从业人员在职业、行业中应遵循的，调整一定职业关系的职业行为规范的总和。既包括了从业人员在职业活动中应遵循的行为规范，同时又体现了本行业应对社会承担的道德责任和义务。

3.会计人员职业道德

"实际上，每一个阶级，甚至每一个行业，都各有各的道德……"[①]这充分说明了职业道德的多样性，会计作为其中的一个行业，具有其自身的行业特征，伴随着会计技术方法的发展，逐步形成一套制约会计人员职业行为的道德规范。随着市场经济飞速发展，会计职能也不断完善，会计工作的方式和手段都发生了深刻的变化，这就给会计人员的职业道德提出了更高的要求。

在我国，会计人员按照职权可划分为总会计师、会计机构负责人（会计主管人员）、一般会计人员、出纳员；按专业技术职称可分为高级会计师、中级会计师、助理会计师、会计员；按内容和侧重面可划分为财务会计人员和

---

① 中共中央马克思恩格斯列宁斯大林著作编译局编译.马克思恩格斯选集（第4卷）[M].北京：人民出版社，1995：240.

管理会计人员，财务会计人员工作内容侧重于依法对单位所发生的经济事项进行确定、计量、记录和报告，管理会计人员工作内容侧重于对财务数据进行加工、整理、分析和报告，以便帮助单位决策者作出正确的判断。虽然财务会计人员和管理会计人员工作内容的侧重面不同，但是两者均是为单位的经营活动服务。按照单位的性质不同，可分为企业会计人员、事业单位会计人员、行政单位会计人员。企业会计人员与后两者相比，主要的区别在于对经济事项的核算，如核算基础、核算内容、核算方法、核算原则等都有明显的差异。事业单位会计人员与行政单位会计人员相比，在核算方式、部分科目的设置等方面存在着一定差异。但从总体上看，企业会计人员、事业单位会计人员、行政单位会计人员也具有一定的共同之处，主要体现在以下三个方面：一是必须有特定的会计主体；二是对经济事项的记录必须符合会计法律法规；三是所采用的记账方式相同。另外，取得执业资格的注册会计师也属于会计人员。在我国的法律法规中，对会计人员应遵守的职业道德作了具体要求。从职业道德的基本概念可以看出，人们在从事职业活动的过程中，一方面会面临与职业活动对象之间的关系，一方面会面临与工作伙伴和领导之间的关系。职业活动的对象主要包括：一是单位同事，即需要进行财务咨询、账务报销的本单位人员；二是外来办事人员，即需要进行财务咨询、账务报销、往来结算等业务的外来办事人员。与会计人员一起从事职业活动的工作伙伴是职责分工各异的其他会计人员，如专门进行财务报账、资金往来结算、发票管理、预算管理等数项工作职责的工作人员。会计人员是被领导者，一般会计部门都会存在部门领导及上级主管领导，会计人员应主动与领导沟通，及时汇报工作中的问题与成果，以便领导对工作中的重点和难点有清晰的认识。因此，与一般法律法规规定的不同，此项职业所形成的职业道德更倾向于一种行为准则和规范，需要依靠内心信念和社会舆论来调整会计人员与其他利益体之间的各种关系。

目前，许多专家学者从不同角度对会计人员职业道德的基本内涵进行了定义，但基本上都认为会计人员职业道德的内涵应具备以下几点要素：一是必须是在会计职业活动中产生；二是约束的对象一定是从事会计职业的人；三是具有调整会计人员与其他利益体之间相互关系的功能。会计人员职业道德虽然侧重于职业之"德"，但是也不能忽视在履职过程中应具备的职业技能。一方面，职业道德品质是根本，没有良好的职业道德品质，即使具备娴熟的职业技能也难以为社会服务；另一方面，如果会计人员不具备娴熟的职业技能，其良好的职业道德品质也难以得到充分表现。综上所述，可将会计人员职业道德概括为：会计人员在履行工作职责的过程中应当遵守的道德意识及应具备的职业技能，具有调节会计人员与各方利益体之间相互关系的功能，且能够让会计人员个体认可并接受的一种职业道德规范。

（二）会计职业道德内容

1996年，财政部发布的《会计基础工作规范》首次较为系统地提出了会计职业道德的具体要求。之后，陆续出台的相关会计法律法规主要从八个方面概括了会计人员职业道德的基本内容。

1.爱岗敬业

爱岗敬业是对各行业从业人员最基本的道德要求，同时也是从业人员做好本职工作的基础和条件。在会计行业中，爱岗敬业就是要求会计人员认同会计职业，对会计工作充满激情，在履职过程中应兢兢业业、尽职尽责。具体要求包括：一是热爱会计事业，敬重会计职业，有崇高的职业荣誉感和强烈的责任心；二是忠于职守，工作中一丝不苟；三是安心本职工作，任劳任怨；四是严肃认真，严格遵守各项规章制度。

2.诚实守信

诚实守信是做人的基本准则，也是职业道德的精髓。在会计行业中，诚实守信就是要求会计人员在工作中做到实事求是，如实地反映各项经济事项，同时还要重承诺，守信用。具体要求包括：一是以实际发生的经济业务为依据，按会计制度、准则进行会计核算；二是执业谨慎，信誉至上；三是言行一致，表里如一，做诚信人。

3.廉洁自律

廉洁自律是会计人员职业道德的内在要求。它要求会计人员在职业活动中做到严于律己、清正廉明，在面对金钱的诱惑时应进行自我控制、自我约束，始终将国家利益、集体利益置于首位。具体要求包括：一是努力学习道德知识，坚定理想信念；二是抵制权、钱诱惑，同时要依法保守秘密；三是树立正确的人生观、价值观。

4.客观公正

客观公正是会计人员必须具备的行为品德，它要求会计人员在职业活动中，应如实对各项经济事项进行客观公正的记录和核算，对待相关利益体应做到客观实际、公平公正。具体要求包括：一是在处理会计业务时，应实事求是、不偏不倚；二是熟悉会计法律法规，并依法办事；三是保持实质上的独立。

5.坚持准则

坚持准则是会计人员职业道德中依法办事的核心内容，它要求会计人员应熟悉会计法律法规，在核算和监督时，应自觉以会计准则作为自身行动的"指挥棒"，敢于同各种违反会计法律法规的现象作斗争，确保会计信息的真实性。具体应做到熟悉准则、遵循准则。

6.提高技能

会计是一门专业性强并不断发展变化的学科，因此，会计人员应不断学习新的知识，不断提高理论水平和专业技能，以达到足够的专业胜任能力的要求。具体要求包括：一是加强会计理论知识的学习；二是提升会计实务的操作技能；三是提高会计职业判断能力；四是提高会计软件应用能力。

7.参与管理

参与管理是指会计人员间接地参加管理活动，为管理者出谋划策。参与管理要求会计人员在做好报账、记账、算账工作的同时，利用职业优势向管理者反映本单位经营活动中存在的问题，提出合理化建议。具体要求包括：一是熟悉服务对象的经营模式和业务流程；二是努力钻研会计业务，为参与管理奠定基础。

8.强化服务

强化服务是指会计人员在工作中应摆正位置，文明办公，优质服务。具体要求包括：一是增强对管理者、相关职能部门、中介机构及社会公众的服务意识；二是运用会计专业技能为管理者、投资者、社会公众提供优质的会计信息；三是努力提升会计职业的良好社会形象。

（三）会计职业道德特征

会计人员职业道德是一般职业道德在会计行业中的特殊表征，它是会计行业中由于会计职业活动而引起的道德现象以及在这过程中逐渐形成的道德准则和行为规范的总和。会计人员职业道德虽然是道德体系的组成部分，但由于会计人员职业道德是适应该职业的特征和要求而引申出来的，因此，相对于所从属的道德体系有着自身的特殊性。

首先，会计人员职业道德是调整会计职业活动利益关系的手段。与任何领域内的职业道德一样，会计人员职业道德所调整的对象是会计职业活动中的利益关系。无论在传统的自然经济状态下，还是在社会主义市场经济条件下，会计工作都是一种具有特殊性的职业，它不是一种单纯的职业活动和职业行为，而是与广大社会公众的利益密切相关。会计核算的方法、程序的选择和运用上的调整都会引起各方的经济利益的变化，从而引起各方经济关系的变化，而会计人员自身的经济利益往往与其所处的经济主体的利益一致。在我国社会主义市场经济建设和经济体制改革不断深化中，会计人员如果只关注自身利益，片面追求利益最大化，不顾国家法律法规，当出现利益矛盾冲突时，国家利益、社会公众利益就会受损，会计职业道德就会失范。从这一层面看，会计人员的职业道德水平直接关乎经济的健康运行和公众的切身利益，它不仅肩负着调整职业活动中的经济利益关系，也发挥着维护正常的经济秩序的重要作用。

其次，会计人员职业道德具有相对稳定性。会计作为一项工作，古已有之。会计作为一门学科，不仅具有很强的专业性，在理论形态上也已比较完备。人们对会计职业道德的关注已有很长的历史，形成了一定的观点和理论体系。纵观会计人员职业道德发展的历史，从会计萌芽时期蕴含的基本会计职业道德到现代完善的会计体系中规范的会计职业道德，其最重要、最根本的行为准则是一致的，没有根本性的变化，体现了会计人员职业道德规范的相对稳定性和超时代性。而具体到会计工作的方方面面，如内容、方法，等等，都必须符合客观经济发展和经济规律的要求，进而才能达到维护社会公众利益，提高经济效益，规范市场经济秩序的目的。从古至今，没有任何一个社会经济制度、法律制度和会计制度的设计会允许会计人员在工作中弄虚作假，编造虚假会计信息，甚至利用个人职务之便泄露本单位的会计信息以谋取个人利益的行为。因为会计人员的这些行为不仅关涉会计人员个人是否诚实守信的道德品质问题，更反映出一个会计从业者的职业操守和守法等问题。就此而言，会计人员在职业活动中诚实守信、恪尽职守等基本道德规范不仅是人之为人的基本道德要求，也是会计行业和其他职业活动应当共同遵守的基本道德规范，尽管时代在变，经济形态在变，会计人员的工作内容也在变，但无论社会如何发展，会计人员的基本道德遵循着自身的要求，保持着相对稳定性，具有某种超时代的特征和内容。

最后，会计人员职业道德具有广泛的社会性。会计人员职业道德的社会性体现在两个方面：一方面，会计人员在经济活动中，经常需要接受某个经济活动主体的委托从事会计工作或提供会计服务。按照一般的经济活动准则，会计人员应当遵照委托方的要求，认真履行或完成受托责任，在具体工作中应当尽可能地为雇主着想，为其提供优质服务，最大限度地维护雇主的利益，也就是所谓的"拿人钱财，为人消灾"。就此而言，会计人员的工作就不能关起门来"自娱自乐"，一定是面向所有公众和经济主体开放，与他们的利益、社会的利益密切相关。另一方面，任何一个经济组织内的会计人员，其工作都不是孤立的，其工作内容一定与社会公众的利益发生直接或间接的联系。如果一家企业的会计编造虚假会计信息，不仅会损害企业的利益，损害公众（投资人）的利益，还有可能危害国家利益，影响社会经济秩序的健康发展。这种情况在一些大型企业，特别是上市公司尤其重要。因此，会计人员特殊的工作性质要求会计人员在职业活动中必须维护所有利益相关者的合法权益，这是会计工作社会性的一个鲜明特征，是对会计人员的职业道德的更高要求，也是会计人员职业道德具有广泛社会性的一个重要原因。

（四）培养会计人员职业道德的意义

1.会计人员职业道德是会计法律制度的重要补充

"法律是成文的道德，道德是内心的法律……"[①]法律具有强制性，要求人们"必须这样做"，道德一般不具有强制性，要求人们"应当这样做"。道

① 中共中央文献研究室.习近平关于全面依法治国论述摘编[M].北京: 中央文献出版社, 2015: 29.

德和法律是维系社会经济秩序的重要手段，两者不可偏废。会计法律制度强调了他律性特征，它是以法律条文的形式明确规定了会计人员必须遵守的行为准则和规范。会计人员职业道德则强调了自律性特征，它主要依靠社会舆论和心理活动来维系，是会计法律制度的重要补充。在现实的会计职业活动中，会计法律制度并不能有效地解决职业活动中的所有问题，必须依靠会计人员职业道德来调节。如：会计法律只能对会计人员编制不实经济业务，提供虚假会计报表等违法行为作出处罚，但对于提升工作能力、强化业务水平、提升服务意识等方面不能作出强制性的规定。同时，会计人员在职业活动中，如果没有诚实守信、客观公正、坚持准则的职业立场及坚定的理想信念，缺乏爱岗敬业的职业热情与提升职业技能的意识，难免会在道德的旋涡中迷失自我，钻法律的空子，出具不实会计报告，知法犯法。

2.会计人员职业道德是提高会计人员职业道德的重要措施

《中华人民共和国会计法》所规定的各项制度是会计行业从业人员必须无条件依法遵守、自觉遵守的原则。会计人员首先要培养自己的诚实守信的思想，并且努力认真地学习专业文化知识，提高自己的业务水平和对现代会计的认识，将其付诸实践当中；在工作学习之余，还要能够自觉反省自己的所作所为，保持一个正确的思想观念；不断加强会计职业道德学习，反复将其运用到实践中，才能最终形成了良好的会计职业道德品质。这就是说，作为一名会计人员，一方面，要不断更新自己对国家制定的各项法律法规和方针政策的认识和学习，强化法律意识，熟悉法律法规，以求提高自身修养；另一方面，还应掌握财政税务、时事政策、企业管理、计算机应用等相关知识，以便更好地开展工作。想要成为一名高素质的会计人员，在学习知识之余，应当保持诚实守信、实事求是的品质，保持严谨的工作态度；在思想上，还要能够积极倡导会计职业道德的建设，不断加强自身的会计职业道德教育和继续教育，使会计职业者能够更深层次地加强自我修养，最终达到提高自己工作能力和专业水平的目的，可以促进会计职业者整体素质的大幅提升，有利于会计行业更好更快地发展。

3.会计人员职业道德是形成社会廉政之风的有力手段

在现实生活中，很多的腐败现象诸如贪污受贿、公款吃喝等，发生的原因和会计人员有着不可分割的关系。虽然这些现象的主要责任人不是会计人员，但这些问题的产生与会计人员有着很大的关系，他们对这些问题的产生具有不可推卸的责任。很多会计人员屈从上级权威，放弃自己应有的底线，同流合污，甚至积极参与其中，以求给自己谋取私利。会计人员必须始终坚持自己的原则，用法律来维护和保障会计的真实性与合法性，不做假账。并且，会计人员必须增强会计职业的责任心，在法律允许的范围内正确使用自己的会计权力，履行好自己应有的会计义务，不参与到违法事件当中去。通过这种方式形成会计行业的廉洁之风，有助于会计行业更好更快的发展，杜绝贪污腐败问题的产生。

4.会计人员职业道德是规范会计行为的基础保障

动机对行为有很大的影响，有好的动机才能有好的行为，而坏的动机有可能会导致坏的行为出现。会计的很多行为是由内心的精神意念来支配的，意念的善恶好坏将对行为产生重大的影响。会计职业道德对会计的行为动机有很大的影响，它的很多要求是正面的积极的，可以通过这种积极的引导和约束，促使会计人员树立正确的职业观念，从思想上有一个正确的方向，以此来引导其具体的行为，从而达到规范会计行为的目的。会计人员提供的信息真假与可靠，很大程度上与会计人员的职业道德素质有关系，因此，职业道德是非常重要的一个部分。如果会计职业者故意或非故意地提供了虚假的会计信息，将会产生严重的后果，导致会计信息严重失真，严重的可能引发决策失误，甚至导致社会经济秩序混乱，给经济的平稳运行造成不可估量的损失。

5.会计人员职业道德是净化会计从业环境的有效途径

当前的会计从业环境不理想，虽然很多会计人员本身可以意识到应严格遵守会计准则的相关规定，严格按照要求进行业务操作，但是由于会计工作地位的天然从属性，有时候不得不屈从于其他方面的压力，作出一些违背自身愿望的事情。因而，政府以及企业应该给会计行业人员创造一个良好的行业环境，净化会计行业的不良风气，完善社会的信用体系，让更多的具有职业操守的会计人员可以依照会计行业的职业道德标准为社会、为国家、为单位服务。

二、会计人员职业道德缺失的表现与危害

（一）会计人员职业道德缺失的表现

1.淡薄的职业道德观念

在会计行业中，一些会计人员对于相关法律法规及准则并不熟悉或者只了解一些，并没有很强烈的意识去遵守，有些会计人员甚至没有接受过会计职业道德的教育，对于应该遵守的会计职业道德的观念淡薄，而自己也不愿意去主动了解或者学习相关的知识，甚至认为学习会计职业道德是在浪费时间，与会计行业关系不大。会计人员在学校学习或者走上工作岗位的时候，学校以及单位对会计职业道德教育也不够重视，没有专门教授或者培训这方面的内容，导致很多会计人员在这个方面的知识是空缺的，不足的。因此会计人员对这方面也不够重视，自己尽管了解一些，也只是停留在认知的层面，并没有有意识地去要求自己一定要按照会计准则来工作，认为职业道德并没有那么重要。因此，当职业操守与会计职业道德出现冲突的时候，在国家、社会公众利益与单位利益发生冲突时，会计人员不能够严格遵守职业道德，有些人甚至为了某些利益为违法违纪活动出谋划策，共同参到造假这种违法活动中来。他们没有坚守职业准则的意识，认为依照上级的指示，提供失真的会计信息，并没有什么不正确的地方，上级要求怎么做就怎么做，没有职业道德的底线，因此，容易造成大量的会计虚假信息。

2.唯利是图，监守自盗

有些会计人员因为总和钱打交道，不能抵抗物质利益的诱惑，抱着"常在河边走，哪有不湿鞋"的态度对待会计工作，为了满足个人私欲，贪图享受，而崇拜"认钱不认人，一切向钱看"的拜金主义。他们心中的职业道德观念淡薄，严重者置法律于罔闻，故意伪造虚假会计资料，对内一套账，对外一套账，欺骗检查，利用职务之便损公肥私，为一己私利，不惜损害国家和集体利益，给国家和企业财产造成了难以弥补的巨大损失。例如，2012年1月16日，重庆中级人民法院公开审理的银行职员监守自盗案，其中李某清以高息引诱重庆海纳蔬菜公司经理夏某某将1000万资金开户存入彭某所在银行。随后，彭某利用经办开户的职务便利，通过偷换印鉴片的方式将海纳公司存入银行的

资金转出供李某清的公司使用，从中获取一大笔好处费。得到好处的彭某利欲熏心，又以高额利息引诱客户到银行存款，然后利用银行柜员的特殊身份，在给客户办理活期存折的同时为并不知情的客户办理了相关的账户借记卡，并偷偷私藏该卡，私设密码，完全控制该客户账户，分批将卡内资金转出供李某清等人使用，从中牟取好处费。至案发，在短短3个月时间，用此方法，彭某共计转出6540万元。数额之大，让人震惊。彭某利用职务之便，追求物质享受，玩忽职守，挪用资金数千万，引起社会对会计诚信的恐慌，一时成为舆论关注的焦点。

3.态度懒散，纪律松弛

有些会计人员感觉，一天到晚就是算账、做会计凭证或者是数钱，工作烦琐枯燥，不断重复，工作辛苦，收入不高，责任还重大。当看到其他收入较高的行业，比如证券类、保险类从业人员有各种社会交往，各种应酬，不用天天对着数字算来算去，心里就会有个比较，感到失落，从而在工作中"做一天和尚撞一天钟"的混日子，不能安心工作，应付了事、敷衍塞责，不珍惜这份工作。甚至受社会上流传的舆论影响，面对工作，心生抱怨，一心想早早调离会计岗位，换个工作。有些会计人员为满足企业领导者的需要，扛不住压力，抵不住诱惑，无视财经纪律、道德规范，在向税务机关申报纳税时，偷逃税款，工作中随意计提坏账准备，任意选择成本费用计提方法，增加费用成本，隐瞒利润额；向主管部门汇报经营业绩时，又编造虚假信息，给真实的会计数据"注水"；企业改制时，利用种种手段，想方设法把净资产变成负数，侵害国家利益。此时的会计人员真账假做，假账真做，真真假假的各种各样变通手法，使他们犹如经济界的"魔术师"。更有甚者，在实际工作中不断提高造假手段，利用专业知识钻制度的空子，直接参与变造会计凭证、会计账簿。"不做假账"成为空谈，"敢做假账、会做假账"大行其道。

（二）会计人员职业道德缺失的危害

1.背离了会计的客观性和科学性要求

会计是经济管理工作的重要组成部分，生成的经济信息决定了经济决策的科学性，对合理配置生产要素、提高企业经济效益、稳定经济秩序等方面具有至关重要的作用，因此，决定了会计必须具有客观性和科学性。会计的客观性原则是指会计核算必须以实际发生的经济业务及证明经济业务发生的合法凭证为依据，如实反映财务状况和经营成果，做到内容真实，数据准确，资料可靠。会计的科学性属性是指会计实际反映和监督经济活动的职能，必须依靠实际的经济业务情况来完成。但是，如果会计人员职业道德缺失，做不到尽职勤勉、正直诚信，就不能保证会计信息的质量，会计信息的透明度降低，经过粉饰的财务报表，更不能如实显示企业的资产实力、财务风险、资信状况，这些都从根本上违背了会计核算的客观性和科学性。

2.损害会计队伍的社会形象和声誉

为利益相关者提供对决策有用的会计信息是会计工作的基本作用和目标。会计信息的有效性是建立在信息的客观性和真实性基础之上的，能否提供有用的、真实的会计信息，决定了会计工作的有效性、会计人员的作用。尤其是上市公司，会计信息及时、充分披露是公众投资者最重要的需求。可见，会计信息必须客观真实，否则不仅不能为信息使用者提供帮助，还会对其决策进行误导。这点在上市公司中有更加明显的体现，因为会计的失信，导致企业的真实状况得以美化，利润虚增，使投资者被蒙蔽，而一旦被曝光，股价下跌，民众的恐慌情绪蔓延，会计的造假行为被声讨，社会将陷入诚信危机。如果会计人员职业道德缺失，就有可能在内因和外力的作用下，"输出"失真的会计信息，使会计信息失去价值，从而使会计工作失去意义，损害了会计队伍的社会形象和声誉。

3.危及企业自身发展

事实上，一个企业的存在离不开管理者的经营决策，而会计信息资源是决策的数据基础。会计人员更是企业的管家，通过对会计信息的分析，对营业的资金运作周转进行安全有效的监管，使得企业得以壮大。在这环环相扣的过程中，会计人员职业道德显得尤为重要。如果会计人员道德缺失，不惜以损害企业的利益为代价，在利益驱使下，为满足个人或小团体的私利，会导致企业出现经营漏洞，严重者会使企业处于难以为继的状态。正所谓"创业数十载，舞弊坍塌一瞬间"[①]。典型的巴林银行事件就是因为一个银行会计的职业道德

---

① 李荔编著.走出财务黑洞：舞弊防范与识别之道［M］.北京：经济科学出版社，2012：6.

出现问题，违规操作，私设账户，掩盖损失，为一己私利，用欺骗手段致使巴林银行蒙受了86000万英镑的巨额亏损，声名显赫、拥有200多年历史的巴林银行被迫宣告破产，百年基业，几代人的辛苦付之东流。我国由于会计人员的职业道德观念淡薄，损害企业健康发展的事情也时有发生：表现为会计人员监守自盗，伪造、变造会计资料，为管理经营者提供粉饰过的数据、报表，掩饰自己贪污挪用企业财产的行径，给企业带来的损失也是毁灭性的。例如，陈某某曾担任浙江鼎盛交通建设有限公司（以下简称"鼎盛公司"）高速项目部会计兼出纳，2009年下半年至2014年6月，利用负责收取公司建筑工程款、管理备用金使用报销和负责项目部财务工作等职务便利，多次侵占公司财产，累计800余万元，用于赌博、偿还赌债和个人消费。虽然陈某某最终受到了法律的制裁，但是800余万元的公款已无法追回，给企业造成巨大损失。

4.影响经济健康发展

我国现在处于经济转型的关键时期，大数据时代的到来，要求提高经济运行信息的及时性、准确性。会计信息作为基础环节之一，是否真实有效不仅直接影响一个单位的正常运转，甚至会影响到经济的健康发展。因为会计人员违反职业道德规范可能会导致会计数据不准确或虚假数据，会影响到企业的投资者投入资金、管理者经营决策，及其他利益相关者对企业状况的了解。企业、基层的数据失真，会导致国家的经济数据不真实，国家制定、调整宏观经济时往往会以之为参考，因而进一步影响到国家的投资方向，财政预算，收入分配方案、资源配置及经济的改革方向；严重情况下会使国家经济运行，整体规划，宏观政策紊乱。

会计人员职业道德缺失对经济运行的影响主要表现为：一是故意操纵账本，夸大收益，将费用隐藏，成本低估，净亏损的经营业绩变成盈利，创造虚假的高利润，伪造上市公司良好形象，从而使个别人获得额外股利分红或福利奖金，使国家资产变相流入个人腰包；二是为了偷税漏税，故意高估负债和成本损失，低估资产和收益，更有甚者将许多莫须有的开支计入成本，利润被降到最低限。国家正常税收收不上来，国库不充实，削弱了国家对国民经济整体调控的力量。因此会计人员职业道德的优劣，不仅仅影响本单位的经济活动，还会影响企业的壮大。一些企业经营者伙同会计人员一起做假账，违反财经纪律和财务制度，违规支出，甚至到了非正常接待费用以及个人家庭的开支都全部报销的严重程度，助长了社会腐败的不良风气；而且企业经营者公然做假账，带坏了企业的风气，上行下效，给个别想钻空子的人作"榜样"，导致企业窝案、串案频发，最终还是给国家造成了损失，影响国民经济的长远建设。

三、国内外会计职业道德体系比较

美国和英国代表的都是目前世界上市场经济最发达的国家，他们在会计准则的制定和会计理论的研究方面是比较先进的，尤其是他们对于注册会计师的职业操守这方面有着很成熟的制度规定。其他国家都以此作为基础，来制定本国的会计法律法规。因此笔者选取这两个比较典型的国家的准则与我国目前的会计职业道德体系相比较，其目的是对我国的会计职业道德体系有一些启示，以便进一步完善我国的会计职业道德体系。

（一）中国会计职业道德体系的制定

虽然我国的会计职业道德体系相对于国外来说，起步比较晚，有很多不成熟的地方，但是，国家和政府也一直致力于完善我国的会计职业道德体系，向先进的经验学习，加快我国会计职业道德体系建设的步伐。1999年，根据经济形势的发展和市场的不断变化，《中华人民共和国会计法》进行了修正，最主要的就是突出了会计职业道德建设的重要性，以便可以合理地规范会计行为，保证会计资料真实有效。可以看出，政府已经开始注重会计职业道德的建设，这是一个起步的阶段。国家在1996年和2001年，又相继分别印发了《会计基础工作规范》和《公民道德建设实施纲要》，强调了职业道德建设的重要性，也明确了会计人员职业道德的基本内容，进一步规范了我国会计职业道德的行为，在全社会大力倡导会计职业道德的准则，在会计界也引起了学习会计职业道德的风潮，为我国会计职业道德的建设开创了新局面。

我国的会计职业团体主要有中国总会计师研究会、注册会计师协会、会计学协会等，他们对会计行业的监管有一个不容忽视的作用，是建设会计职业道德的重要力量。例如，在1996年，中国注册会计师协会就印发《中国注册会计师职业道德基本准则》，它推动了我国注册会计师行业和职业道德的建设，是我国会计职业职业道德建设方面的又一里程碑。2002年，中国注册会计师协会又印发了《中国注册会计师职业道德规范指导意见》，并于2002年7月1日起施行，其目的是规范和提升了注册会计师行业道德诚信方面的水平，主要针对注册会计师提出了更深一步的要求，并且对会计职业道德建设发挥了积极作用，为完善我国会计职业道德体系的建设作出了贡献。

（二）美国会计职业道德体系的制定

美国会计职业体系是在学习和借鉴英国会计传统的基础上发展起来的，与英国的会计体系有着一脉相承，它的一个最突出的特点就是民间会计组织在其中起着重要的作用。美国的民间会计组织，例如美国注册会计师协会（AICPA）、财务经理协会（FASB）等具体承担了会计职业道德建设的任务，他们制定了很多会计职业道德准则，在会计职业道德建设中是最主要的力量，对美国的会计职业道德建设产生了重大的影响，具有举足轻重的作用。

在安然事件发生后，道德问题作为其中重要的原因之一，对美国注册会计师行业产生了重大的影响，引起了美国各界的密切关注。为了加强注册会计师职业道德的建设，对注册会计师行业进行严格监管，美国国会根据这一事件，出台了新的法案，意在解决会计行业中出现的种种问题。新法案主要改革的重点是公众公司会计信息披露管理体制，设立了"公众公司会计监察委员会"（PCACB），作为一个独立于会计职业组织之外的一个组织，它可以更加客观公平的运作。并且，这个法案对职业道德规范的标准进行了新的定义，主要包括以下四个方面。

1.职业道德概念：包括：（1）独立、客观、正直；（2）一般标准和技术标准；（3）对客户的责任；（4）对同行的责任；（5）其他职责和活动。

2.行为守则：更加具体地规定了会计人员应遵循的职业道德，并且规定这些道德标准应该是注册会计师应当遵循的最低职业道德标准。

3.行为守则解释：它主要是为实施行为守则确定具体的范围，对于会计行为具有指导性的作用。

4.道德裁决：它由许多判例组成，主要是解释准则在具体情况下的具体运用。

（三）英国会计职业道德体系的制定

英国是职业会计师的鼻祖，并且其职业道德规范准则体系经过多次的修改和补充，目前已经相当完善，在世界处于领先地位。目前英国有六大会计职业团体，这其中有四个属于注册会计师性质，这四个注册会计师职业团体分别为苏格兰特许注册会计师协会（ICAS）、英格兰与威尔士特许会计师协会（ICAEW）、爱尔兰特许会计师协会（ICAA）和特许注册会计师协会（ACCA）。另外两个会计师职业团体是公共财政与会计师特许协会（CIPFA）和管理会计师特许协会（CIMA），此外还有一些小的会计职业团体。20世纪70年代初，由于各团体比较分散，难以管理，因此在英国政府和会计职业团体咨询委员会（CCAB）的共同作用下，把其中六个大职业团体作为英国在国际上的代表。这一做法的作用是，可以沟通协调各职业团体相互协作，并且各职业团体的技术标准也大多经由CCAB协调制定及实施。

英国会计行业一直强调"真实与公允"这两点，并且从两个地方借鉴经验，对会计职业道德方面的规定：一方面是从已经出台的公司法或者其他法律法规中关于会计的规范和要求出发，根据实际情况加以借鉴，另一方面，根据会计职业团体制定的有关会计职业道德规范的文件，进一步细化，对其作出具体规定。1976年成立的"会计职业团体协商咨询委员会（CCAB）"，它是"特许注册会计师协会（ACCA）""特许管理会计师协会（CIMA）"等六个会计职业团体的联合委员会，其下设"CCAB职业道德联络委员会"，其主要职责是负责对各职业团体的职业道德规范的建设，主要包括以下四个方面。

1.真诚与正直。这是会计人员最基本的要求之一，要求他们执行会计程序的过程中不应有欺骗的行为，并且不受任何利益相关的驱使，能够自觉抵制不良诱惑。

2.客观公正性。财务报告必须符合公司法和会计准则体系，职业会计人员不应带有损害他人和集体服务的目的来编制财务报告。

3.职业能力。会计人员坚持不断地学习，努力提高自身业务水平，才能更好地作出公正的判断。

4.保密性。会计人员可以适度地替顾客保守秘密，不应该随意泄露相关的秘密，但是其保密的内容不能使其他相关利益方受到损害。

（四）国内外会计职业道德体系比较

通过对国内外会计职业道德准则的比较可以发现，其差异主要表现在：两者的内容在大体相同，说明我国的职业道德基本内容已达到国际先进水平，但细节上仍和国外的会计体系有着一定的差距，这主要是由于我国的具体准则和细节不够完善，道德准则的内容过于笼统。因此在可操作性和实用性不强，在这一点上与国外还有一定的差距。

会计职业道德的制定者不同是造成中外会计职业道德存在差异的一个主要原因。英美国家制定会计职业道德的主体力量主要是其会计职业团体，他们都是经国家特许的行业性民间组织。他们制定的相关准则可以约束同业会员之行为，对不合格者予以督导和专业性惩罚，所以英美的会计职业道德规范更有明确性和可操作性。英美的会计职业道德除了规范，同时也有判例，提高了其现实操作性，甚至说明了行为规范在特殊情况下的运用，因此英美的会计职业道德规范更为具体和明确。

而中国的会计职业道德内容主要是政府制定的，注册会计师协会是在财政部管辖之下具有半官方性质的一个职业团体，因此没有很大的发展空间，对于会计行业法律法规的制定贡献不大。所以，很多制定的职业道德规范只是停留在原则层面，没有很强的操作性，而且在实施的过程中，由于执行力度有所欠缺，也没有具体的判例可以借鉴，缺少实践经验，因此不利于我国会计规范实际操作的可行性和最终的效果。

四、加强会计人员职业道德建设的对策

（一）将会计人员职业道德培养的内容融入企业文化建设中

1.职业文化方面：增强职业道德感，创造良好的企业文化氛围

会计是有生命的人，有自己的人格和家庭，企业会计除了要对自己负责、对企业负责，还要对自己的家庭、生养自己的父母负责。企业要关注职工的这些精神生活，而家庭道德、社区文化、人际交往智能都会对企业会计职业道德有促进或者阻碍的作用。因此，企业可以根据广大员工多样化、多层次的需求，组织开展员工喜闻乐见的文化活动、知识竞赛；组织开展有关中华传统美德辩论赛，以社会主义核心价值观为引导，增强企业员工优秀传统文化自信

和价值观自信，真正实现文化自信。

企业会计职业道德素质的高低决定着企业的经济命脉、创新能力、工作的质量。企业会计是企业创新的主体之一，只要具备了强烈的职业道德感，企业会计就会去学习、去钻研、去创新。增强企业会计的职业道德观，创造良好的企业文化氛围，树立企业会计的企业荣辱观，企业兴我光荣、企业衰我耻辱，企业为人人，人人为企业。

2.职业规划方面：提升职业道德能力，完善职工后续个性化培训机制

在企业内部建立学习型组织，每周、每月、每日定时或定内容学习，学习方式、方法和考评标准必须有一套合理科学的行之有效的体系，这样才能保证学习型组织的学习效果、学习目的等落到实处。不仅企业要建立学习型组织，还要合理利用企业的职工教育经费，使职工教育经费发挥最大效能，达到员工和企业双收益的双赢局面。特别是一些国有控股单位，国企改革不断深化，会计工作模式已经发生了巨大改变了，不再像过去说的那样月初忙、月中清闲，国企集团化及上市需要提供大量财务信息资料，专业性极强。拓展人才培训渠道，满足专业技术人才的继续学习需要，我们可以根据其职业道德评价的结果更好地促进每个人的学习，条件允许的话可以制定每个人的个性化培训计划，最终培养具有独立思考能力的创造型人才。运用共享教育经济的多元化的教育模式，摆脱过去那种烦琐、庸俗、程式化的教育方式，将网络课堂、实时一对一的网络学习模式采纳进来，可以降低成本，不再需要脱岗学习，如可以每天利用一个时段学习以达到更好的学习效果。将"自省智能"置于企业会计职业道德教育的核心位置，学习专业技能，更好地解决工作中遇到的实际问题，避免犯同样的错误或者从别人的工作中吸取经验。

3.企业规范方面：内化于企业会计道德行为中，外化法律法规深入人心

企业制定完善的内部控制及外部审计监督机制，制度管人，流程管事，规范管理深入人心。开发企业文化中的道德文化资源，坚持企业文化育人。把传承企业光荣传统，弘扬企业文化的开创精神确立为企业文化的"德育之魂"，通过丰富多彩的企业文化活动，充分挖掘企业人文精神的内涵，从而激发员工热爱本企业、热爱工作、热爱生命、热爱祖国的情感，激励企业会计勤奋学习、不断通过自省来完善自我修养。通过单位组织的体育活动，强化企业

员工的身体素质，加深企业员工之间的人际交往，以培养企业员工自主管理为目的、以企业人文精神培养为重点，强化企业会计道德行为规范，提高企业会计的人文素养和道德修养，增强企业的归属感和凝聚力，使企业会计形成科学的世界观、高尚的人生观和正确的价值观，让企业会计在企业文化的职业道德培育环境中不断激励其自省，促进其人际交往。

4.团队文化方面：通过职业道德素质培训，融入团队实现自我价值

企业发挥团队带领作用，充分挖掘企业会计的主观能动性和创造性，担负起企业会计职业道德的应尽应负之责，使企业做大做强、永续发展，尽职尽责。构建多元平台，坚持企业文化活动培育企业员工。通过建设具有系统性、实践性的企业会计职业道德素质培训，打造本企业文化资源共享，通过生态环保教育、心理健康教育、家校、员工交流、员工自主管理、外部交流、社会综合实践、集会仪式活动等德育平台，对企业会计开展全方位、浸入式的职业道德教育，培养企业员工健全的人格和归属感，从而铸就团队精神、凝聚团队力量、铸就团队精神、融入团队实现自我价值。

（二）加强会计人员职业道德评价机制建设

1.实现多元化会计人员职业道德评价机制

引入多元化评价机制，能够增强评价工作的公正性及民主性。根据会计人员职业道德评价机制的多元化要求，其职业道德评价主体应包括会计本人、部门领导、部门同事、政府部门、中介机构及客户。

（1）会计人员职业道德自我评价

自我评价是会计人员职业道德评价的基础，进行自我评价，不仅有利于提高会计人员参与评价的积极性，而且有利于他们职业道德修养的提升。会计人员只有通过正确地评价自己，才能实事求是地为自己定位。会计人员职业道德自我评价是会计从业人员进行自我反思、自觉培养其职业道德修养的过程，同时也是会计职业道德准则和规范由"他律"转向"自律"的重要步骤。强化会计人员职业道德的自我评价，不仅能增强会计人员参与的主动性，而且有利于培养他们自我调整、自我教育的能力和习惯。因此，在评价过程中，应重视个人评价，充分尊重个人评价的意见，突出会计人员在职业道德评价中的主体地位。

（2）会计人员职业道德内部评价

会计人员职业道德内部评价的主体是由部门领导和部门同事组成。部门领导虽然在日常工作中与一般会计人员接触较少，但是，对于每个会计人员的工作能力、业绩水平等都有总体上的了解，所以，部门领导的评价是会计人员职业道德评价的主要组成部分。部门同事是日常工作中接触最为密切的人群，彼此之间较为了解，因此，部门同事之间的相互评价也应作为会计人员职业道德评价的一个重要参考依据。内部评价与自我评价相比，更具有客观性和真实性，因此，引入内部评价，发挥内部评价在会计人员职业道德评价中作用，是评价结果客观性与真实性的重要支撑。

（3）会计人员职业道德外部评价

会计人员自我评价与内部评价固然重要，但是外部评价也不容忽视，外部评价的主体主要包括政府部门、中介机构和客户。通过外部舆论压力，引导会计人员不断强化自身的职业道德修养，将会计人员职业道德规范内化为自身优秀的道德品质。首先，政府部门作为外部评价主体之一，具有强制性、威慑性，因此，应通过对会计人员进行经常性检查、采用随机抽样方式等措施来加强会计人员职业道德评价。其次，会计师事务所等中介机构也是外部评价的重要主体，具有权威性、专业性，这就要求会计师事务所强化对各单位会计资料审计、会计咨询服务的责任意识，提高执业操守，以此加强对会计人员职业道德评价。最后，客户评价是外部评价的另一评价主体，是会计人员的直接服务对象，能够直观地了解会计人员在职业过程中的具体表现，同时对会计人员在职业活动中的行为能作出较为客观公正的评价。客户评价一般可采用问卷调查、座谈等形式对会计人员职业道德情况进行评价。另外，建立客户监督机制，如：开设专门的客户咨询、投诉、表扬、建议的网络平台，设立举报电话及意见箱等。

综上所述，不同的评价主体在会计人员职业道德评价中所发挥的作用是不一样的，多元化的评价主体相对于一元化评价主体更加科学、客观、公正、合理。因此，在会计人员职业道德评价活动中，不仅要突出自我评价的主体地位，而且要结合内部评价和外部评价。

2.完善会计人员职业道德评价监督机制

会计人员职业道德评价监督机制是指评价活动监督的主体、内容、方式、手段等要素构成的有机统一体，以及各要素间相互联系、相互制约及相互作用所发挥效用的动态系统。会计人员职业道德评价监督机制不仅是维护和推动会计人员职业道德建设的外在动力，而且是促使其职业道德规范转化为职业道德行为的重要途径，同时也是会计人员职业道德由他律转为自律的重要方式。完善其监督机制，可从以下几个方面着手。

（1）明确监督主体。会计人员职业道德评价活动的监督主体对其职业道德评价活动的开展有着重大意义，它决定着整个职业道德评价的监督内容和形式，并把握着职业道德评价监督机制的发展方向。首先，会计职业道德监管委员会应发挥自身在职业道德评价监督过程中的统筹作用。例如：建立会计人员职业道德评价的问责制度，以此来查处评价过程中出现的各种违规行为；最优化的使用公示制度，以此来配合职业道德评价监督机制的有效开展。其次，财政、税务、监察等行政管理部门要联合企事业单位，把监督政策落到实处。例如：建立会计人员职业道德评价的联席会议制度，不定期对各企事业单位的会计人员职业道德评价活动的实施情况进行检查。最后，会计人员之间应组成一个监督团体，互相监督会计人员职业道德评价过程中的自我评价、内部评价及外部评价环节。

（2）落实监督内容。首先，对评价主体的监督。会计人员职业道德评价是一项较为复杂的工作，在评价的过程中有多个评价主体的参与，在进行方案监督评估时，一方面，要按照既定的考核目标实施，另一方面，要监督评价主体贯彻落实评价标准的情况。经验表明，许多失败的评价并不是因为缺乏科学、合理的评价体系，而是评价主体没有严格按照评价标准开展评价活动，最终使评价结果缺乏公正性，导致评价活动达不到既定的目标，因此，应加强对评价主体的监督，个人、群体可通过电话、网络、书信等方式向本级会计职业道德监管委员会反映或举报违规行为。其次，对评价环节的监督。在会计人员职业道德评价活动中，访谈是一个重要的环节。因"职业道德"是看不见、摸不着的，需要根据制定的具体标准，走访（访谈、问卷调查）行为主体周围的人，包括领导、同事、客户等，才能对行为主体作出一个客观的评价。再次，对评价结果的监督。客观、公正的评价结果是会计人员职业道德评价活动顺利实施的内在动力。行为主体可根据评价的分值（或等级）认清自身与别人的具体差异。分值（或等级）较低者，会因社会舆论的压力而引起内心的惶恐与不安；分值（或等级）较高者，会在褒奖和社会舆论的支持下产生内心的安慰和鼓舞，并将其行为持之以恒。因此，加强对评价结果的监督，是评价结果公平性的有力保证。最后，对评价结果运用的监督。正确合理的运用评价结果是会计人员职业道德评价工作的关键一环，完善其职业道德评价监督机制，其根本目的在于对评价结果进行科学合理的运用，让会计人员意识到评价工作的重要性，认识到自身的缺点和不足，学习别人的优势和长处。会计人员职业道德评价的积极作用，主要体现在对评价结果的运用上。因此，运用好评价结果不仅是完善会计人员职业道德评价机制的重要组成部分，同时也是实现会计人员职业道德水平提升的重要手段。

（3）革新监督方式。道德评价是一种价值判断，而价值判断带有主观性色彩，会受到评价主体情感、观念及立场的制约。因此，建立会计人员职业道德评价的监督信息公开机制，将价值判断的内容公开化是十分必要的。首先，会计职业道德监管委员会可参照我国《政府信息公开条例》，将会计人员职业道德评价的内容信息划分为主动公开信息及依申请公开信息，同时还要制定好评价信息公开的实施细则。其次，建立各地区统一的网络信息平台。充分利用互联网信息技术，将评价的各项材料与进程上传，使会计人员的职业道德评价活动贯穿于职业道德教育的全过程。

2.完善会计人员职业道德评价反馈机制

会计人员职业道德评价反馈是指评价主体与行为主体在评价过程中实时互动交流，从而实现评价信息的循环修正，减少评价环节因为信息不对称导致的评价结果不科学、不客观。反馈机制的构建是会计人员职业道德评价活动科学性、客观性的有力保证。完善会计人员职业道德评价反馈机制主要从以下几个方面着手。

（1）提高对会计人员职业道德评价结果反馈的重视度

首先，评价结果的反馈是会计人员职业道德建设的重要手段。对会计人员职业道德进行结果反馈，能够帮助会计人员分析自身的缺点与不足，以便能够及时加以总结和改进。其次，结果的反馈是各评价主体、行为主体积极参与评价活动的动力。评价结果的反馈一方面能够增强会计人员职业道德评价活动的透明度，另一方面能够进一步体现评价主体与行为主体的参与权、知情权及监督权。

（2）遵循会计人员职业道德评价结果反馈的基本原则

首先，评价结果反馈的及时性。评价结果的及时反馈能够让会计人员及时了解部门领导、部门同事、政府部门、中介机构以及客户对自己职业道德行为的评价及具体要求，扬长避短，提升自身职业道德素质。其次，评价结果反馈的灵活性。评价结束后，可选用书面方式、口头方式、电子媒介方式，正式向行为主体反馈评价信息，在对会计人员本人进行口头反馈时，要注重谈话的技巧，反馈人应根据行为主体的年龄、心理、修养等特点，分别采取提示式、鼓励式、批评式等方式进行反馈，力争使评价结果能够被行为主体心悦诚服地接受，已达到预期效果。最后，评价结果反馈的导向性。对于会计人员职业道德评价优秀的应予以正面的激励，而对于存在的缺点和不足也应予以告知，从而促使会计人员不断提升自身的职业道德素质和修养。

（3）要明确会计人员职业道德评价结果反馈的具体要求

首先，应加强组织领导。结合平时考察情况对反馈内容进行综合分析，使得反馈结果更具客观性、全面性。其次，要严守组织纪律。作为反馈者，应时刻谨记会计职业道德监管委员会的组织纪律，坚持准则，履行好基本职责。最后，应积极落实好整改措施。行为主体可以根据反馈的评价结果，针对自己分值较低的部分，制定出下一步的具体改进措施并返回给本级会计职业道德委员会，本级道德委员会应认真研究，落实整改措施。

（三）优化会计人员工作环境，保证工作中的独立性和自主性

从人的本性角度分析，都是趋利避害的，或者是受到了上级或环境给予的压力，或者是受到了利益的驱使。前者是会计人员最难抵挡和拒绝的，因此在强调会计人员遵守职业道德自觉性的同时，让会计人员有良好的遵守职业道德的外部环境更为重要。从众多的会计人员违法违规案例分析中可知，在现行的财务制度下，单位的领导往往掌握着会计人员的职业"命脉"，他们通过各种形式的明示或者暗示，唆使会计人员做假账，这也是会计人员不能遵守职业道德的重要因素之一。因此，要规范一个单位的财务行为，必须先规范单位领导的行为，使他们的权力受到制约和约束。

企业最高管理者的职责是确保企业正常经营和不断发展，给企业带来最大的利润。如果企业最高管理者为使企业利益或个人利益最大化，而置法律和法规不顾，违法乱纪，不正当经营，必然使企业经营脱离了正轨，时间长了，也会扰乱企业的正常经营和市场经济秩序。因此，企业的最高管理者以及各部门的管理者应在法规、制度的约束下正确用权，自觉接受外部和内部的监督，使权力在阳光下运用。首先，要使会计工作的透明度增强。会计信息直观地反映了一个企业的财务状况，事关每名员工，因此会计信息既要对上级汇报，也要对员工透明，使员工们都能了解单位财务状况，成为财务工作的监督者，依靠群众力量的充分发挥，形成企业经营者不敢要挟逼迫、会计人员不愿作假账的良好财务环境。其次，在会计人员的选拔、聘用过程中，要坚持德才兼备、以德为先的原则，将会计人员个人品德和职业道德素养放在第一位，实行一票否决，优先选拔任用那些道德素养好、正直诚实、坚持原则的会计人员。一个业务水平强但诚信缺失、唯唯诺诺的人，是决不能被选拔任用到会计岗位的。最后，要层层签订遵守职业道德的承诺书，单位领导、财务部门领导和会计人员都要签字，从而形成逐级负责、逐级约束的制度体系。

传统企业的管理制度，使会计人员依附于企业，受制于直接管理者和企业的管理者。所以，首先要按照中国特色市场经济体制的要求，建立产权明晰的企业管理制度，明确各个部门、岗位的职责和权限，各尽其职、各尽其责，充分保证监督职能的发挥，同时，着力提升会计人员的自身职业道德修养水平。其次，在完善国内会计行业相关法律法规的前提下，有选择性地借鉴国际会计准则，结合我国单位和企业自身发展的具体需要，建立符合我国国情和企业实际情况的会计制度。最后，要正风肃纪，构建崇尚公正公开的社会环境。职业道德依附于整个社会的价值导向和价值取向，整个社会风气的健康对促进职业道德水平的提高起到较大的作用。随着中央八项规定的出台、实施和反"四风"的不断深入，反腐树廉的持续深入，整个社会风气为之一转，为会计人员良好职业道德的建立，提供了优良的"土壤"。

（四）强化会计教育改革，提升职业道德教育

《公民道德建设实施纲要》关于教育对道德素质的作用，有这样的表述：提高公民道德素质，教育是基础。[1]加强会计人员的职业道德教育，目的是通过对职业道德规范的宣讲和普及，让会计人员能系统全面学习和掌握职业道德规范的要求和内容，用职业道德规范来约束和规范自身的思想及行动，继而通过长期的教育，将职业道德规范转化为自觉和自愿的思想和行动。

会计职业道德教育所面向的对象主要有两类：一是会计专业的在校学生，包括大中专学生和培训班的学生；二是已从事及将要从事会计工作的人员。教育的内容主要包括：会计职业的基本素质教育、会计人员应遵守的职业精神和会计相关的法律法规。

会计法和会计职业道德规范对会计人员的约束力有所不同。违反了法律，要承担相应的法律责任，违反了道德规范，要受到谴责和惩戒。无论法律还是道德规范，都是应该遵守的职业行为准则，缺一不可，互为有益的补充和完善。首先，要将职业道德教育纳入教学内容。大中专院校是会计从业人员生成的主阵地，在教给未来的会计从业人员专业知识和专业技能的同时，往往忽略了职业道德的教育，造成了会计人员职业道德的先天不足，这种先天不足对后天的继续教育提出了更高的要求。因此，首先在大中专教育阶段，要把开设职业道德课程放在重要的位置，将《会计法及相关法律法规》和《会计职业道德》纳入必修课的范围，强化学生对职业道德的重视程度。教师在教学中，要比传授专业知识和专业技能，更加重视职业道德的讲授，使培养出来的学生又红又专，既有精湛的技能，又有良好的职业风范。但现阶段，我国多数大中专院校，在职业道德教育方面不够重视，从教学理念到课程设置，都存在诸多不足之处。因此，必须下大力提高学校对会计职业道德教育的重视程度，投入更多更好的教育资源和师资力量。

其次，要在教学形式的创新上下功夫，在采用传统的面对面、"填鸭式"的教学方式上，不断丰富教学手段，创新教学方式，通过研讨辨析、典型案例分析、参观见学等，使学生有更深刻的认识、更切身的体会。比如，通过

---

[1] 公民道德建设实施纲要[M].北京：人民出版社，2001：9.

湖北立华会计师事务所为上市公司出具虚假审计报告被查处等案例的剖析，让学生从中吸取教训，打好预防针；在教育内容的创新上，要紧贴经济发展、法律法规更新完善和学生的实际情况，使教学更加紧贴发展和学生的实际，增加学生学习的兴趣；在具体教学过程中，可以增加互动环节，将职业教育和实习制度结合起来，关注教育和实践的融合机制，提高学生参与的积极性，提升学习效果，这样使学生在面对实际问题时有正确的判断和应对措施。

通过典型案例的分析和研讨，开展警示教育，使会计人员认识到违法必究，增强法制意识。可以开展系统的职业道德体系的学习，通过学习，来提高思想认识、更新理念，抵制不良风气的侵蚀。思想认识的提高，必然会带动道德素质的提升，把名誉、利益和地位之间的关系看得更透，理得更顺，摆得更正，也就会明白得与失的关系，不再为蝇头小利而失去工作和家庭。在实际的工作中，单位和企业也要加强对从业人员的教育，将职业道德教育和岗位制度结合起来，建立资格和职业道德结合的评聘制度，业绩和诚信的协调制度，大力反对拜金主义和享乐主义，引导他们树立正确的人生观和价值观。会计从业人员也要自觉加强职业道德学习，树立正确的道德观念，不断提升道德素养。

第五章　完善内部控制制度，加强会计信息失真治理的事中牵制

　　内部控制是衡量现代企业管理的重要标志。内部控制和会计信息之间有着密切的关系，内部控制的好坏直接影响到会计信息的真实与否。归纳起来可以用八个字来表述：得控则真，失控则乱。新《会计法》二十七条规定：各单位应当建立、健全本单位内部会计监督制度，故单位内部会计监督的执行，必须要靠完善的内部控制。有了好的内部控制，就有助于保证业务经营信息和财务会计资料的真实性和完整性；反之，内部控制如果失控或是根本上内部无控，很自然就会造成会计管理工作的混乱，而导致会计信息的失真。因此，加强和完善内部控制的建立和实施是保障会计信息质量的重要方式。由于会计造假案件的层出不穷，美国迅速出台了《萨班斯法案》（Sarbans-Oxley Act），该法案在企业的治理结构、会计部门的监督和管理等方面出台了一些新的标准和治理措施，在一定程度上促进了内部控制的发展。我国在预防和治理会计信息失真方面，由政府来进行宏观调控，出台了《企业内部控制规范》等指导文件来帮助企业完善内部控制。

　　本章从政府对企业完善内部控制的推动作用、完善公司内部管理控制和健全内部控制制度等三个方面阐述完善企业内部控制，以加强会计信息失真治理的事中牵制。从内部控制的概念和会计信息监管及重点入手，分析政府对企业内部控制的推动作用，进而从完善和健全企业的组织架构、完善企业人力资源政策、建立积极向上的企业文化、充分发挥内部审计的职能等四个维度完善企业内部管理控制，并阐明了企业内部控制模式和企业内部会计控制的基本方式，加强会计信息失真治理的事中牵制，提高会计信息质量。

一、政府对企业完善内部控制的推动作用

（一）内部控制的概念

内部控制就是指一个组织为了有效地保护经济资源，获取经济信息，协调经济行为，并使组织内部各个工作部门、各个工作岗位之间相互联系、相互协调、相互制约、相互监督而进行的管理活动。内部控制是形成一系列具有控制职能的方法、措施、程序，并予以规范化和系统化，使之成为一个严密的、较为完整的体系。内部控制按其控制的目的不同，可以分为会计控制和管理控制。会计控制是指与保护财产物资的安全性、会计信息的真实性和完整性以及财务活动的合法性有关的控制；管理控制是指与保证经营方针、决策的贯彻执行，促进经营活动的经济性、效率性、效果性以及经营目标的实现有关的控制。会计控制与管理控制并不是相互排斥、互不相容的，有些控制措施既可以用于会计控制，也可用于管理控制。

（二）会计信息监管及重点

1.会计信息监管的定义

会计信息监管就是指各级政府及其会计主管部门依据法律和制度的规定，采取一系列规范的、有效的措施，对会计主体反映的大量的经济数据以及有用的财务数量信息进行的动态监督和管理。通过科学的监管以保证为了满足人们决策的需要而由一个会计主体提供的会计信息，与该会计信息所需表达的经济现象或经济状况的实际相符，最终达到防止会计信息失真的目的。

2.会计信息监管的重点

会计信息监管的重点就是控制会计信息的失真，确保会计信息的真实性。即政府及会计主管部门要采取法律、行政、经济等市场经济的管理手段，来有效地进行会计信息的控制，去避免会计工作中的假凭证、假账、假表、假审计和假评估等"五假"现象和会计活动中的授意、指使、强令篡改会计数据，转移国有资产、偷逃税收、粉饰业绩等违法违纪行为的发生。

（三）政府对企业建立和完善内部控制的推动作用

1988年美国注册会计师协会（AICPA）发布《审计准则公告第55号》，以"内部控制结构"代替"内部控制"，提出内部结构的三要素控制环境、会

计系统和控制程序。1992年美国国会"反对虚假财务报告委员会"（NCFR）下属的由美国会计学会（AAA）、财务经理协会（FEI）和管理会计学会（IMA）等多个专业团体组织参与的"发起组织委员会"（COSO）发布报告，提出内部控制成分概念，并将其分为控制环境、风险评估、控制活动、信息与沟通和监控。内部控制的演变在50年时间内可分为三个发展阶段，第一阶段到第二阶段花了40年，而第二阶段到第三阶段只用了5年时间，而且前两个阶段只是从会计职业界的视角来认识内部控制，第三阶段对内部控制的共识已扩大至所有会计财务审计组织。内部控制在这段时间之所以有这么快的发展速度，除企业内部管理自身因素外，外部尤其是政府的推动亦是关键因素。在20世纪70年代到80年代，美国政府通过一系列措施推动内部控制的实施，1977年，美国国会制定了《反国外行贿法案》（FCPA），该法规定每个企业应建立内部控制制度，在会计标准条款中引用了AICPA审计准则委员会提出的内部控制四项目标。20世纪80年代一些舞弊性财务报告和企业"突发"破产事件导致美国国会一些议员对财务报告制度的恰当性提出了疑问，其中所关注之一是上市公司内部控制的恰当性。这些关注的结果导致Treadway委员会（即反对虚假财务报告委员会）的成立。这个委员会的目标之一是增加内部控制标准和指南。该委员会的工作成果之一即是著名的"COSO报告"。该报告对以往内部控制的定义作了修正，为设计更广泛的控制系统提供了指南。20世纪80年代证券交易管理委员会（SEC）也对内部控制产生了一定的影响。SEC在1980年的S-X规则303条款中要求上市公司披露"管理当局讨论和分析"（MD&A）的信息。MD&A要求揭示上市公司财务和经营相关的当前和未来的流动性和其他情况，所以要求向公众提供更多未来经管责任的情况，包括内部控制等内容。

在我国，从20世纪90年代起政府开始加大对企业内部控制的推动作用。1997年5月中国人民银行颁布《加强金融机构内部控制的指导原则》，这是我国第一个关于内部控制的行政规定，1996年12月财政部发布《独立审计具体准则第9号——内部控制和审计风险》，要求注册会计师审查企业内部控制，并提出内部控制的内容控制环境、会计系统和控制程序。中国证监会在1999年发布《关于上市公司做好各项资产减值准备等有关事项的通知》，要求上市公司本着审慎经营、有效防范化解资产损失风险的原则责成相关部门拟定或修订内部控制制度，监事会对内部控制制度制定和执行情况进行监督。2000年发布的《公开发行证券公司信息披露编报规则》之第1条、第3条、第5条，要求商业银行、保险公司、证券公司建立健全内部控制制度，并对内部控制制度的完整性、合理性和有效性作出说明；同时要求注册会计师对其内部控制制度及风险管理系统的完整性、合理性和有效性作出说明，要求注册会计师对其内部控制制度及风险管理系统的完整性、合理性和有效性进行评价，提出改进建议，并以内部控制评价报告的形式出具报告。上述行政规定、法规制定和实施有力地推动了我国内部控制的发展。

二、完善公司内部管理控制

（一）完善和健全企业的组织架构

1.公司组织架构对会计信息质量的影响

以公司整体视角出发，公司内部结构设置的合理性与公司的治理结构相挂钩，只有从源头——公司管理层入手，才能确保会计信息的真实性。从会计层面来看，内部机构设置得是否合理主要表现在不相容职务是否分离，而其中的不相容职务包括审批职务与执行职务；财务保管职务、会计记录职务和监督职务等，这些职务应该又不同人员担当，这样可以避免并减少舞弊现象的发生。例如一个公司的会计部门和审计部门分设，可以大大减少会计差错的发生。不合理的内部机构设置会导致会计信息失真等一系列不良后果，所以内部机构的设置对一个企业的发展至关重要。

（1）公司的治理结构的影响

公司治理结构会影响整个公司的经营决策和经营行为，企业发生的多数行为都是与其存在密切关系。我国现有公司治理结构流于形式，与现代企业制度的要求相距甚远，是造成企业会计信息失真的重要原因之一。因此，完善公司治理结构，构筑科学合理的现代公司管理平台，达到在企业内部明确股东会、董事会、监事会和经营者的职责，形成各负其责，协调运转，有效制衡的公司法人治理结构，其中尤其要突出监事会对企业财务会计工作的监管作用，这样才能使企业会计工作处在一个良好的环境中。

①股权结构对会计信息质量的影响

第一，股权集中度对会计信息质量的影响。股权的布局越集中，对会计信息质量的影响程度越大。较为分散的股权结构有时候会面临"群龙无首"的状态，导致公司治理系统崩溃，导致内部管理者掌控公司。而大股东能够用审查财务报表的抽查方式，有效地约束了一些小股权管理层人员以权谋私的行为，这样的控制手段，很大程度上可以改善会计信息披露质量的可靠性。还有一种说法是股权高度集中化，谋私利徇私舞弊事件概率就会增加，会计信息质量不可靠。可见两者呈现了逆向增长关系。股权的高度集中是公司治理中重要环节，倘若不能控制股权足够集中，那么大股东的话语权也会随之削弱。同时也放大了内部管理人员的职权，对会计信息质量随意操控。股权集中度与会计信息质量的关系呈现两极分化现象，股权的高度集中与会计信息质量呈现了一种"U型"的函数模型关系，当股权过于集中，会计信息会随着过度的集中而降低信息质量；股权过于分散，也不利于中央集权。所以合理控制股权结构的组成才能最大程度地发挥股权结构对会计信息质量的正向引导作用。保证股权的集中是一个长期的过程，初期可能会导致会计信息质量不够稳定，加强股权集中度，将会使会计信息质量的稳定性持久。

第二，股权结构对会计信息质量的影响。会计信息质量不仅受到股权集中度的影响，而且还与股份持有者的性质有关。从股票的流动性来看，可将股份分成流通股和非流通股。流通股包括A股、B股、法人股和境外上市股；非流通股包括国家股和不能上市流通的法人股。多元股东身份并存的股权结构也是股东结构合理化的一个重要表现。

股权的自由交换性受到很多投资者的青睐，所以用产权来进行激励的方式是有效的，也为持股份的股东降低了持有风险。当前，资本市场棘手的问题是国有股的流通。国有股，即所有产权的中心主体是行政的各个层级以及行业的主管层级。索取权等权利并不是行政机关能够享有的权利范围，导致经营者不能够合理的被监督和评价，也导致经营者利用政府产权上的超弱控制，促成了内部人控制。想要实现这种控制，就需要借助于相关的真实会计信息。国有股的股东由各种不同背景的人组成，从某种意义上说，这是加强了对经营环境的监管，也对会计信息质量的正向发展有利。对流通股而言，个人投资者一般被客观因素加以束缚，导致了对企业经营控制和监督的缺乏。若站在投资者的角度看，就算投资者专业素质过硬，也有精力去经营公司，但是外部监管制度的不完善，各方面制度的缺失，让投资者对影响公司披露的会计信息质量望尘莫及。

②董事会对会计信息质量的影响。设立董事会在公司治理结构中有深远意义，监督管理层就是它的主要任务，保证股东大会决议的有效执行。然而董事会的规模和结构等因素都会影响其职能的发挥，从而也对会计信息的质量产生了不可避免的影响。董事会规模的大小是董事会职能履行的先决条件，因此间接地对会计信息质量产生影响。如果企业的董事会中董事成员具有某个领域的特长，这样董事可以从自己的专业角度对企业的经营管理提出建议，实现优势互补，同时在进行决策时可以听取各方面的不同意见，兼容并包，将企业的经营风险降到最低，从而可以更好地实现各方面的利益。由此可见，一定规模的董事会是有益的。

③管理层对会计信息质量的影响。通俗地讲，管理公司的管理层人员也叫作代理经营管理者，是董事会从外界选聘进公司委托打理公司业务的人，根据董事会的职能分配，行使自己分内的权利，按照董事会的意愿执行，接受来自公司各个领导和监事人员的监管。所有者有权决定其薪资，因为最大的上级领导是所有者，各层级的薪资都由所有者支付。管理者的薪酬不同于普通员工，如果管理者把企业治理的好，为企业获取丰厚的利益，那么他们到手的薪资也会非常高；但是如果管理者不能够为企业带来收益，收益情况没有达到所有者的要求，甚至使得企业处于亏损的状态，管理者不仅面临薪水减少的问题，更糟糕的是公司董事会将召开会议讨论该管理者的去留问题。其中评判管理者工作业绩的办法就是看公司的会计信息，一个公司的经营和财务状况都最直观地通过会计信息的数据表现出来，而管理者又是最先掌握会计信息的人，如果公司经营得好，管理者会如实披露，甚至是披露得更加全面；但假如公司经营的情况不容乐观，而管理者又想保住自己的职位和获得可观的薪酬，就可能诱导下属操纵会计信息，粉饰报表，掩盖了企业的真实情况，这样对外披露的会计信息真实性就会受到强烈的冲击，通过披露的会计信息作的决策就会偏离正确的轨道，最后利益受损。所以说，管理层对会计信息质量有很大的影

响，从某种意义上讲，公司披露的会计信息的真实性就是由管理者决定的。

④监事会对会计信息质量的影响。监事会是公司降低代理成本的必然要求，经济学理论已经证明，委托代理并不能使代理人与被代理人的利益冲突降到零。由于不平衡的责任、信息共享机制弱等问题的衍生，会导致管理层与股东的利益发生矛盾时，管理层可能会为了保全自己而背弃股东，对股东和公司的利益造成极大的伤害。亚当·斯密（A.Smith）认为：管理人员在不同的公司其发展方向是不同的，最重要的是他们的工作是为谁积累财富。管理人员在上市公司是为股东挣钱；管理者在非股份公司是为自己赚钱。工作目的不同，工作积极性就有差异。为股东挣钱而不可避免地出现道德风险，这时候就要设置一个专门控制管理层的机构，解决以上管理者与所有者之间的种种道德风险问题的办法就是设置监事会。监事会主要是监督人的行为，杜绝财务舞弊事件的发生，也有的监事会还在监督信息，其实二者是一回事，监督信息的本质就是监督检查管理者的工作。管理层直接接触公司的技术核心和财务信息，如果管理层发生道德风险必然会损害所有者的利益。因此设立监事会执行其监督职能成为改善公司治理模式的必要条件。对于监事会的职能因公司不同而监督的范围不同，但是《公司法》中已经明确了监事会的职能，公司可根据实际情况适度调整。

监事会是公司治理结构的一部分，没有设立监事会，公司治理就会有缺憾。监事会的设立不仅使得财务信息得到监督，对董事会还有一些高管人员也有特别强悍的监管作用，监事会为所有者服务，意在保障所有者的权益不受损。所以，监事会在公司治理中有控制全局的作用，财务信息也因为有人监督而有保障。

⑤独立董事对会计信息质量的影响。伴随市场经济体制改革的稳步提升，我国现代企业制度逐步健全，在我国上市公司中逐步引入了独立董事制度。独立董事，顾名思义，就是独立的董事成员，表达的意见想法不受约束。独立董事一般不在公司内部办公，跟其他管理人员也没有过多的业务交流，一般是具有高学历，雄厚的专业知识背景，通常是高校教授、博士生导师兼职。他们通常参加公司决策重大事件的会议，独立董事在经营利益、职业操守上的独立性不受上市公司的股东或管理层的影响，作为单独于公司内部个体的独立

董事，抛开理性经纪人的假设，在董事会发布公司重大事项决策时以客观的角度作出决策。

独立董事的意见具有客观性和独立性，有助于公司解决实质性问题，而非偏向哪一方。站在解决问题的角度去作决策，其中制造的会计信息的质量大多是可靠的公正，让人信服的。设置独立董事的公司作出的决策会考虑从全局发展的角度出发，带有偏见的想法会相对少一些，作出的决策大多是战略性决策，将影响整个企业的长久发展，这样，长期披露的会计信息质量就会提高。公司设置独立董事的职务，有助于公司披露客观公正的会计信息，在同行业中会计信息的质量相对较高。独立董事通过运用专业指导内部审计的方式，对公司内部会计信息质量进行把控。独立董事既对内部审计委员会起到指导作用，也能约束股东权利滥用的行为，最重要的是对会计信息质量有正向引导作用。

⑥审计委员会对会计信息质量的影响。审计委员会的工作主要包括审查公司财务报表中涵盖的会计信息，确保财务报告的质量，保障公司财务报表送到会计师事务所审计时可出具无保留意见的报告。审计委员会承担对董事会负责的审计工作。审计委员会都是由专业审计人员组成，这些审计人员既要有强大的审计学习背景支撑，还要熟悉会计领域的知识，可以说是审计专业与会计专业结合的复合人才，对修正会计信息有很好的指导作用。

设置审计委员会可提高披露的会计信息的质量，不仅要依靠审计委员会成员的专业素养和过硬的审计财务知识，还要看审计委员会是否有所作为，在每一次对会计信息的修正上能否真正提出解决问题的办法，或者在送到外部审计之前是否可及时纠正财务报告中存在的会计信息差错，以做到事前防范。

总而言之，审计委员会除了要借助于独立董事发挥其独立性和专业性之外，还要有一定的活跃性才能更好地促进会计信息质量的稳定提高。审计委员会不应该是公司治理结构中的一个摆设，必须活跃起来，有所作为，时时观察企业的财务动态，有效履行日常相关的职责。例如，在提高开会次数的基础上，保证每一次的会议能够提出关键性的问题，并给予建设性的意见，这样才会使披露的会计信息更加客观、全面、可靠。

（2）内部机构设置和权责分配的影响

①内部机构设置。机构设置时以组织机构安排为核心的组织系统的整体

设计工作。机构设置就如同一个企业的"骨骼",是使企业工作任务得以分解、组合和协调的框架体系,能够有效保障各机构的职能互不重叠,信息有效传递且保证效率,是企业资源和权力分配的载体,因此组织机构设置是否合理直接影响会计信息质量。机构设置的本质是实现共同目标而设置的一种分工协作体系,为企业的经营运作与控制提供一个合理的框架,来保障企业信息的传递和运行。会计信息毫无疑问是企业信息传递中的重要组成部分,会计信息传递是否高效、迅速以及准确度毫无疑问会受到内部机构设置的影响。此外,如果机构设置重叠,既造成分工混乱,又影响效率。

②权责分配。权责分配界定了内部机构各个区域和各机构员工的职权和职责;明确的权责分配关系到员工可拥有的权力上限及企业应给予员工的资源,便于各级管理部门和人员在各自的职权范围内各司其职;各负其责;避免权力真空;权力重叠;以及相互推诿的现象出现。

首先,权责分配是否合理会直接影响到会计部门的职能权限,以及人员配备,特别是会计主管人员以及相关监管部门主管的能力会直接影响会计工作能否有效开展。

其次,如果会计部门把不相容岗位设置由同一人出任,则很容易造成利用自身的权限进行舞弊,导致会计信息失真。

最后,权责分配的过程中若把财务相关岗位分配给业务技能低下的人员来担任,则会直接影响财务工作的效率和准确率。

2.完善和健全企业的组织架构

（1）优化股权结构

股权结构是公司治理结构的基础,股权结构的配置,实质上是公司控制权在不同投资者之间的分配过程,过分集中或过分分散的股权结构都会导致公司治理效率的低下。针对目前我国股权结构不合理的现象,笔者认为应降低大股东持股比例,大力发展机构投资者和建立员工持股制度。主要是通过减持国有股以及培养机构投资者来进行,通过使股权在一定程度上的分散来制约股东的行为,强化产权约束,并且有助于内部治理结构中制衡机制的完善。

首先,降低大股东持股比例。国有资产管理的问题主要有两方面:一是国有经济的战略性结构调整,即控制基础性行业和企业,退出竞争性领域,重点是进行国有股减持；二是对于没有退出的企业，履行国有资产出资人职责，解决所有者缺位问题。可以通过发行优先股，或是配股来稀释大股东持股比例，提高其他利益主体的持股比例，从而实现改变"一股独大"的现象。

其次，大力发展机构投资者。合理的股权结构可以使股东间相互制衡，其中机构投资者对大股东的制衡作用非常重要，引入机构投资者，可以改善公司治理机制中权力失衡的现象，也可以增强对会计信息的监督力量，从而提高会计信息的质量。机构投资者主要包括社保基金、保险公司及境外战略机构投资者等，其实力雄厚，投资额相对较大，为了达到资本增值保值的目的，其扮演的角色多为战略投资者，而上市公司经营状况直接关系到机构投资者切身利益，所以机构投资者具有较强的动机去关注上市公司经理层的经营活动情况。机构投资者相对于中小投资者而言具备更为专业的投资技能和雄厚的资金实力，有较强的能力和实力去有效地监督约束上市公司的经营活动。不过，由于我国上市公司存在国有股一股独大、流通股比重较低的问题，极大地影响了机构投资者的快速发展壮大，使得机构投资者难有用武之地。因此笔者认为应当降低国有股占比、提高流通股占比，积极引进机构投资者，从而壮大对上市公司的内部监督和约束力量。

最后，建立员工持股制度，并将管理层持股与公司业绩挂钩，同样是优化流通股股东的直接方法之一。

（2）加强董事会下的专业委员会建设及合理增加高管人数

董事会领导下的专业委员会主要包括审计委员会、薪酬委员会、提名委员会等，专业委员会负责董事会的各个具体分工，有力地支持了董事会的具体运作，从而强化了董事会治理机制。同时，有独立董事组成的审计委员会作为上市公司内部最为重要的监督力量，成为把关上市公司会计信息质量的一道重要防线。不过，目前我国专业委员会还存在独立性、专业性不强、权力重叠的问题。笔者认为应从以下四方面入手，一是在专业委员会成员任命方面，应以独立董事为主要构成人员；二是专业委员会成员尤其是审计委员会成员应当具有财务和法律背景；三是加强对专业委员会成员的激励和约束机制，以充分调动他们的工作积极性；四是在审计委员会和监事会两方合理分配企业内部的财务监督事权，以免造成权力交叉，降低监督效能。

关于高管人数，应当依据《上市公司治理准则》，保证高管规模的合理性及各类高管人员的构成比例，尤其是监事，独立董事的人数比例，即便是在高管总体规模较小的情况下，也必须保证他们的构成比例，从而为有效地监督会计信息提供有力的组织保障。

（3）重视提高监事独立性

监事会肩负着保护股东利益、监督和提高上市公司会计信息质量的重要职责，但是监事会主席在董事会或经理层兼职等关联关系的存在，会严重削弱监事会监督的独立性，其对上市公司财务监督的动机将大大弱化。笔者认为应当采取两种措施：其一，应当加强对监事会成员与董事会、经理层关联关系的检查，限制内部监事的人员比例；其二，应当通过监事会人员的选聘机制来强化监事会的独立性，比如采用累计投票制度引入中小股东的代表监事、适当提高职工监事代表的比例等[①]，使得外部利益相关者的代表能够有效介入监事会的运行，从而达到监督权力的平衡，保证监事会发挥监督作用的独立性，提高会计信息的质量。针对职工监事代表，应当由职工充分自主地通过职工代表大会民主选举产生，提高职工参与公司治理的意识，为监督公司会计信息造假贡献自己的一份力量。

（4）构建合理的内部机构和权责分配体系

构造组织结构时，必须把握好以下三个原则才能保障会计信息的真实性。

①公开原则。在建立组织机构的过程中，必须要提高整个机构设置的透明度，使各个内部机构的职能和责任让企业所有员工看到。只有让每个员工明白企业的运作机制，才能提高大家的责任意识，进而保障有一个良好的内部控制环境，进而改善内部控制的运行效率。

②牵制原则。即不相容职务分离原则。具体而言，就是两个人发生同一类型错误的概率要远远小于一个人发生该错误的概率，且两个人共同发生舞弊的成本要远远大于一个人发生舞弊的成本，因此，通过不相容的职务相分离，可以降低企业会计信息失真的可能性，保证会计信息的质量。为了确保企业会

---

① 参见江江.公司治理结构对我国上市公司会计信息披露质量的影响探讨[D].江西财经大学,2010.

计信息质量，相关岗位要做到授权和执行分设，执行与审核分设，执行与记录分设，保管与记录分设。

③效率原则。企业在运作时，不但要确保业务的正确无误的开展和实施，也要保障各个环节运行的效率，不然，可能会因为信息在各环节传递过慢而影响企业对外部信息的反应速度，耽误企业投资决策的时机，所以，设置内部机构时，必须保障各个机构的职能不要交叉，令每个部门各司其职，这样才能提升企业的工作和运转的效率。

（二）完善企业人力资源政策

1.人力资源政策对会计信息失真的影响

（1）管理层

公司管理层个人的职业道德操守和日常工作态度会直接影响相关员工的行为和态度，这其中的相关员工当然也包括公司的会计从业人员。管理层端正态度会潜移默化地影响会计从业人员，相反如果管理层职业道德低下，相应地，其管理下的会计从业人员的职业素质也会不太高，甚至有时管理层会胁迫会计从业人员弄虚作假来实现自身目的。

除了有自身的因素，管理者的态度当然也会受到公司人力资源政策的影响。例如，如果公司的激励制度不完善，管理层往往会消极怠工，因为他们总觉得个人收入与付出不成正比，继而消极工作，有时甚至会通过修改财务报表等补偿自己。现代公司的考核制度大多与企业业绩挂钩，对个人的业绩考评通过一系列指标，往往这些指标是由管理者自行设定，这就为管理者通过调整会计信息进而达到业绩指标提供了动机。

2.会计人员

公司会计信息的直接编造者是公司的会计从业人员，所以会计从业人员自身职业素养和职业道德水平对会计信息质量产生直接影响。现代企业会计准则中对于会计从业人员的职业道德方面有详细的规定，其中最重要的是要求会计从业人员坚守诚信原则。会计从业人员自身的职业水平素养对会计信息质量的影响主要体现为两个方面：一是如果会计从业人员业务知识不扎实，对企业会计准则不是很了解，很可能在企业日常生产经营过程中对企业会计制度的执行出现偏差，造成会计信息失真；其次面对日益变化的外部环境，企业时刻都面临着新业务的出现，如果会计从业人员没有扎实的业务基础，缺乏应变能力，无法作出合理的判断并处理，这样也会造成会计信息失真。会计人员就会手足无措，无法采取正确的应对措施，因此就无法保证会计信息的质量。

2.完善企业人力资源政策

由于中国资本市场的发展滞后，其中的经理人市场更是落后，制约了管理者的选拔与淘汰机制；董事会、监事会以及管理层是公司的战略制定和决策的参与者，但普遍个人素质过低。由于会计信息质量是由企业管理者负责并保证，因此，选聘执行合理的人力资源政策十分重要。

（1）职业经理人的人力资源政策的完善

第一，职业经理人聘任制度的落实完善。因为管理者通常是企业会计信息质量的直接负责人，所以合适的管理者是高质量会计信息的保证。为了保证会计信息的质量，必须对管理者的选拔与任用机制进行革新。具体而言，要综合企业的内外部选拔机制，而不能有所偏颇，形成合理的选拔机制和淘汰制度，只有这样才能把真正优秀的人员挑选出来为公司创造价值。此外，该机制的存在也让企业的管理者随时都有一种危机感，督促管理者不会懈怠，提升公司运作的效率，从而压缩人力成本；还会推动管理者披露对公司业务活动造成负面影响的有关信息来控制风险，以便减少企业的各项业务成本。

第二，建立健全管理者的约束与激励机制。自委托代理理论提出以来，关于管理者与股东之间的代理成本已经被学术界多次讨论。一般认为，降低企业的代理成本可以从激励与约束机制两方面共同努力。在激励方面，为了使管理者完成既定的目标任务，必须给予管理者必要的激励，这样管理者才能和股东的利益保持一致。通常意义上的、且被多数人认可的就是公司的股权激励机制，通过增加管理者一定的股票期权，可以保证两者利益一定程度上的一致。但是，由于管理者与股东之间的信息不对称，管理者可能会通过财务造假来操控财务业绩，因此，对于管理者必要的约束机制的实施就成为必然。在约束机制方面，应该建立健全管理者的诚信档案和淘汰机制，从而加重管理者的财务舞弊成本。

（2）基层会计人员选拔机制的完善

基层会计人员的职业道德和素质水平直接影响到会计信息的准确性，因此，需要在基层会计人员的选聘时做好以下工作。

第一，挑选合适的会计人员。企业会计人员的招聘是挑选合适的会计人员的第一环节。企业的人力资源部门应该积极高度重视会计人员的选聘工作。通过专业技能与素养的筛选，做好会计人员招聘中的资格审查、测试以及面试等环节的工作。在会计人员的招聘过程之中首先必须注意到所聘会计人员是否具备必需的专业素养，其次就是该会计人员的道德素养是否达到"不做假账"的要求。

第二，做好会计人员的培训和后续教育工作。一方面由于企业会计准则的不断更新与发展，这就要求会计人员要不断提高自身的专业能力。因此，所在单位应该为会计人员的职业能力的提高提供必要的条件。另一方面，企业的会计人员的素养是关系到企业会计信息质量的另一重要因素。因此，企业应该注重在后续培训和后续教育中，注重保持和提高员工的道德水平，从而为保证会计信息质量提供保证。

第三，加强对会计人员的定期考核。企业的人力资源部门应该制定科学的会计人员考核计划，定期和不定期对企业会计人员进行业绩考察。企业的会计人员的自身专业技能固然重要，但是仍可能会存在一定的不足，事后的业绩考核能够发现会计人员在工作中容易忽视的错误。依据科学的考核制度对员工实施晋升和或其他奖励来激励员工，对于故意违反内部控制要求的员工要给予对应的惩罚。通过该制度的建设，可以在企业内部形成一种积极有效的良性循环。

第四，定期实行轮岗制度的积极落实。对于部分较为重要的会计岗位应该根据企业的实际情况实施定期轮岗制度，企业人力资源部分应该能够为该制度的具体实施制定切实可行的计划和制度。重要的会计岗位的顶起轮岗可以保证会计人员接触不同的会计领域，强化会计人员的专业能力，并能够提高会计人员的财务舞弊被发现的可能性。

（三）建立积极向上的企业文化

1.企业文化对会计信息失真的影响

（1）管理层的理念和经营风格的影响

第一，管理层管理理念的影响。会计信息的真实性一部分取决于企业管理层对于财务报表以及企业内控的态度，态度决定行动进而影响会计信息的质量。对于公司管理层、会计人员和风险监控足够关注，会显著提升会计信息的质量。另外，考核激励机制的不完善，偶尔也会导致企业管理层为了获得奖励，而修饰财务报表，迎合考核机制，基于此目的提供的会计信息往往都是含有水分的。

第二，管理层经营风格的影响。如果管理层属于激进型，他们会利用企业的收益投资于相对风险高的领域进而使企业处在一个高风险的状态，就会出现会计机构的高管使用激进的会计政策的情况，这种情况下，收益很可能被过高的预期，损失又很可能被过分低估。如果管理人员是风险规避型，其在权衡投资项目时会尽量地规避风险，对投资项目的风险和收益进行过全面的权衡后才会采取策略。有时属于风险偏好型的管理者为了使报表项目"漂亮"，会不择手段地粉饰操控会计信息，以此来掩盖投资失败的决策，所以管理者对风险的重视程度会间接影响到会计信息的真实性。如此看来，企业管理层的经营风格就显得尤其重要。

（2）诚信道德价值观的影响

信息不对称使得公司不同的利益相关人对公司经营管理信息的了解程度不一，在目前的管理体制下，由于两权分化，所有者和管理者对公司的经营状况了解的信息是有区别的，因为管理者直接参与公司日常的经营管理活动，因此其对公司的整体的经营状况的了解要比所有者更加全面。并且，公司所有者和管理层又通过会计信息相连接，委托人利用它来对公司的整体运营状况进行评价，但由于会计人员个人的工资和晋升等原因由管理者所掌控，其必须按照管理层的意图来操控会计信息，由此可见会计信息的真实性一部分取决于公司管理层的诚信道德价值观。在现代企业中，管理者为了自身薪酬和职位晋升等目的，会与企业的会计人员合伙来弄虚作假、操控会计信息，由此产生了会计信息失真的现实问题。

2.建立积极向上的企业文化

由于管理者自身的综合素养等因素，很多初创企业往往缺少风险意识，并且还缺乏诚信和法制观念。要想解决这些问题，必须由管理者带头，完善公司的文化的氛围。

（1）培育诚信守法的文化氛围

企业文化是决定企业成败的重要因素，积极向上的企业文化会引导企业健康有序的发展，而自私自利的企业文化，则可能导致企业的经营管理混乱，甚至是企业的破产。同样，企业财务会计信息也是在一定的企业文化中生产出来的，也必然会受到企业文化的影响。那么，这就要求企业管理者在整个公司中营造一种积极向上的、诚信守法的文化氛围。较好的文化氛围虽然不一定能够帮助企业杜绝财务造假，但是可以确保"好人不做坏事"，可以起到很好的约束制约作用。

培育积极的诚信守法文化，需要两个方面的努力。第一是管理者积极有意识地引导。管理者是企业方向的引导者，由其引导的企业文化必将有很好的执行效果。第二是调动员工的遵纪守法的积极性。提升一个企业整体员工的诚信道德素质，比较好的手段是对所有员工进行关于诚信观念的灌输，使员工拥有正确的道德观念，并且由于每个公司的具体情况不同，所以要因地制宜，选择合适的方法和方式，保证相关道德和法制教育能够达到预期的效果，使员工能自觉抵制会引起会计信息失真现象的发生。

（2）突出管理层的引导作用

管理层是企业文化的制定者和宣传者，起到模范带头的作用。在企业文化氛围的培育之中，管理者应该主要在以下几个方面起到积极的引导作用。首先，管理者自身的模范带头作用。管理者自身必须起到先锋模范作用，积极遵守公司的各项章程和规范制度，只有这样才能保证给企业中下层员工施放积极的信号。其次，管理者应该积极思考企业的诚信文化建设，并将其融入企业的各项制度建设之中。积极有效的文化氛围培育必须依靠企业的制度，以其为基础，因此在制度文化建设中必须体现诚信守法的基本宗旨。最后，必须对企业人员的各项活动和工作作具体规划和分类，达到一个以企业文化来指导企业人员的思想，用各项细则来使员工的行为更合理的效果，让企业的每一名工作人员都能认识到自己的重要性，才能不遗余力地为公司的整体和长远发展着想，规范自己的道德和行为，坚决抵制违法行为。

（3）加强风险意识的养成

在企业的发展之中，其面临的众多不确定性是影响到企业生存的重要因素。因此，必须积极将风险意识融入企业的文化建设之中。这不仅有利于保证企业的健康发展，更能够促使管理者养成风险意识，抑制不正当的财务舞弊行为。根据不同企业的发展要求，可以从以下几个方面加强建设，以促使风险意识的养成。首先，管理层务必要做好风险管理的宣传和教育工作，让员工拥有正确的风控观念，并通过培训等手段让员工掌握判断风险的方法。其次，管理者自身要加强风险意识的培养。管理者作为企业的管理者，其在企业决策之中会涉及很多的权衡与判断，所以只有管理者养成了风险意识，才能保证企业的有序发展。最后，应该加强企业职工的风险意识的养成。只有整个企业包括员工在内的所有的人都有共同的目标与使命，才能保证在遇到问题时，大家都积极使用风险知识来进行决策。

（四）充分发挥内部审计的职能

1.内部审计对会计信息失真的影响

内部审计是对其他内部控制的再控制，由于其自身的独特性，它能够协助公司管理层对公司的内部控制查缺补漏，提出建设性建议。公司的内部审计机构独立于公司的会计部门，他们审核会计部门编制的财务报表，对会计部门提供的会计信息进行审核复查，能够有效地降低财务信息舞弊的可能性，对提高会计信息的质量起到至关重要的作用。但是由于我国内部审计起步较晚，部门人员素质不被重视，内部会计的独立性较弱以及权威性较低等影响，我国公司的内部审计发挥的作用一直都很有限，对公司财务状况的审查无法有效进行，会计信息质量也就无法得到保障。

2.充分发挥内部审计职能

（1）创造良好的内部审计环境

管理者应该为创造良好的内部审计环境进行积极的工作。其他部门也应该积极地配合内部审计部门的工作，积极地与内部审计部门进行沟通，以发现问题并寻求积极的治理措施。充分发挥内部审计委员会的监督和指导职能，并建立合理的机制保证其以下几点职能的有效发挥：合理选择外部审计机构，并公正地对其审计的财务报告结果进行再审核；选择合格的内部审计人员，并对其工作进行监督、指导和审计结果的再复核；对公司业务的高风险领域进行有效监督，检查内部控制的有效性，对于公司员工是否对其所制定行为准则遵守情况建立合理的奖惩机制。

（2）应该进一步完善内部审计的管理体制

内部审计作为公司内部的审计部门，必须加强其地位的独立性，从各方面保证其审计的有效性。在可能会影响到内部审计的独立性的情形下，务必实行积极的回避制度。

（3）应该保证内部审计人员的专业素质

企业的内部审计人员必须专业素质过硬，由于不同的企业的具体业务存在差异，因此内部审计人员不仅仅是要具有财务审计方面的专业技能，更应该具有专业方面的专业能力。除此之外，企业的内部审计人员还应该具有较高的职业道德素养和社交能力，能够和企业的其他部门进行顺利的沟通。

三、健全内部会计控制制度

内部控制制度是一个企业财务管理和会计核算的基本规范，没有健全、完善的内控制度要提高会计信息质量是不可能的。只有建立健全的内部控制制度，才有利于完善公司治理结构，建立现代企业制度，也有利于提高单位管理水平，保护单位资产的安全、完整和会计信息的真实、可靠。

（一）企业内部会计控制模式

企业内部控制包括内部会计控制和其他管理控制两部分。内部会计控制体现了内部牵制原理，与其他管理控制交织进行，在企业内部控制中占有重要地位。企业内部会计控制模式内容应包括以下内容。

1.可靠的内部凭证制度。会计凭证是企业会计核算的重要组成部分，记录着经济业务，明确经济责任提高会计信息，为监督检查提供主要依据，保证会计信息的传递与保管。

2.健全的账簿制度。在可靠的内部凭证制度基础上，健全的账簿制度能确保会计记录的保密性和完整性，保证提供完备的会计信息。

3.合理的会计政策和会计程序。既便于企业有关人员了解处理会计实务的程序和方法，有利于企业会计政策的前后一致性。

4.科学的预算制度。这是会计核算与监督的依据。

5.定期盘点制度它是保证会计信息起初的重要手段。

6.严格的内部稽核制度。可及时发现舞弊行为。

（二）企业内部会计控制的基本方式

建立健全了企业的内部控制制度，还必须通过科学合理的内部控制方式加以实施。内部控制的基本方式主要有：组织规划控制、授权批准控制、预算控制、实物控制、成本控制、风险控制和审计控制。

1.组织规划控制

根据内部控制的要求，单位在确定和完善组织结构的过程中，应当遵循不相容职务相分离的原则。所谓不相容职务，是指那些如果由一个人或一个部门担任既可能弄虚作假，又能够自己掩盖其舞弊行为的职务。单位的经济活动通常可以划分为五个步骤：即授权、签发、核准、执行和记录。一般情况下，如果上述每一步骤由相对独立的人员（或部门）实施，就能够保证不相容职务的分离，便于内部控制作用的发挥。而组织规划控制主要包括两个方面。

（1）不相容职务的分离

如会计工作中的会计和出纳就属不相容职务，需要分离。应当加以分离的职务通常有：授权进行某项经济业务的职务要分离；执行某项经济业务的职务与审核该项业务的职务要分离；执行某项经济业务的职务与记录该项业务的职务要分离；保管某项财产的职务与记录该项财产的职务要分离，等等。不相容职务分离是基于这样的假设，即两个人无意识同犯一个错误的可能性很小，而一个人舞弊的可能性要大于两个人。如果突破这个假设，不相容职务的分离就不能起到控制作用。

（2）组织机构的相互控制

一个单位根据经济活动的需要而分设不同的部门和机构，其组织机构的设置和职责分工应体现相互控制的要求。具体要求是：各组织机构的职责权限必须得到授权，并保证在授权范围内的职权不受外界干扰；每类经济业务在运行中必须经过不同的部门并保证在有关部门进行相互检查；在对每项经济业务的检查中，检查者不应从属于被检查者，以保证被检查出的问题得以迅速解决。

2.授权批准控制

授权批准控制指对单位内部部门或职员处理经济业务的权限控制。单位内部某个部门或某个职员在处理经济业务时，必须经过授权批准才能进行，否则就无权审批。授权批准控制可以保证单位既定方针的执行和限制滥用职权。授权批准有一般授权和特定授权两种形式：一般授权是对办理一般经济业务时权力等级和批准条件的规定，通常在单位的内部控制中予以明确；特别授权是对特别经济业务处理的权力等级和批准条件的规定，如当某项经济业务的数额超过某部门的批准权限时，只有经过特定授权批准才能处理。授权批准控制的基本要求是：首先，要明确一般授权与特定授权的界限和责任；其次，要明确每类经济业务的授权批准程序；最后，要建立必要的检查制度，以保证经授权后所处理的经济业务的工作质量。当前一些单位实行领导"一支笔"审批的做法，这与内部控制的原则和要求不一致，应当改革。实践证明，权力应受到制约，失去制约的权力极易导致腐败的滋生。

3.预算控制

预算控制是内部控制的一个重要方面，包括筹资、融资、采购、生产、销售、投资、管理等经营活动的全过程。对单位各项经济业务编制详细的预算和计划，并通过授权，由有关部门对预算或计划的执行情况进行控制。其基本要求是：第一，所编制预算必须体现单位的经营管理目标，并明确责任；第二，预算在执行中，应当允许经过授权批准对预算进行调整，以便预算更加切合实际；第三，应当及时或定期反馈预算的执行情况。

4.实物资产控制

实物资产控制主要包括限制接近控制和定期清查控制两种，这是对单位实物资产安全采取的控制措施。主要有两条：第一，限制接近，以严格控制对实物资产及与实物资产有关的文件的接触，如现金、银行存款、有价证券和存货等，除出纳人员和仓库保管人员外，其他人员则限制接触，以保证资产的安全。第二，定期进行实物资产清查，保证实物资产实有数量与账面记载相符，如账实不符，应查明原因，及时处理。除上述外，实物资产控制从广义上说，还包括对实物资产的采购、保管、发货及销售全过程进行控制。

5.成本控制

现代成本控制可分为粗放型和集约型两种。粗放型成本控制，是指在生产技术、产品工艺不变的情况下，单纯依靠减少耗用材料，合理下料来降低成本的成本控制法。集约型成本控制，是指依靠提高技术水平来改善生产技术、产品工艺，从而降低成本的控制法。这两种方法结合起来，就是现代成本控制。

6.风险控制

风险一般是指某一行动的结果具有变动性，与风险相连的另一个概念是不确定性。人们事先只知道采取某种行动可能形成的结果，但不知道它们出现的概率，或两者都不知道，而只能粗略地估计。例如，企业试制一种新产品，事先只能肯定该种产品试制成功或失败，但不会知道这两种后果出现可能性的大小。经营决策一般都是在不确定的情况下作出的。在实际工作中，某一行动的结果具有多种可能而不肯定，就叫风险；反之如某一行动的结果很肯定，就叫没有风险。风险控制就是尽可能地防止和避免出现不利的结果。

7.审计控制

审计控制主要是指内部审计、内部审计是对会计的控制和再监督。对会计资料进行内部审计，既是内部控制的一个组成部分，又是内部控制的一种特殊形式。内部审计是在一个组织内部对各种经营活动与控制系统的独立评价，以确定既定政策的程序是否贯彻，建立的标准是否遵循资源的利用、是否合理有效以及单位的目标是否达到。内部审计的内容十分广泛，一般包括内部财务审计和内部经营管理审计。内部审计对会计资料的监督、审查，不仅是内部控制的有效手段，也是保证会计资料真实、完整的重要措施。根据内部控制的基本原理和我国会计工作实际情况，新《会计法》规定，各单位应当在内部会计监督制度中明确"对会计资料定期进行内部审计的办法和程序"，以使内部审计机构或内部审计人员对会计资料的审计工作制度化和程序化。

第六章　优化税务稽查工作，加强会计信息失真治理的事后监督

　　面对当前税务稽查管理工作中存在的具体问题和会计失真问题产生的原因，我们必须始终保持清醒的头脑，积极克服困难，立足于当前实际，结合国情，借鉴国内外先进经验，沉着冷静应对，优化税务稽查工作，加强会计信息失真治理的事后监督，提高会计信息质量。首先要甄别会计舞弊的手段，提高会计信息失真的稽查效率，其次要优化税务稽查工作。就会计舞弊手段的甄别方法来讲，可以从财务报表分析、会计账簿分析、会计凭证审核和财务指标分析等四个方面着手；就税务稽查工作的策略来讲，具体而言，可以从优化税务稽查管理和预防税务稽查执法风险两个维度来探讨。在优化税务稽查管理方面主要探讨完善税务稽查司法保障体系、推进治理型的稽查建设、优化人力资源管理、强化支持与控制、推进基层税务稽查信息化建设进程 、建立常态化的部门协作机制。在预防税务稽查执法风险方面总结北京、深圳、江苏等地税务稽查执法风险防范的先进经验，探讨防范税务稽查执法风险的举措。

一、税务稽查视角下会计舞弊手段的甄别方法

　　我国当前的税收法制环境仍不完善，法律界限的模糊和漏洞为企业舞弊创造了机会，面对高税负、强市场竞争力的压力，企业不断为舞弊寻找"合理"借口，致使舞弊不断滋生，舞弊的手段也花样百出。税务稽查部门对多样化的舞弊手段采取多种甄别方法，较为常用且有效的方法有：财务报表分析、账面异常数据分析、会计凭证审核以及财务指标分析。

（一）财务报表分析

　　财务报表分析是对企业提供的财务报表中的各项数值进行加工、比对、

分析、核算和评价。《企业会计准则》要求企业报送的基础财务报表包括：资产负债表、利润表、现金流量表和附注。资产负债表是财务报表中能够综合反映出企业的基本财务状况的报表，本节以资产负债表为例详细分析其甄别方法。资产负债表分为资产、负债、所有者权益三个部分，税务稽查部门在检查过程中，要根据企业的经营特点，逐项分析、对比报表的数据，判断报表的真实、合理性。

1.甄别资产项目舞弊

首先，根据固定资产和流动资产的分配比重可以判定出企业的行业特点。如：食品制造行业比重较大的资产应为制造设备，属于固定资产，而食品销售行业比重较大的资产应为食品，属于流动资产。在税务稽查过程中，如果企业提供的资产分配比重明显与其行业特征不相符，则说明该企业可能存在舞弊。其次，如果企业固定资产原值及折旧的递延性变化异常，则需重点核查企业是否在资产评估时，将不相关的费用计入了固定资产，以提高固定资产的入账价值，或企业是否通过计提不合理的折旧费用调节当期的利润。最后，流动资产中"现金"和"银行存款"两项是稽查的重点，现金和银行存款能够直观地反映出企业当前的经营状况和支付能力。如果企业的现金和银行存款明显不能满足企业经营需要，但企业仍然正常运转，说明该企业很有可能存在"账外账"。如果报表上现金金额过大，则可以怀疑企业使用"白条抵库"，将应税后列支的费用计入税前成本，通过虚列成本的舞弊手段逃避纳税。

2.甄别负债项目舞弊

负债按其时间性分为流动负债和长期负债，其反映了企业的负债能力和负债结构。在税务稽查过程中，重点核查企业是否为了调节利润，不按规定计提借款利息，或跨年度处理计提的利息。为了少缴、迟缴或不缴税款，人为更改预收货款和销售定金对应的所属申报期限，或将相关的销售收入计入长期借款和短期借款科目中。如果发现企业的资产负债率明显偏高，而企业的长期借款和短期借款仍然持续增长，则该企业有可能通过隐匿收入的舞弊手段偷逃税款。

3.甄别所有者权益项目舞弊

所有者权益包括内容有实收资本、资本盈余、资本公积、未分配利润等，其反映了企业自身拥有的资金实力。在税务稽查过程中，针对所有者权益部分主要分析其实收资本的构成和资本盈余的增加。如果企业实收资本中包含外商投资，则需进一步确认其资金来源，防止企业违规利用税收优惠政策逃避纳税。如果企业在未申报利润的情况下，非年度的资产负债表中显示资本盈余科目有增加变动，则说明企业很有可能通过转移收入的舞弊手段偷逃税款。

另外，企业的资产负债表、利润表、现金流量表之间存在一定的逻辑关系，逻辑关系正确是保证报表平衡的基础，逻辑关系不符说明该企业的报表存在严重的问题，但三张报表相互比对平衡也并不能说明企业不存在舞弊风险。通过报表之间的综合分析，可以查找出企业的异常数据信息。如：在舞弊的前提下，企业的资金流动也能相对确保真实，税务稽查过程中，可以将资金流动作为固定参考数据，对其资产负债表、利润表的收入支出情况与现金流量表中的资金流入、流出情况进行比对，寻找异常数据。

（二）会计账簿分析

会计账簿是财务报表编制的基础，它可以清晰地反映出一定时期内经济主体的财务状况和收益情况。税务稽查工作中，分析会计账簿是最直接、有效的甄别舞弊手段的方法。

1.总分类账分析

总分类账是根据会计科目进行分类登记的账簿。总分类账能够清晰、全面地反映出企业发生经济业务所引起的资金和财务变动。在税务稽查过程中，首先，采用余额核对法对总分类账中所有账户的余额逐个核对，核对其借方和贷方余额是否一致，如存在明显数据不符，则需进一步核查原因。其次，要核查总分类账的记载的内容是否合法、合理、准确，如：总分类账是否与科目汇总表或记账凭证汇总表内容相符，总分类账摘要栏的具体内容是否与对应账户核算的内容一致等。最后，根据复式记账原理，对会计科目下设置的账户的对应关系进行核对，如："生产成本"账户的借方金额与"制造费用"账户的贷方金额存在一定的对应关系。如果在税稽查过程中，发现企业各种会计科目的账户对应关系混乱，则该企业很有可能存在舞弊行为。

2.明细分类账分析

明细分类账是对总分类账的进一步细化，它将总分类账中未能体现出的明细项目逐个进行分类、整理、形成账簿。它能详细地反映并记录企业经营业务的具体内容。税务稽查过程中，要根据原始凭证和记账凭证核查明细分类账记录的内容是否真实，单价、数量、金额等信息是否填写准确。对涉及复杂实物盘存的明细账，如库存商品、原材料等，需用所属相同会计科目的账户余额的合计数与总分类账进行核对，如发现数据核对异常，则需进一步检查。企业的经营活动越复杂，其明细分类账涉及的账户就越多，在税务稽查过程中，要重点核查成本类、收入类、损益类等与税收业务密切相关的账户，核查账户的借、贷方发生额是否记录准确。以生产企业为例，具体分析如下。

第一，需重点核查借方发生额的账户有："制造费用""销售费用""管理费用""财务费用""待处理财产损益""营业外支出"等。"制造费用"要重点核查是否账户借方发生额的内容都符合成本开支的范围，金额计算的标准是否遵循一致性原则等。对"销售费用""管理费用""财务费用"等账户进行检查时，要注意是否存在将不属于期间费用的支出计入以上三个账户，并影响当期利润，降低应纳税所得额。在核查"待处理财产损溢"和"营业外支出"账户时，要对企业的财产损失处理情况详细分析，查明损失的具体原因，防止其为逃避缴税，将人为损毁、挪用的财产违规计入"待处理财产损溢"账户并转入"营业外支出"账户。

第二，需重点核查贷方发生额的账户有："主营业务收入""待摊费用""坏账准备"等。"主营业务收入"账户的贷方发生额要与纳税申报表中的销售额相等，如其贷方发生额小于申报表销售额，则说明该企业隐匿收入，逃避税款。"待摊费用"和"坏账准备"科目的贷方发生额是企业常用的"利润调节器"，在具体核查时，要比对多个会计期间，对其提取方式、提取期限、提取金额进行认真核算，防止企业违规多摊、多提现象的发生。

第三，需重点核查余额的账户有："原材料""库存商品""应付账款""其他应付款"等。"原材料"和"库存商品"账户，重点核查其实物盘存表的数值与账面结存数值是否一致，其单价的核算方法是否与企业核算备案的方法（先进先出法、后进先出法、个别计价法等）一致。如果这两个账户的余额出现红字，应进一步核实原因，查证其是否存在多转成本。

第四，借、贷方发生额及余额都需重点检查的账户有："应交税费-应交增值税"和"生产成本"。税务稽查过程中，"应交税费-应交增值税"明细账户是检查的重中之重，通过该账户的检查可以明确企业缴纳的增值税情况，其进项和已缴税额体现在该账户的借方，而贷方则体现销项税额、出口退税和转出税额，借方期末余额反映出企业存在的多缴或未抵扣税款，贷方期末余额则表示企业存在尚未缴纳的税款。通过核对该账户与其他对应账户的发生额余额，能够有效甄别出企业是否存在会计舞弊行为。"生产成本"明细账户与许多重要账户都有关联，该账户的借方发生额是企业用于生产的直接费用，贷方发生额是企业已入库的自制半成品或库存商品，核查时，要注意其借方发生额是否存在不合理列支。注意其贷方发生额是否存在未缴纳税费的加工产品，其余额是否与实际账面盘点数额一致，是否存在虚列成本的舞弊行为。

（三）会计凭证审核

会计凭证是企业记录经济业务的发生以及完成情况的书面证明，是反映企业生产经营各个环节的会计信息载体。会计凭证是编制会计账簿的基础，而会计账簿是编制财务报表的依据。会计凭证分为原始凭证和记账凭证，原始凭证是填制的记账凭证的基础，如果没有原始凭证，记账凭证将失去意义，同时记账凭证也是原始凭证的会计信息反映，对企业来讲，二者相辅相成，都至关重要。利用审核会计凭证来识别涉税会计舞弊是必不可少的税务稽查方法。

1.原始凭证审核

原始凭证是企业对其发生的经济业务所应填制或取得的原始书面证明。原始凭证能够如实地反映出企业发生的所有交易事项（除结转和更账），原则上企业的每一笔交易事项都应存在原始凭证与其相对应，如企业想要虚构经济业务，则首先需要提供虚假的原始凭证，所以通过原始凭证可以准确地甄别其使用的具体舞弊手段。

首先，审核原始凭证的合法性，重点查看原始凭证所反映的经济事项是否符合国家相关法律和现行财务会计制度规定。例如：企业是否严格按照《发票管理办法》开具发票，其内容是否符合其自身的经营范围。企业发生购进原材料、运输、装卸等经济事项时，必须取得对方单位开具的税务局印制发票，如用白条、收据作为原始凭证入账，则说明该企业存在偷税、漏税的舞弊行为。

其次，审核原始凭证的完整性，重点查看原始凭证的内容是否填写齐全，相关人员是否审批签字，印章是否加盖准确完整等。如：当销售合同作为原始凭证时，要审查合同的内容是否完整有效，是否合同双方都已签字盖章，企业所使用的账务处理方式是否与合同签订的销售方式相符。

　　最后，审核原始凭证的真实性，重点审核原始凭证所反映的业务往来是否属实，凭证所记录的内容、金额、数量等信息是否记录准确且真实存在。有无涂改原始凭证行为。例如：农产品收购业是税务稽查的重点行业，主要因为农产品发票可以抵扣税款，且开具发票的标准低。在税务稽查过程中，要仔细核查农产品交易的入库单、发货单、领料单、发料单、盘库单等原始凭证，通过这些原始凭证与账面数据进行比对分析，如果企业的入库单与账面存货数据不符或出库单与账面销售数据不符，则说明企业很有可能通过隐匿收入、虚开发票等手段舞弊，进而达到少缴税款的目的。

　　2.记账凭证审核

　　记账凭证是将原始凭证的会计信息分类整理并通过会计分录的形式反映出来的会计凭证。记账凭证是编制会计账簿的直接依据。在税务稽查过程中，重点核查企业记账凭证的会计科目和发生金额。

　　首先，核查企业是否存在伪造记账凭证的情况。伪造记账凭证是指企业在没有业务和资金往来的情况下，凭空或利用虚假发票编制记账凭证。在税务稽查过程中，如果发现企业的记账凭证后未附原始凭证，或其附后的销售发票没有对应的入库单、出库单，则该企业有可能为达到少计收入、多列成本、调节利润等目的伪造记账凭证。

　　其次，核查企业是否存在记账凭证错记会计科目的情况。在税务稽查过程中，如果发现企业编制记账凭证时，对"摘要"部分的内容故意不写或模糊填写，则需引起高度注意，企业有可能利用混淆会计科目的方法逃避税款。

　　最后，核查企业是否存在记账凭证错写金额的情况。在税务稽查过程中，如果发现企业不以原始凭证为依据，编制记账凭证时故意少计收入或多列成本、费用，则企业有可能利用错写金额的舞弊手段少缴税款。如：某企业员工报销出差费用600元，该企业编制记账凭证时，故意在管理费用中列支6000元。

（四）财务指标分析

财务指标是一种相对性指标，主要用来评价企业的财务状况和经营成果。通过重要的财务指标分析能够帮助税务稽查部门快速、有效地甄别出会计舞弊行为。

1.存货相关指标分析

存货主要包括在产品、待出售的产成品、或材料等，存货数量大、品类多的特点，导致其在日常经营活动中较难管理，也使其成为会计舞弊的"常客"。税务稽查过程中，重点核查企业是否在存货的取得环节、发出环节及盘点环节通过各种舞弊手段，借机偷逃税款。如：在存货取得环节，企业常用虚构订货单数量、虚增装卸费用和运输费用来多列费用；在存货发出环节，企业通过伪造材料出库单，变更存货计价方法，虚列成本；在存货盘点环节，企业在账簿上只记盘亏，不记盘盈，隐匿收入。

稽查过程中还可以通过一些与存货相关的指标进行分析，如单位产成品原材料耗用率和存货周转率。单位产成品原材料耗用率的计算公式如下：

$$单位产成品原材料耗用率 = \frac{本期投入原材料}{本期产成品成本 \times 100\%}$$

如果企业在外部销售环境稳定的前提下，不同期间的原材料与成本的比例相差较大，则该企业有可能存在账外销售，利用虚增单位成本的舞弊手段调减应纳税所得额。存货周转率的计算公式如下：

$$存货周转率 = \frac{主营业务成本}{\left[（期初存货+期末存货）/2\right] \times 100\%}$$

存货周转率代表着企业的经营运转能力，如果企业存货周转率明显加快，应纳税额却逐渐减少，则该企业很有可能利用隐匿收入或虚增成本的舞弊手段偷逃税款。

2.应收账款相关指标分析

应收账款是企业应向购买方收取的销售、服务、劳务等款项。应收账款通常发生在企业确认收入的同时，它并不具备实物形式，只是一种账面上的债权，具有很强的变现能力。应收账款周转率和应收账款变动率都是常用的涉税风险预警指标，其计算公式如下（该公式所列"销售收入"是指销售净额，不包含销售折扣或折让金额）：

$$应收账款周转率 = \frac{销售收入}{（应收账款期初余额+应收账款期末余额）/2}$$

$$应收账款变动率 = \frac{（期末应收账款-期初应收账款）}{期初应收账款 \times 100\%}$$

企业的应收账款周转率越高说明应收账款回款能力越强。在企业对应收账款管理的政策不发生重大变化的情况下，如果企业应收账款周转率或应收账款变动率在不同期间内超过合理的波动范围，则要考虑该企业是否存在收入舞弊的可能。

3.税负率分析

税负率是当期纳税义务人应缴纳的税款占当期收入的比例，是税务稽查和纳税风险评估常用的重要指标。以销售行业的增值税和企业所得税为例：

$$企业的增值税税负率 = \frac{当期应纳增值税}{当期销售收入 \times 100\%}$$

当期应纳增值税 = 当期销项税额-实际抵扣进项税额

实际抵扣进项税额 = 期初留抵税额+本期进项税额-进项转出-出口退税-期末留抵进项税

$$企业所和税税负率 = \frac{当期应纳所得税额}{当期销售收入 \times 100\%}$$

每个地区的相同行业都有平均税负率，在税务稽查过程中，如果企业在不存在税收优惠的情况下，其增值税税负率明显低于同行业税负率的平均水平，则该企业有可能隐匿收入，或与其他企业互开发票，虚列增值税进项税额，逃避税款。如果企业所得税税负率明显低于同行业税负率的平均水平，则要考虑该企业是否存在虚列费用的舞弊行为。

4.毛利率分析

毛利率是税务稽查过程中常用的评估指数，它是影响企业利润的重要指标。毛利是指收入减去对应成本的值，其计算公式如下：

$$销售毛利率 = \frac{（销售收入-销售成本）}{销售收入 \times 100\%}$$

相同行业的不同企业在同一期间的销售毛利率应该差额不大，而一个发展较为成熟的企业在不同会计期间的销售毛利率数据也应该相对差异较小。税务稽查过程中，在市场经营环境稳定的前提下，如果发现企业在某一期间毛利率大幅度异常波动，或企业产品的毛利率与同行业其他企业该产品的毛利率相差较大，则该企业很有可能通过隐匿收入、虚增成本的会计舞弊手段降低利润，偷逃税款。

毛利为负值也是体现企业舞弊的另一个重要依据，企业在初期筹备阶段会存在销量低、成本费用高的情况，此时毛利为负属于正常现象，但如果企业运营一段时间后，伴随企业的规模逐渐扩大，仍然存在毛利为负的情况，则说明该企业很有可能存在账外销售。

二、优化税务稽查工作的策略

（一）优化税务稽查管理

1.完善税务稽查司法保障体系

（1）完善税收法律体系，提升税务稽查法律层次

在党的十九大报告中，习近平强调要继续深化依法治国，持续推进科学立法和严格执法。为了保障税务稽查工作顺利进行，首先要完善相关法律法规，推进依法行政，使税务稽查工作能够在相应的法律支持上得到有效实施，在各个稽查环节中做到有法可依、有章可循。[①]迄今为止，《中华人民共和国税收征收管理法》（以下简称《征管法》，为我国的税收工作提供了法律支撑。为明确我国税务稽查机构的法律地位，《税务稽查工作规程》也在国家税务总局的制定下应运而生，但由于缺少对税务稽查权限的明确界定，使税务稽查的取证工作与执行工作缺少强制力和威慑力。所以，为了加快我国税收法治建设步伐，建立透明度较高的法律体系，笔者提议尽快落实《税收基本法》和《税务稽查条例》的制定工作，同时完善《征管法》和《税务稽查工作规程》，通过法律的形式，确立税务稽查部门的独立执法主体地位，使得税务稽查法律层次得到提高，税务稽查的各项职能能够得到清晰的界定，使得稽查行为能够在获取证据和采取执法手段时能具备相应的法律依据，加强税收执法的职位权能，与征管部门进行职权上的有效划分，使得稽查自身的问题能够得到

---

① 李晓曼编著.税收风险管理方法与实务［M］.大连：东北财经大学出版社，2015：167.

妥善处理，确保税务稽查具有的独立性，并做到所有的税务稽查工作都能在相应的法律依据支持下合理进行，以强化税务稽查的司法保障，维护税法的尊严。

（2）加强基层税务稽查执法制度建设

虽然《征管法》和《税务稽查工作规程》赋予了税务稽查机构较为明确的法律地位，但由于立法层次和容量不足，基层的税务稽查机构在面对复杂的实际问题时，我国的现行法律法规对处理方式和执法尺度仍没有做到详尽的阐述。国家税务主管部门还需要对部分基层税务稽查配备有相关制度与规程，并采取一系列的配套措施，才能解决基层出现的实际问题，提高法律法规的可操作性。在这样的情况下，国家税务主管部门尤其是省级的税务主管部门必须结合基层税务稽查工作实际，完善部分针对基层的税务稽查制度与管理方法，这样才能切实解决基层税务稽查的工作难点，使基层税务稽查工作具备可操作性。基层税务局也应根据其所属地市的经济发展现状和企业分布特点，在现行法律的基础上，制定行之有效的工作办法，指导基层税务局稽查局更好地开展检查工作，解决目前基层税务稽查执法力度软化的问题，体现和维护税务稽查的严肃性。

（3）完善税警联合执法相关制度

由于我国市场正逐渐对外开放，部分税收领域的违法犯罪行为也随之频繁地出现，随着科技的发展和企业信息化水平的提高，涉税违法行为也呈智能化发展，且隐蔽性较强，尤其是跨区域犯罪问题愈发突出，给税务稽查工作带了不小的困难。这就需要税务部门和公安机关紧密合作，完善税警联合执法的相关制度，有效利用强制性执法手段，坚决落实预防与严打结合，这样那些涉税违法犯罪行为才能到有效制止，国家的税收秩序才能得到完善。

首先应加强税警之间的沟通与合作，每月定期召开税警联合会议，总结当月工作情况并对下月工作进行部署，并分享工作经验，总结这一阶段联合执法工作中存在的不足并加以改进。其次在研究税警联合执法的新制度的基础上，还要改善税警联合执法的实施办法，使之更加切实有效。完善打击税收违法犯罪联合办公的规章制度，建立税警协作常态化、制度化、规范化机制，重新组建以税警联合办公室为主，税警联络员为辅的组织体系，贯彻落实信息传递上报、违法犯罪案件移送和其他相关制度，确保防范和打击涉税违法犯罪行为工作落到实处。除此之外，还要建立税警联合统一调度指挥系统，对税警资源进行有效对接，统一调度指挥，消除人力资源方面的阻碍；建立税警信息共享平台，实现案件数据信息共享，使得双方能够在执法查询方面获得更加方便的渠道，都能够在短时间获得自己需要的信息。①

税警双方要对统一调度指挥系统和信息共享平台进行充分利用和共同维护，加强沟通，做好案件进展的通报工作，务必保证案件的移交进度不受影响，确保案件能够得到高效解决。

2.推进"治理型"的稽查建设

税务稽查工作是税收治理的重要组成部分，面对日益复杂多变的经济发展形势和社会治理环境，单纯的"收入型""打击型"稽查无法实现"系统治理、综合治理和源头治理"，制约了稽查职能作用的正常发挥，对于健全税务监管体系、提升税收治理能力的贡献较小。治理型稽查与"收入型""打击型"稽查不同，注重综合发挥税务稽查查处、震慑、促管、增收等方面职能作用，能够实现治理税收领域违法行为和服务经济社会发展的协调统一。

（1）建设扁平化的组织机构

高效灵活的稽查组织机构，是建设治理型稽查的基本保障。税收征管体制改革让我国税务稽查在扁平化的组织机构上迈出了坚实的一步，但目前运行中暴露出的问题，需要我们继续贯彻扁平化的管理理念，持续完善组织机构建设，提升稽查工作效率。

一是发挥扁平化管理模式的灵活性，持续优化跨区域稽查机构设置。充分赋权给各省、市税务局，由其根据各地经济发展水平和管理状况，综合考虑区域面积、纳税户数、税源结构、收入规模等因素，因地制宜、合理确定跨区域稽查局的数量和管辖范围。税源集中和稽查任务繁重的中心城市、重点城市和经济开发区等，适当增加跨区域稽查机构数量；经济规模较小、案件数量较少的地区应可以结合工作实际，减少机构数量，或实行税务局稽查局和跨区域稽查局合署办公。通过对稽查资源的最优配置，达到应对涉税违法的最大效能。

---

① 陈礼伯, 杨轩, 伍青莲.密切税警协作, 提升稽查质效 [J].税务研究, 2018 (01)：127-128.

二是发挥扁平化管理模式的针对性，明确不同层级稽查机构的职责定位。驻各地特派办是总局稽查工作的执行机构，应该要在总局稽查局的统筹之下，发挥好对国家级层面重大税收违法案件的组织查办、督导落实等职能作用。省、市税务局稽查局要充分发挥对内业务管理和对外执法的双重职能，对内是本级税务局稽查业务的主管部门，统一领导系统的稽查工作，对外要查办辖区内的大案要案，发挥牵头组织作用。对于跨区域稽查局能够集中管理的事项，省、市税务局稽查局尽可能集中管理，减轻跨区域稽查局的行政事务性工作负担，提升跨区域稽查局专业化职能，充实办案力量，聚焦案件查办，充分发挥尖刀作用。

三是发挥扁平化管理模式的沟通效率，理顺稽查运行机制。以上下贯通、指挥有力、运行高效为导向，完善稽查内部业务框架和运行机制，理顺稽查机构上下级之间关系，做到工作统一规划、业务统一管理、资源统一调配，形成一体化的税务稽查工作格局，切实增强稽查机构的协调性和战斗力。

（2）完善税务监督防控职能

第一，严格日常征收管理。税务日常征收管理是指税务机关对企业的税款申报征收、税源调查核实、税收优惠政策落实、领用开具发票等涉税事项的管理和监督。严格的日常征收管理可以从源头上有效扼制会计舞弊行为的发生。首先，要进一步落实《税收征管规范》，完善"金税三期"岗位职责，执行《税收管理员调查任务管理办法》，广泛应用税收管理平台监控征管异常数据；其次，要重新梳理征管流程，整合征管信息资源，强化征管实施手段，细化征管岗位职责；最后，改进征管方式，利用征管数据更加精准地指引日常征管工作开展。充分发挥大数据平台的作用，开展扁平化管理，通过"互联网+税收"的模式进一步提升税收工作质效。

第二，加强税收风险评估。税收风险评估是税务机关根据风险评估指标，对企业缴纳税款、减免备案等涉税行为进行评估检查，通过强化税收风险评估可以有效地降低企业的涉税风险，预防会计舞弊行为的发生。首先，不单要依靠数据监控平台提供的风险评估指标，还要进一步根据税源调查结果，通过数据分析、风险等级排序，信息加工排查等多个环节共同协作提高风险预警监控能力；其次，要探索网格化分类评估方式，加强重点行业和重大事项税收风险分析，探索分类分级风险管理方式；最后，要通过采集涉税数据、分析评估案例建立风险评估模型，设置本地区各行业的风险临界点指标。

第三，强化稽查监督治理。税务稽查在税收风险评估的基础上，对疑点数据进一步稽核检查，并将检查结果反馈给征管，形成一个循环管理模式。税务稽查的有效实施是保障税款应收尽收强有力手段。一方面，要加大企业信用等级制度的推广，建立"黑名单"制度，对重大涉税案件公布并宣传，对心存侥幸的潜在舞弊者起到震慑作用，能有效提升纳税遵从度，进一步营造诚实守信的良好氛围；另一方面，稽查工作的内容是利用准确的会计数据，进行有效的处理和分析。税务稽查人员的专业素质水平在稽查工作中尤为重要，应通过培训等方式提升稽查人员的业务水平，特别是加强对会计信息系统的结构、运行原理、后台数据库的学习，这样可以在检查工作中直接获取企业会计信息系统的第一手资料，而不是得到可能经过加工处理有问题的财务数据，通过对企业的生产经营业务数据进行分析并发现疑点，得出检查结论，从而发挥税务稽查以查促管、以查促收、监督治理的作用。

第四，加大打击力度。税务部门在税务行政执法过程中，应将发现的会计人员违法行为的手段、方法等违法事实，依法进行收集整理，作为提醒或建议事项告知财政机关，以便财政机关有力打击会计人员违法违纪行为。例如，对会计人员提供虚假财务信息，情节较轻的，吊销会计从业证；对违法行为，造成少交税款，情节严重，数额较大的，依法追究刑事责任。对企业法人、股东、经营者、管理者的违法行为一并论处。

3.优化人力资源管理

（1）充实稽查力量

税务稽查工作是整个税收工作中的"重中之重"，对于维护税收秩序、提高征管质量、打击涉税违法犯罪以及促进依法治税等方面都有着举足轻重的作用。但是目前税务机关普遍缺少管理效率意识，对于所拥有的资源缺乏有效配置，将过多的力量放在了征管环节，从而使得税务稽查的力量略显单薄。目前我国税务稽查人员占总机构人员的比重大约15%，还远远没有达到世界各国税稽查人员平均占总税务人员30%的比重，并且随着经济社会的不断发展，税收违法案件的日益复杂化，现有的稽查力量已经越来越无法满足其要求，稽查力量亟待加强。

（2）提高稽查人员素质

建立科学的稽查人员管理机制，优化稽查人力资源配置。应借助改革力量，健全稽查机构，整合稽查人力资源。

第一，逐步改善税务稽查人员的结构构成。不失时机地充实一部分财税专业人员、法律专业人员、会计专业人员、计算机专业人员以及懂外语和西方会计的专业人员到税务稽查队伍中来，优化稽查部门人员结构，塑造一支高素质、强有力、能打胜仗、精干高效的新型税务稽查队伍。

第二，建立稽查人员更新淘汰机制。实行公平竞争的用人机制。必须排除一切干扰，打破身份界限，坚持公平、平等、竞争选拔的原则，做好人才的选拔、调整工作，真正做到能者上、平者让、庸者下，以达到人尽其才、事得其人的目的，同时必须打破一切常规去发展、选拔和培养人才。

第三，引进人才开发战略。人才资源不同于其他资源，它需要长期的知识积累和社会实践过程。为了使税务稽查人员跟上时代的步伐，迎接知识经济时代的挑战，就要重视对税务稽查部门内部各类人才的开发、培养并及时做好准备，提前规划，这样才能够体现人才资源开发的超前性、持续性和全面性，从而有效地保证税务稽查部门在发展壮大中所需的各类人才。

（3）建立考核激励体系

建立科学可行的税务稽查工作考核体系。尽快建立统一的税务稽查工作目标考核体系，内容应包括：稽查业务、廉政考核、纳税服务、队伍素质等方面内容。目标考核体系在整体设计上应尽量采取流程化，各部门、各环节工作目标要相互协调，各项细化要与总体工作目标的相容良好；设置各项目标水平值要切合实际，尽可能量化，方便操作落实；同时要突出关键指标、重点指标，不宜过全、过细，防止指标泛滥，流于形式。工作目标考核体系不仅作为考核稽查部门工作成效的依据，还要跟税务稽查人员的个人绩效挂钩，把考核成绩作为公务员职称评定及奖惩、晋升的依据。要建立税务稽查责任追究制，实行案件终身负责制，如果出现严重工作失误、玩忽职守等问题，要依纪追究行政责任甚至是法律责任。

（4）引入专家

随着税收执法形势的日益严峻，鉴于目前我国现有稽查人员的数量和素质还不能够满足社会经济形势的发展要求，那么借助专家的智慧就成为一个很好的选择。外部专业机构的引用，不仅能够显著提高税务稽查的工作效率，同时也能够对税务稽查工作起到一定的监督制约作用。目前我国社会上存在大量各种类型的执业中介机构，其普遍具有一定的独立性和相当的专业性。我国的税务机关已经有过这方面的尝试，现在所欠缺的，只是如何从法律制度上去制定、去完善利用外部人力资源的相关政策制度，引导他们为国家的税务稽查实践服务，从而达到快速解决疑难问题、打击涉税违法犯罪行为的效果。

4.强化支持与控制

（1）加强税收宣传

对税收的宣传应当是全方位的，不仅仅是税收政策、税收法律，还有税收原则、税收中的国际惯例，提高各界对税收的认识层次，争取社会各界对稽查工作的重视和支持。税收宣传不应"眉毛胡子一把抓"，而应针对不同社会层面的不同需求，突出不同的重点筹划宣传内容。同时，税收宣传必须强化创新意识，在"新"字上动脑筋，想办法。税收宣传不能满足于开大会，拉横幅，发放材料等"轰轰烈烈"的表面形式，而应以群众喜闻乐见，易于接受，动心入脑为目标，采取多种实实在在的宣传形式。最后，税收宣传是一项经常性、持久性、艰巨性的长期工程，要提高全体公民的纳税意识，实现税收的法制化，需要各级税务机关和全体税务干部的长期努力。

（2）健全内部制约，实行规范稽查

税务稽查是税务机关行使执法权的主要单位，在强调税务稽查工作重要性的同时，决不能忽视对其进行有效的监督和制约。只有狠抓反腐倡廉工作，才能把税务稽查事业推向前进。各地税务稽查部门应根据《税务稽查工作规程》等有关法规，结合当地办案实际，制定切实可行的税务稽查管理制度，加强内部管理，使税务稽查工作逐步规范，转随意性稽查为规范性稽查，一手抓打击力度，一手抓监督制约，做到"两手抓，两手都要硬"。要进一步规范税务稽查执法权限和程序，严格执行调查取证与处罚分开，听证、罚款与收缴相分离，选案、检查、审理、执行相分离等制度。既不能滥用权力、滥用处罚，也要坚决杜绝以补代罚、以罚代刑等情况的发生。该立案查处的要立案查处，该移送司法机关惩处的要坚决移送。在日常税务稽查工作中，一方面，要抓好已建制度的贯彻执行，使之落到实处；另一方面，应严格按照《刑法》《行政处罚法》《税收征管法》及其实施细则以及《税务稽查工作规程》《税务行政处罚听证实施办法》和《税务案件调查取证与处罚分开制度实施办法》等有关法律、法规、规章制度行使税务稽查权，用好法律赋予的执法权力，切实做到依法行政、依法治税，避免税务稽查工作随意性带来的不良后果，才能使税务稽查迈入科学、规范、严密、有序、实效的轨道。

（3）建立司法监督体系

随着国家改革开放和市场经济的发展，税收已广泛介入经济、社会的各个领域，处于各种利益分配的焦点上，偷税与反偷税、抗税与反抗税、骗税与反骗税的斗争越来越尖锐。为了打击偷、抗、骗税等犯罪活动，监督国家税收法律、法规的实施，严明执法纪律，各地税务机关纷纷将司法工具引入征管内容，成立了税务检察室、税务公安派出所、税务法庭等，司法手段开始直接参与社会分配。税收司法监督体系是国家司法体系的重要组成部分，是国家税收法制体系不容侵害的内容。税收司法体系是否科学严密，直接关系到国家机器能否正常运转、税收立法能否实施、税收执法能否保障。税收司法除具有司法的一般特征外，还表现出极强的专业性和复杂性，在税收法治和税法运行中占据着显赫的位置，是税收法治的重要内容和税法运行的重要环节。只有建立司法监督体系才能从根本上解决税收征管中的"人治"现象；只有进行司法监督，才能解决以罚代刑、处罚不力的问题。才能确保税务稽查执法行为能够更好地依法、公正、廉洁、高效的得以实施。

5.推进基层税务稽查信息化建设进程

（1）依托"金税三期"系统，提高数据应用能力

以为纳税人和税务机关提供精准服务的目的作为出发点，需要在原有基础上继续优化"金税三期"系统的各个方面。首先要从硬件上提高系统的稳定性，强化系统终端引擎，切实解决系统反应慢、页面无法打开等实际应用问题。其次是完善软件上的功能性问题，如在发票管理系统中，增值税专用发票与一般发票不同，不仅具有商事凭证的作用，还有完税凭证的作用，但在比对

过程中，由于系统内的发票信息仅包括发票金额和流向，具体的货物劳务信息却不完整，导致无法准确验证发票的真伪性。因此要对发票管理系统进行全面优化，完善发票数据信息，从而起到遏制虚开专用发票违法行为的作用。另外从税务机关的角度应严格把控操作中各个环节流程的规范性，不断健全岗位责任体系，提高数据库的信息资料的采集和录入工作的效率，保证数据准确无误，并建立完善的运维机制，做好后台系统数据的维护工作，保证数据库能够实时更新，提高基础数据的准确性，从而为税收各环节提供强大的数据支持。

随着征管体制改革，国地税合并，"金税三期"系统将面对大型的数据并库工作，税务机关应积极面对挑战，在并库的准备、测试、过渡、合并等各个环节严格把关，保证数据的延续性、完整性和系统的稳定性。

（2）建立信息共享平台，打破系统数据壁垒

第一，建立内部信息共享的平台，制定完善的共享制度。通过分析稽查与征管的信息结构，在内部应当加强对税收方面的分析、对纳税的评价估计、对税源的控制管理以及对纳税人的检查这四个方面进行信息的共享，除去关于国家或商业机密以外对生产环境、防伪税控系统、增值税发票电子抵账系统以及协查系统中的数据进行搜集整理，将所有纳税人从开始办理到最后注销的所有信息全部存储在信息共享平台中，便于税务稽查人员在进行稽查工作时可以快速查询到纳税人的相关信息，通过大数据分析对比查找出有疑问的数据进行相关的风险评估计算，以提高税务稽查选案的准确性和效率。完善的信息共享制度的作用主要体现在促使征管和稽查之间形成有效的信息传递，出现问题时能够及时反馈，形成良好的沟通，内部资源可以实现共享，提高征管和稽查的工作效率，双管齐下，共创共赢。

第二，是完善信息网络范围，建立与其他部门的信息接口。这样税务机关就可以直接和政府机构、银行等其他部门实现信息共享。此外，在整个建设过程中，需要由基层的地方政府进行组织协调，整理该地区各个部门的相关信息并汇总到信息数据库中，使税源监控网络达到波及面广，信息齐全准确，更新快的状态。具体涉及以下几个方面：与工商部门紧密合作，由于工商部门掌握较为全面的企业登记信息，税务稽查部门可定期向其咨询，及时掌握企业信息的变更情况，从而分析出企业可能存在的涉税风险点，为后期的稽查选案

工作提供便捷的线索；在建立税警联合执法机制的基础上，加强与法院、检察院等其他司法部门的沟通协作，对其负责的经济方面的案件进行筛选、整理和备案，为稽查案源的选择提供助力；建立与银行等金融部门的合作机制，通过信息资源共享，实时监控涉税当事人的资金流动情况，当纳税人出现走逃失联的潜在嫌疑时，能够及时冻结其银行账户，避免税款流失；与统计部门加强合作，对统计数据进行有机整合，通过分析各行业内的经济指标总结行业税收特点和纳税违法风险；与房产管理部门建立长效合作机制，针对房地产业的检查，当房地产商出现欠税情况时，能够冻结所售房产的二次买卖，为税务稽查部门实施税收保全、抵押拍卖等强制措施提供助力。

（3）打造税务稽查信息化大数据中心

数据要想形成一条完整的数据链，必须使每个环节中的数据互相联系、相互协调、彼此佐证、环环相扣，只有这样，税务稽查人员才能在复杂的数据之间发现潜在的线索。为了加大信息对于税务稽查的覆盖率，提升税务稽查的信息化程度，基层税务部门应加大资金投入，与软件开发公司合作，构建税务稽查信息化大数据中心。数据中心应分为信息库、查账实务和预警系统等三大模块。信息库模块大致由稽查案例库和政策法规库两个部分组成。稽查案例库的主要功能是集成典型稽查案例，为各行业的税务稽查工作提供参考。先将典型的案例输入进信息库中并根据行业所属进行细致分类，具体内容包括该行业的选案途径、检查方法、典型性涉税违法证据、处理处罚时的意见、自由裁量权的使用尺度、执行方式和税款入库情况、纳税人提请行政诉讼情况，等等。借助稽查案例库，在以后的检查工作中，稽查人员能够迅速确定检查方向，大幅提高稽查效率。政策法规库通过集成与税收相关的各类法律、行政法规以及规范性文件等，为税务稽查工作提供强大的法律支持，并开发嵌入式智能搜索引擎，提供多渠道多方式的搜索模式，使稽查人员面对具体的涉税违法行为时能够快速、便捷地利用数据库找到对应的法律条文。除此之外，政策法规库应及时更新维护，使案件审理人员能随时掌握新的税收政策，而且便于查询。

查账实务模块主要功能是用来检查企业的电子账簿，分为采集和查账两大部分。采集功能主要是将企业使用的财务软件中的账务数据进行提取，通过整理形成一份通用的文本数据以供查账功能模块进行分析。采集功能应具备强大的通用性，不仅能对接国内主流的财务软件，如金蝶、用友、浪潮等，同时还能兼容其他规模较小的财务软件，以应对小型企业的检查，实现万能采集。查账功能通过采集来的财务数据，结合数据中心的信息库模块对企业账务数据进行分析，通过对涉嫌偷漏税款项目的一一比对，列举出企业在账务处理中存在的显性问题，稽查人员再根据系统分析出的问题进行详细排查。

除此之外，数据中心还应具备完善的预警机制，对稽查工作的各个流程实施全程监控，基于风险评估的监测结果，及时作出风险预警提示，阻断因操作性失误导致的执法风险，同时针对涉税违法高危行业设置动态监控系统，当纳税人出现潜在涉税违法行为时作出预警，将税款流失风险扼杀在萌芽之中，防患于未然。

6.建立常态化的部门协作机制

（1）加强税务机关内部协作

规范进户执法相关机制，对税务稽查、纳税评估和日常检查进户事项实施统筹管理，依托"金税三期"核心征管系统，建立统一的进户执法案源系统，当纳税人在系统中有了一个案源后，自动禁止其他类型的检查案源生成，防止多头执法、重复进户。对纳税评估的案件来源进行明确，除风险管理推送的高风险案源外，各级税务部门不得利用纳税评估进行自选案件的检查，如检查过程中发现涉嫌虚开骗税等违法犯罪行为的，必须移送稽查部门进行检查，防止纳税评估与税务稽查争抢税源。稽查部门也要摒弃单打独斗的思维，主动适应"放管服"改革下税收管理新变化，密切与征收管理、风险管理、纳税服务等部门的协调配合，建立税收业务条线融通、有机衔接、互促共进的工作机制。在税收风险管理的框架下，建立跨区域稽查局与县级税务局查管互动机制，处理好集约稽查与属地管理的关系，既让稽查部门能够充分利用县级税务局资源，又使县级税务局能够借助联络通道，将日常征管工作中发现的高风险案源移交稽查局查处，快速处置重大税收风险。

（2）推动社会涉税风险防控体系建设

统筹税务、公安、银行、海关、检察院、法院、银保监会等部门力量，建设社会涉税风险防控体系，各部门优势互补，形成涉税犯罪领域内"政府主导、社会参与、标本兼治、打防结合"的综合治理格局。完善和加强地方财税管理和监督，规范财政返还、奖励行为，加强特定行业、重点领域风险管控，缩减涉税违法犯罪利益空间。重点推动税务、公安、银行、海关四部门协作程序化运转，建立四部门联合信息情报共享机制，加快涉案企业和人员信息流、资金流的查询交换速度，实行海关完税凭证自动比对，防控虚开骗税风险。加强和创新税警协作，做实公安派驻税务联络机制，在吸取部分省市先进经验的前提下，在全国范围内加快推进税侦支队模式扩围，建立专业化的联合税侦队伍，由税务机关和公安机关共同指导和管理，结合公安部门的技侦技术、刑事侦查权力和税务的税收专业能力，破除涉税案件取证难的问题，提高案件查办效率。

（二）预防税务稽查执法风险

1.我国税务稽查执法风险防范的先进经验

（1）北京：健全现代化稽查机制

北京市税务局较早开始进行稽查机制建设，经过多年的不断完善和改进，北京税务稽查在优化稽查用人机制、稽查选案机制和稽查监督机制方面颇有成效，监控重大税收流失风险和查处重大违法案件的能力得到大幅提升，进一步健全了现代化的稽查机制。

①科学的用人机制。北京税务稽查的选人用人机制非常严谨，定期组织稽查业务培训和考试，稽查人员必须考试合格才能任职工作。根据专业能力高低和工作类别，将业务科室划分为检查一科、检查二科和检查三科等，分别负责不同类型不同行业的检查工作，比如，检查中如涉及刑事犯罪或国际税收筹划，则由相应科室检查人员分别处理。另外，在实行一些重点集团企业检查中，为了保障检查的专业性，稽查部门会聘任资产评估、金融机构、信息系统、自然资源和机械工程等方面的专家作为顾问，提供专业意见。由此可见，北京税务稽查对于专业化人才的要求很高。

②严密的选案机制。严密的稽查选案机制，是北京税务稽查机制建设中的另一大亮点。北京税务稽查已经普及了信息化应用，九成以上的案件通过信息系统在纳税人信息库中自动选取，然后，随机分配给各检查团队。在实际操作过程中，北京税务稽查部门还有一套严密的风险评估体系，对于发现的涉税疑点，建立涉税风险标准分值，疑点越大，与标准差距越大，被列为重点稽

查对象的可能性也就越大。关键是，这套评价体系是严格保密且动态变化的，纳税人无法根据评价标准调整纳税申报的关注点，进一步保证了选案过程的公平、科学和高效。

③全面的监督机制。监督分为内部监督和外部监督，北京市税务稽查采取了内外部共同监督，齐抓共管的执法行为模式。内部监督主要是通过税务据内部的廉政部门对稽查人员执法行为进行监督。外部监督，一方面，广泛运用社会大众力量，利用联合惩戒黑名单，向社会公布涉税违法个人和企业的名单和税务稽查联系方式，利用社会监督有前科的企业，鼓励大众主动检举涉税违法行为；另一方面，积极公开税务稽查的案件处理过程及结果，利用社会监督来有效减少稽查工作人员以权谋私的执法风险。

（2）深圳：建成完备的人才队伍

随着经济社会的发展，一些企业为了使产品经济利益实现最大化，会利用较为隐蔽的手段进行高级税收筹划，而税务稽查能否敏锐地发现这些筹划，则由稽查执法人员的素质高低来决定。作为经济特区，市场经济高度繁荣，深圳市税务稽查建立了一个储备充足、专业性强、独立执法的人才队伍，从根本上来防范税务稽查执法风险的发生。

①提升执法人员风险防范意识。深圳市税务稽查，采用模拟角色和场景再现的方式，强化稽查执法人员风险防范教育，例如，执法人员因为违法违规行为被隔离审查、拘留判刑等。可以让稽查执法人员起到留下深刻印象，更加清醒地认识手中的权力，了解执法程序、稽查执法文书等可能带来的稽查执法风险。

②创新稽查专业化人才培养方式。税务稽查极度缺乏高水平的复合型人才，这也是很多税务部门都有的共性问题。深圳市税务稽查在这一点上下足功夫，首先，根据稽查执法人员业务能力优劣高低以及工作岗位要求进行相应的分级分类，再制定不同的培训计划，因地制宜，因材施教。例如，针对一些实际查账经验比较少的执法人员，采取"以老带新""师傅教徒弟"；针对"金税三期"运用不熟练的执法人员，集中进行电子系统应用培训。其次，按照行业要求培养专业复合型的人才，根据房地产开发、医药、金融和建筑安装等行业进行分类，再结合执法人员的特长分组培训，归纳总结所查行业的技巧、涉

税疑难点和检查方法。最后，创新培训培养人才的方式方法，深圳税务稽查认真征求采纳稽查执法人员的多种意见，采取理论和实践相结合的方式，探索出了多种形式的培训方法，例如到会计师事务所实地学习调研、交流查案经验等方式，再根据实际情况进行激励考核，进一步提高稽查执法人员的业务水平和操作能力，提升培训效果。

③完善稽查干部奖励和惩罚机制。深圳市税务稽查在干部奖惩方面颇有心得。首先，健全奖励机制，随着八项规定的出台实施和各项政策的健全，稽查执法人员风险高、待遇差，因此产生消极工作态度，在评选先进时，深圳税务稽查不靠论资排辈，一律按照业务能力和水平，评先评优，适当给予奖励。其次，畅通晋升渠道，税务机关干部晋升的渠道狭窄，一般只能走相应的管理岗位，但是管理岗位的数量是非常少的，深圳税务稽查畅通了晋升的渠道，除了管理岗位，还设置了同级别的信息技术岗位和文书岗位，根据稽查专业能力和业务水平来提升，进一步提升基层执法人员的工作活力和激情，从源头上来解决懒政懈怠行为，从而有效规避稽查执法风险发生。

（3）江苏：建立科学的管理体系

江苏省税务稽查通过多种方式建立了一套行之有效、科学先进的管理体系，主要是从建成税务风险管理平台、运用信息化管理手段和进行重点行业区域联动稽查等方面，来提高稽查执法效率，实施精准科学的管理，更好的防范税务稽查执法风险。

①建成税务风险管理平台。江苏省税务风险管理平台以信息技术为支撑，以数量宏大的数据为基础，以风险管理为导向，通过风险应对、过程监控、风险识别、信息收集、目标规划和评价反馈来评价成果应用，该系统包括税收风险特征管理、流程管理、知识库和数据采集四种子系统。稽查人员直接对接执法过程数据、日常征管数据、内部涉税数据以及互联网等涉税数据，对纳税人的生产经营、发票管理、交易对象、登记注册和纳税申报等信息展开分析比对，有利于"对症下药"，在选案环节提高稽查疑难点的分析能力，以便进一步开展执法风险防范工作，保证纳税人可以不受影响，正常生产经营。

②普及信息化税收管理。江苏省税务局的信息化管理水平一直比较高，建成了以大数据为支撑的核心税控系统，目前已实现了选案、分配检查任务、

查询银行流水等流程的信息化管理，以数据化管理为导向，对重点稽查对象进行针对化监控和检查，通过区域联动的稽查模式摆脱了过去属地管理无法全面稽查关联企业的弊病等。江苏省税务局和银行、证券公司等金融机构达成了信息共享协议，数据库与其交易系统互联，稽查部门能够查看企业现金流、资金流等交易记录，及时发现涉税疑点，大大提高了税务稽查部门的办案效率。

③进行重点行业区域联动稽查。稽查执法人员在对重点行业进行检查时，经常会发现行业内有垄断的情况，一般是以企业集团的形式存在，如房地产、银行业、教育机构和互联网等行业，这些涉税企业通过向集团内的其他关联企业转移利润、隐匿收入或者利用地区间税率差、税收筹划等方式，来达到少缴税款的目的，这是稽查部门重点检查的对象。江苏省税务稽查利用全国统一的税控管理系统，打破原有属地管辖的缺陷，可以实现省内不同地区间涉税信息的全面共享。同时，江苏省税务局与公安、银行、海关等部门开展信息共享、共同协作打击税务、欺诈、贪污等经济犯罪，为稽查最大范围内取得数据信息提供了支持。

（4）我国防范税务稽查执法风险的经验总结

从以上分析总结可以发现，国内一些省市稽查执法风险防范在机制建设、管理体系、人才培养等方面有很多经验，值得借鉴。

①推广信息化稽查机制。一些省市已经普及信息化治税手段，围绕核心征管系统，打造稽查数据库，加大了信息技术在稽查选案、检查等环节的应用，主要包括电子查账技术、电子取证技术和电子选案技术等新技术新手段。信息化稽查机制还能将税务系统和公安、银行、金融机构和海关的数据库互联，发挥协同治税的作用。

②高效的稽查管理体系。在现代税收治理体系中，税务稽查不仅要充分发挥打击涉税违法犯罪的特性，提高社会纳税遵从度，还要有效防范税务稽查执法风险，避免造成社会不良影响，维护税务机关执法权威。一些省市税务局建立的稽查工作管理体系，不仅能够清晰定位稽查工作职能，防范税收征管体系漏洞，还能打破不同环节、地区、层级和部门的信息壁垒，达到全系统共同协作的高效率稽查。

③精英化的稽查工作团队。稽查工作任务重，执法风险大，对稽查人员

的专业化要求比较高，一般需要与税收工作有关的人才，比如财务管理、会计学、税收学和财政学等专业。随着信息化大数据的发展，应对不断变化的税收管理新局面，也招录了计算机、软件开发等专业的复合型人才。各省市的人才队伍建设不仅追求数量多，更在追求质量精，旨在打造一支专业能力强、工作经验丰富、对党和人民高度忠诚的精英化稽查工作团队。

2.防范税务稽查执法风险的举措

（1）健全稽查执法监督机制

一要落实执法主体责任。税务稽查执法主体责任风险包括四点：自我监督、外部监督、内部监督和环节管理。落实执法主体责任，必须有健全的监督机制作保障，只有通过有效监督才能真正明确执法主体责任。

一要严格稽查环节管理，明确执法主体责任。税务稽查要进一步落实不相容岗位必分离的原则，运用稽查四环节相互监督制约的机制，分工明确、责任分明，确保事事有落实、责任不落空、过程可回溯，将稽查执法风险防控落实到人。

二要加强内部监督力度，强化责任追究。在稽查系统内部建立起一套风险防控评价机制，对稽查各岗位的执法过程进行评价，实时监控，预警纠正，追究过错责任，实现稽查执法过程事前事中事后的全程监督。

三要有力运用外部监督，合理合法政务公开。构建监督平台，畅通监督渠道，严格执行"双随机、一公开"工作要求，按照工作规定将稽查执法处理结果向公众依法公开，强化打击涉税违法犯罪成果的宣传效果。并定期向公众走访，调查执法过程的合法合规性，及被查企业及社会公众对执法工作的满意度，促进执法工作改进完善。

四要主动接受纪检监督，联合督查内审自检。各级税务稽查部门可主动邀请纪检部门对税务稽查执法过程进行检查，既为检验内部监督效果，也为强化自我约束意识，还可以联合本单位的督查内审部门，让其对稽查执法过程进行日常检查，认真听取意见建议，力争将稽查执法风险降低到最小。

（2）规范稽查执法过程

税务稽查执法过程风险有四点：税收法律漏洞、稽查执法权限、稽查四个环节和稽查工作秘密。为保障稽查执法过程少发生风险，不发生风险，就必须从税收法律政策和稽查执法程序两个层面做好保障。

一要堵塞税收法律漏洞，减少由政策不明带来的稽查执法风险。稽查部门在执法过程中要善于发现现有税收法律存在的漏洞和盲区，积极向有关税政部门反映并提出修改意见，为今后的稽查执法提供明确有力的税收法律保障。

二要建议适当拓宽稽查执法权限，考虑拓宽稽查查账权。面对越来越隐蔽、越来越精准、越来越高端的企业税收筹划，应该适当提升稽查执法强制手段，增加对涉案嫌疑人的滞留权、对未查清事实证据的扣押权、对嫌疑人据不提供的账簿等资料的搜查权。

三要规范稽查执法过程，严格实行不相容岗位相分离原则。稽查四个环节的工作人员要相互制约，相互监督，发现问题要及时上报；还要严格要求检查人员和被查企业在工作之外不得互相接触，不得接受被查对象的吃喝宴请和礼物，与被查企业相关人员存在亲缘或朋友关系的应该回避，不得参与稽查，并由上级负责人做好监督落实。

四要严守稽查工作秘密。不得将检查对象和涉税疑点向任何人透露，签订保密协议，如有违反将追究其法律责任。

（3）找准稽查工作定位

税务稽查工作定位风险包括四点：大局意识、法律意识、保密意识和危机意识。2019年以来，落实减税降费改革举措，进一步优化营商环境，促进社会主义市场经济健康向上发展，是我国税务机关的首要任务，而我国税务稽查面临的最大风险是社会舆论风险。在此背景下，税务稽查迫切需要建设稽查人才队伍，转变思想观念，找准工作定位，加强风险意识。

税务稽查人才队伍建设，必须从上到下地树立风险防控意识，找准工作定位，将工作目标从以前的补收税款提高一个层次，对守法者无事不扰，对违法者严厉打击，避免"劣币驱逐良币"现象的发生，既保障国家税收安全，又合理平稳地规范行业税收秩序、促进行业健康发展。

一是要树立大局意识，在执法过程中，要注意方式方法，做好宣传解释，避免行业性恐慌，杜绝发生负面舆情而影响税务机关权威，要让检查工作平稳推进。

二是要树立法律意识，不侵犯纳税人合法权益，不发生程序违法等不必要的麻烦。

三是要树立保密意识，注意工作纪律，不给违法犯罪分子反应的机会，保证检查深入透彻。

四是要树立危机意识，将执法过程中可能发生的风险充分考虑、未雨绸缪，做好应对预案，化解风险，有序有力打击涉税违法犯罪。

（4）建立稽查区域联动体系

目前，涉税犯罪分子已从简单的虚假申报、两套账等手段转移到税收筹划，通过咨询会计师事务所等专业机构设计一套精密的避税体系，进一步加大了税务稽查的执法难度。

首先，充分利用跨区域协查机制，对享受税收优惠地区成立的公司进行深入核实，从其是否存在真实业务、是否有经营场所、是否为职工缴纳社保等方面着手调查，避免专为享受税收优惠的空壳公司存在。其次，通过区域联动的稽查机制，理清关联企业关系，查找关联交易线索，对同一控制下不同行业公司之间转移定价的行为，按公允价值进行核定征收。最后，对税收稽查执法过程中发现的税收筹划进行经验总结、分类和分析，向税政研究部门提供可参考的实例，共同研究对策，规避企业税收筹划，有效降低税务稽查执法风险。

第七章 完善法律法规制度，加强会计信息失真治理的制度保障建设

　　随着经济的飞速发展，企业管理者、投资人、债权人及政府对会计信息的需求也迅速增长，对会计信息的质量要求也不断提高。然而，在现实社会中，会计信息失真的现象却普遍存在。我国的市场经济的发展起步比较慢，企业的发展历史比较短，因此，在市场当中会计信息失真的问题相较于国外更多。由于相关的法律的不完善，直接造成了在市场当中部分企业利用虚假的会计信息来获取巨额的利润，从而造成整个市场的混乱。

　　会计信息失真形成的原因是非常复杂的，对会计信息失真的治理是也是一个不断完善的漫长而复杂的过程。完善法律法规制度，进一步加强制度保障建设，是防止会计信息失真、提高会计诚信水平的重要保证。治理会计信息失真相关的法律也是随着社会进步而不断完善。从相关的法律的制定到出台，到最后的实践，都需要经过一系列的完善，才能更好地治理各类会计信息失真的问题。为此，一要明确强化治理会计信息失真法律责任的必要性，从法理学角度分析会计信息失真的法律责任及法律成因；二要借鉴国外会计信息失真法律制度经验，英、美、日、德、法等西方发达国家防止会计信息失真制定的相关的法律法规中有许多都值得我国借鉴；三要完善我国治理会计信息失真的法律法规制度，首先要完善防范会计信息失真相关法律制度，其次要完善我国会计信息失真法律责任制度，最后，要完善我国会计信息失真监督制度。

一、强化治理会计信息失真法律责任的必要性

（一）会计信息失真法律责任的法理学分析

权利与义务作为法学的一对基本范畴，权利的行使必须以义务的承担相制约，权利赋予的大小必须配之以相应的义务。从法学的角度对于这一命题进行研究与分析，必须要了解法学的基本概念与内涵，从权利和义务两个层面来进行说明，才能了解会计信息失真当中所面临的法律责任。在这两个层面中，权利与义务是相辅相成的，权利越高意味着所要面临的义务就越多，法律所赋予的权利实际上都伴随着相应的义务，从而更好地处理两者的关系。法的产生基于在资源配置方面，如何进行有效的资源配置，并且发挥最大的效率，实际上就是法在其中发挥关键的作用与影响。由于在整个社会当中，资源相对比较有限，如何在有限的资源当中发挥最大的作用，也是必须要进行认真考量的。从法学的视角来分析，在主体进行相应的行为的过程当中，就是对所要承担的义务在行使的过程中，只有完成相应的义务，法律所描述的主体才能拥有相应的权利。倘若法律义务主体不能有效履行自己的义务，其法律权利或利益主体的权利就不能兑现。法律义务由法律设定或者当事人约定，通过预设一定的法律责任来保障，相关主体在一定条件范围内必须为或者不可为的某种行为，其目的是为了保障权力和权利的有效运行。因此，法律责任的规定是法律义务的体现形式。

从法理上看，会计法律责任作为一种通过惩罚、补救，以期达到减少违法行为，保护法所确认的利益，恢复被破坏的法律关系和法律秩序的纠错机制，其设置不论是内容还是形式，均应体现法的主体行为的责权利相统一原则。从法理学角度分析，可以了解到当前所出台的各类法律条例，就是通过一系列的方式达到减少违法行为的目的，从法理的角度来对行为主体进行约束，对于主体行为的做法进行必要的规范。在这一过程当中，法律的主体会了解到在法理当中所承担的义务以及所拥有的权利，从而达到权利与义务的统一，从而更加有效地指导法律主体的行为，让主体在选择的过程当中采取合法的方式进行相应的操作。一方面，在会计信息失真这一现象当中，所要面临的法律责任主体包括企业管理者、会计人员等，这些主体在其中发挥作用。另一方面，

其他的外部的主体，包括政府工作人员、注册会计师等权利主体都会在其中发挥相应的作用，并且承担一定的义务，行使相应的权利，从而为会计信息的真实性保驾护航。为了保证会计信息生产者和监管者权力的行使，应为会计信息失真的各责任主体设置法律责任。

（二）会计信息失真的法律成因分析

1.会计法律责任制度失衡

我国目前主要通过《证券法》《公司法》《会计法》（修订后的）《注册会计师法》《股票发行与交易管理暂行条例》（以下简称《条例》）《违反注册会计师法处罚暂行办法》（以下简称《办法》）以及《刑法》等相关法律法规，对公司会计信息披露的法律责任问题进行规范。经过对这些法律法规细致分析之后，笔者发现除了《刑法》和《办法》之外，在《证券法》《公司法》《注册会计师法》《会计法》以及《条例》中，对信息失真披露责任人应承担的责任部分，有关行政责任和刑事责任的条款比较多，规定也比较细致，但是对于民事责任则大而化之，甚至只字未提。对于会计信息失真行为的法律责任认定，主要涉及的法律责任为行政责任和刑事责任，而对于其应承担的民事责任认定涉及的相关法律法规相对空缺。

2.会计民事法律制度缺位

会计民事法律责任的缺失在我国法律条例当中是十分明显的，通过笔者对相关条例的梳理，可以发现在会计信息失真方面，我国当前的法律条例当中主要涉及行政以及刑事这两种责任，而对于民事责任的相关法律还是不健全的。尤其是在当前我国法律体系并不完善的情况下，要实现在法律框架内的整体协调，必须不断对当前所面临各类情况进行认真的分析与说明，同时要把民事责任加到法律当中去。从民事责任的具体方式与方法出发进行研究与分析，同时要结合法律当中损失的赔偿方式以及赔偿的价格等等，从而构建起行政、刑事、民事三者统一的法律体系。

正是由于我国会计失真行为中民事赔偿责任的缺失，导致我国市场上会计造假行为愈发严重而得不到法律的制裁。由于缺乏法律约束，他们在巨大利益诱惑面前，更多地倾向于会计造假为其带来的经济利益。笔者认为，随着我国市场经济改革的不断深入，公司经营中的行政主导的比重正在下降，大量的平等市场主体已经参与到公司的经营活动之中。在公司不断开放的大背景环境下，会计信息市场的管理也在不断更新发展，市场主体之间不断发生变化，当这些主体之间产生基于会计信息的纠纷时，采用民事手段将具有更强的针对性。

当前我国的法律正在不断进行完善，在会计信息失真方面也作了许多调整，但是从法律条例的整理结果来看，主要还是针对行政以及刑事责任这两个方面，而对民事责任这一方面所涉及的内容比较少。由于我国市场经济的发展是渐进的，并且政府在其中所起到的作用较多，要完全改变这一情况具有一定难度。从其他发达国家的经验来看，治理会计信息失真，就必须要从民事角度出发，加大损失的赔偿力度，从而弥补受损失人部分损失，更好地完善这一法律体系。

3.会计法律责任失衡

我国法律责任形式根据其性质、功能以及处罚效果的不同主要分为刑事责任、行政责任和民事责任。刑事责任和行政责任的处罚目的主要在于对非法行为进行打击和制止，防止犯罪行为发生；而民事责任的处罚效果体现在对犯罪行为造成的后果进行经济利益的补偿上，为犯罪行为中的受害者提供一定的经济补偿以维护受害者的基本经济权利。做好会计失真行为的法律责任认定，对加强会计信息管理，维护会计市场诚信环境有着重要的意义。然而，在我国会计信息失真的法律责任体系当中，存在着明显的责任失衡。

我国对责任主体法律责任的追究的主要原则是以行政责任为首，刑事责任次之，民事责任最后，在《会计法》《公司法》中没有规定会计信息失真的相应的民事责任问题。对于规范会计信息失真行为，应该建立完善的法律保障体系，其中必须包括法律责任形式中的民事责任、行政责任和刑事责任等三个方面的责任形式。我国目前会计失真行为的法律规范及法律责任认定中，存在严重的法律责任失衡；会计失真行为的行政责任和刑事责任已有很多法律界定，但民事责任却严重缺乏。

对于当前面临的各类会计信息失真的问题，必须要从源头进行法律制度的设计，从而减少这种情况的发生。从当前的实践来看，我国对于会计信息失真的法律体系的建设还存在较大的差距，而这种差距主要体现在行政、刑事、民事这三种责任的权重上，以及不同的责任在不同的情况下所产生的作用。我国当前整体有关会计方面的法律责任比较注重的是行政以及刑事这两种方式，忽略了民事责任在其中发挥的重大作用。由于在实践当中，会计从业人员基本上不受到民事责任的约束，没有赔偿损失的义务，这就造成了会计从业人员冒风险从事不道德的行为，提供虚假的会计信息，从而为自身提供利益需求。在整个会计信息的法律责任体系当中，不同的责任所发挥的作用是不同的，所起到的效果也有着较大的区别，其中行政责任注重的就是对于整个市场的调控，让市场发挥其作用；刑事责任就是针对会计从业人员所面临的各类惩罚；而民事责任主要是从挽回损失的角度出发进行分析与研究，三者的责任共同构成这一法律责任体系。而从国外治理会计信息失真的成功经验来看，在整个法律体系当中，三者是协调发展的，不同的法律责任针对不同的情况以及不同级别的人，更加有效地发挥其作用，解决这类问题。

通过以上综合比较分析，笔者认为，我国会计信息失真行为不断增加的主要原因在于我国会计信息失真的法律责任体系当中，存在着明显的责任的失衡，即行政责任和刑事责任认定力度太小，没有威慑力度，同时，缺少民事赔偿认定办法，对会计失真行为的犯罪者处罚太轻，起不到法律应有的效用。

（三）强化治理法律责任的必要性

会计信息对于企业而言，具有重要的作用与意义，并且可以为企业的战略发展提供方向，更好地服务于企业的发展，为企业创造更多的利润。在宏观方面，会计信息对整个国家有着重要的支撑作用，对经济社会的发展具有指导作用，并且会影响市场经济的经营秩序；在微观方面，会计信息的真实性可以对相关人员起到重要的影响与作用，并且会对投资者的决策行为进行指导。由于利润的驱使，更多的会计从业人员在市场经济当中，通过各种手段来不断增加自身的利益，从而损害整个市场的发展，并且这种行为越来越普遍，成为当前面临的主要问题。一方面，相关的操作主体在进行会计信息披露时，从企业自身的利益出发进行考虑，采用虚假的信息，对市场产生消极的影响，破坏市场的经营秩序。另一方面，主要体现在财务报表上，在相关的利益主体当中，更多的是通过财务报表来进行相应操作，这样方便相关主体进行操作，财务报表的真实性能反映出企业的经营情况。为此，必须要不断加强会计信息的管理，不断增强信息的真实性，更好地服务于企业的发展。

由于法律责任在确保信息真实性当中扮演着重要的角色，为此要加强治理法律责任，不断深化完善相关的体制机制，不断增强自身的能力，建立起完善的法律体系。强化治理法律责任体系具有重要的作用与意义，主要体现在以下几个方面。

一是有利于建立起完善的市场经济秩序。会计信息的披露方式正在发生根本性的变化，会计法制化也已经成为一种发展的趋势，在会计制度当中占据重要的地位。当前普遍存在的会计信息失真的问题已经严重影响了相关的参与主体的热情，成为必须要解决的关键问题，从而为构建会计法律责任体系奠定了良好的基础，更加有利于维护社会经济秩序。

二是有利于保障社会公平的分配方式。会计信息涉及不同的参与主体，财务报表信息实际上就是反馈了利益的主体如何进行相应的分配，对于企业而言，具有重要的作用与意义，并且作用效果比较明显。有效的法律责任体系体现出公平的分配方式，就是根据企业当中的参与主体在其中所承担的责任来确定相应的报酬，实现权责分配。这种分配方式更加体现出公平，更加客观地反映出信息的真实性。

三是有利于保护相关利益主体的合法权益。对于不同的利益主体而言，在会计信息当中所扮演的角色也是不同的，完善的法律责任体系，对于保护相关利益主体具有重要的指导作用。通过法律责任体系的构建，更好地约束违法行为，促进利益主体之间的公平公正。

四是有利于强化市场主体的责任意识。我国当前的市场经济发展在许多方面还存在不足之处，有待进一步解决与完善。而完善的法律责任体系则是强化市场主体的重要体现，对于市场的发展具有促进作用，可以为市场提供公平的竞争环境。完善的法律责任体系更加明确了不同主体的责任，可以让会计从业人员在日常的工作当中不断加强自身的修养，实现自我的发展。

二、国外会计信息失真法律制度的借鉴

（一）国外会计信息失真法律制度概况

会计信息失真问题可以说是世界上很多国家都面临的问题。早期的会计人员只是向业主负责，属于"账目保密"时代，会计信息失真并未引起人们的重视。自1720年在英国发生的世界上第一例上市公司会计舞弊案——"南海公司"事件以来，会计信息失真就成为投资人和债权人关注的核心问题之一。20世纪30年代的世界经济大萧条和金融市场的崩溃，大多数国家都陷入了经济危机，公司纷纷倒闭，成千上万的投资者和债权人蒙受巨额损失。虽然造成这种局面的原因是多方面的，但会计信息质量问题也是重要原因之一。在经历会计信息失真带来的惨痛教训的同时，西方发达国家一直在探索防范会计信息失真之路。综观起来，西方发达国家对会计信息失真的防范，实际上就是制度创新、制度变迁和法制不断完善的过程。①笔者主要对英国、美国、日本、法国和德国等五个发达国家防范会计信息失真的法律制度发展历程进行分析，以此为我国提供借鉴。

1.英国防范会计信息失真法律制度

1720年"南海公司"事件凸显了英国会计信息失真，对此英国政府颁布了《泡沫公司取缔法案》，以便有效遏制和防范会计造假事件的发生，从而规范会计信息披露和保护投资者。1844年英国政府颁布了《公司法》，规定了会计与审计的基本条款和与此相关审计程序，同时对企业的会计账目与会计报表的审查也做了具体的规定，也就是应由有资质的会计师审查。1942年英格兰会计师协会还专门发布了《会计原则建议书》，在此基础上建立了相应的具有独立监督资质的会计准则委员会，对原来的会计事务公告标准进行了修订，同时根据经济发展情况而制定了新的会计准则。②1987年英格兰银行推动了审计委员会制度在银行的建立。并设立了专门的公司治理财务委员会，发布了与此相关的报告，认为上市公司应建立审计委员会。2002年11月，英国会计基金会下属的审议委员会发表了一份题为《投诉与惩戒程序》的研究报告，审议委员会

---

① 苏慧玲."浅论西方国家会计信息失真"［J］.科学之友，2007（05）：108.

② 王建忠主编.会计发展史［M］.大连：东北财经大学出版社，2003：145.

认为此报告的作用是：进一步明确投诉与惩戒制度；确保职业投诉符合相关要求；为减少投诉起到一定的预防作用。

2.美国防范会计信息失真法律制度

美国会计信息披露相关的法律主要为《证券法》和《证券交易法》，其都是20世纪30年代颁布的，其中规定股份公司发行股票时需要提供真实可靠的会计报表。《证券法》中具体规定了股票首发时相关的招股说明书中应满足的信息真实性要求。而后一部法律则对二级市场交易中出现虚假信息的处罚情况进行了规定。此外美国财政部还建立了一套公认会计准则，主要是对企业提供的会计报表作出了明确清晰的规定。会计准则可以用于对会计师在审计时提供依据和参考，同时为保证会计信息质量打下了基础。[1]1938年，"迈克森·罗宾斯药材公司倒闭案"发生，于是审计委员会制度应运而生，即设立专门委员会来从社会中选取符合要求的注册会计师，该委员的人员组成应该符合要求，其主要职能还包括参与洽谈审计范围，并保证注册会计师客观独立性。1974年SEC发布会计公告而强制要求上市公司建立审计委员会。1978年纽约证券交易要求凡是在此交易所发行股票的公司，都应该设立审计委员会。

进入21世纪，很多会计造假丑闻事件相继发生，如安然、世通、安达信、普华永道等，对此，美国政府进行了系列改革：（1）制定相关立法。主要是制定并颁布了《奥克斯利法案》，主要是对企业的信息披露和证券市场行为做了相应的限定，同时设立了严格的审计制度。其主要内容有：创立拥有调查、执法和惩罚权的"上市公司审计监督委员会"；创立有关徒刑和罚金增加的证券欺诈罪；制定条例对揭发公司欺诈的人提供更多的法律保护等。（2）监管部门强化监控职能。随后美国证交会还对原有的上市公司信息披露规则进行了相应的修改，主要修改对象包括：内部人买卖股票报告制度；会计信息披露制度和会计政策。对会计制度进行了完善，主要有：设立会计监督委员会对原有的会计审计和咨询业务进行分离处理；对这些会计制度进行了细化，以期通过这些来减少公司会计报告的可操纵性。[2]（3）对原有的法律责任承担方式进行了改进。制定颁布了《统一会计法》，其中规定虚假会计信息制造者由

① 苏慧玲.浅论西方国家会计信息失真[J].科学之友, 2007（05）: 108.

② 仇俊林, 范晓阳.企业会计信息失真问题研究[M].北京: 人民出版社, 2006: 381.

无限连带责任改为比例责任，后者还限定了注册会计师渎职和违约案的起诉时效。

3.日本防范会计信息失真法律制度

日本在20世纪40年代末制定了《证券交易法》和《企业会计原则》。主要相关内容如下：（1）对会计职业和证券交易活动进行了相关规定。与此相关的法律还有《税法》和《商法》等，其中，《商法》主要立足于保护债权人利益，对从事生产经营的个人、企业法人的会计核算予以规制；《证券交易法》主要立足于保护投资者利益，对有价证券上市或有价证券拟上市公司的会计核算进行规范；[①]《税法》主要立足于细节化的会计处理方法，对具体的会计实务予以规范；《企业会计原则》主要立足于企业会计制度统一，对会计技术予以规范；（2）会计监管体制。《公认会计士法》在规范注册会计师行为方面有重要的作用。金融厅的行政管理可以实现的功能包括：监督相应的会计师执业质量，制定并修改此方面的管理制度；注册会计师需要履行如下几方面的职责：对会员进行指导，并监督起相关行为。（3）会计监察人制度。由董事会依据相应的会计管理制度而设立会计监察人，可以审查董事会提交的会计报表，其属于外部监察者，因而独立性较强，可以起到更有效的监督作用。会计监察人需要取得相应的任职资格，且是股东全会聘任的，可以根据需要对公司的会计账簿进行审阅和调查；在需要情况下可以对公司的业务及财产进行独立的调查。

4.法国防范会计信息失真法律制度

法国是国家统一会计的率先倡导者。《会计总方案》由法国全国会计委员会颁布，在其整个会计法律制度体系中发挥着基础性作用，是财务会计和报告的核心。法国的税法与税制建设对会计法律制度体系建立与发展有重要影响。坚持按"财务关系年"进行核算，并采用了账面公开制度：纳税申报收益须与"财务关系年"中的账面会计记录和会计报表上的收益一致；费用也只有在账面上有正确反映时，方可按规定在收入中扣除。这样，法国的现代会计制度改革便必须正确而充分地体现会计收益与纳税收益相一致的原则，必须解决

---

① 梁钰.我国防范会计信息失真法律制度的完善研究［D］.南昌大学，2010：16.

财务报表编制、调整、合并与信息披露方面的问题。而法国主要监管机构及其职能主要有国家会计委员会、会计监管委员会、证券管理委员会。其中，国家会计委员会隶属于财政部，对会计问题发布规则和建议，对维持现行计划负首要责任，为需要监管的会计事务提供咨询，其本身没有制定和实施法规的权力，它所提出的建议和修订意见都需通过财政部门的批准。会计监管委员会是将国家会计委员会的规则和建议转换成相互关联规定的机构，经过部级批准，其规定刊载于官方杂志上，具有强制性权力。证券管理委员会负责监管新发行市场以及地方性和全国性的证券交易所，法国公司传统上较少依赖于资本市场，该委员会就只具有重要但有限的影响。历史地看，法国的会计职业和审计职业已分离。公共会计协会（OEG）受财政部管辖，通过会计监管委员会和国家会计委员会参与制定会计准则。独立公共审计人员的职业协会——国家法定审计师协会（CNCC）受司法部管辖，发布职业审计建议。

5.德国防范会计信息失真法律制度

德国是一个高度法治的国家，运用法律协调经济关系、解决经济问题是其特色之一。早在1794年，普鲁士人的共同国家法律中就提到了"合法簿记"，19世纪初制定的《商法》则已经包含了对簿记的一些最基本的规定。1937年，德意志帝国分别制定了《股份公司法》和《股份两合公司法》，并于1965年将这二部公司法合并为一部《股份公司法》，该法具体规定了合规性簿记的总体要求、会计报表及其项目的计价以及会计报表附注内容等。在20世纪80年代德国根据欧共体第4、7、8号指令修订形成《商法》。《商法》是各类法律形式企业必须遵守的"基本法"，它为企业之间展开公平竞争创造了平等的前提条件，必须保持它的完整性、普遍性和"基本法"的地位。同时，《商法》指出按税法的簿记（也称为税务会计）的决定作用原则，决定作用原则的含义是：按商法的会计计价，只要在税法中不存在另行的强制性的规定，对税务报表也适用。这说明，《商法》的簿记及其报表构成了企业纳税的基础。既然按《商法》的簿记是企业纳税的基础，那么把《商法》作为会计规范的基本法就更有利于为各类法律形式的企业建立统一、公平的纳税基础，也避免了在各种法律中都对会计基本规范作出规定所带来的不统一的可能性。经过1985年会计规范法律体系的大调整以及对欧共体指令的"植入"，德国基本建立起了既符合欧共体要求，又相互补充协调的会计规范法律体系。

（二）国外会计信息失真法律制度借鉴

1.强化法律法规制度建设

法律法规制度的建设并不是一蹴而就的，需要随着实践经验的累积和国外相关立法经验的有效借鉴，这样就需要通过会计法律的多次博弈才能逐步完善。也就是说，在强化法律法规的制度建设当中，绕不开会计法律博弈理论的应用。唯有通过对会计法律的相关利益方进行多次的博弈，最终达成对会计法律的共识和一致，会计信息失真现象才会避免发生。而通过对国外会计法律的解读得知，国外关于会计信息失真的法律规制是经过多年的累积才形成较为完善的法律，通过会计主体的不断博弈来达到会计法律法规的完善。总而言之，治理会计信息失真和法律制度的完善存在一定关系，在治理过程中可以促进相关法律制度的完善，为了有效地治理这种情况，并提高会计信息质量，就需要进行严格的会计法律制度建设。而这种建设也是一个动态发展的过程，需要和相应的社会环境情况相协调，并受到这些环境的制约。当环境发生变化时，制度的有效性就会变化。因此，很有必要对相应的制度进行完善和改进。美国政府在此方面积累了大量的经验，对相关法律作了多次修订，从而使得这些法律更加完善和有效。在多次修订之后会计信息相关的法律制度已经相对很完善了。

2.加大法律制裁力度

"法律要保护投资者就应该对财务公开负责者的工作差错和舞弊行为严加惩罚。"[①]法律责任是法律能够有效实施的保障，明确的、有力度的法律制裁是对会计造假者的惩罚，也是对受害者的补偿，是防范会计信息失真最有力的武器。当然，法律制裁力度的体现并不仅仅是法律责任，还包括罪名的增加，也就是通过罪名增加和法律责任的加重来规制触犯会计法律的违法者，使其违法成本剧增而不敢以身试法。同时，经济学认为，理性的经济人做任何事情时都会进行成本——收益分析，只有收益大于成本，人们才会去做这些事情。反映到会计信息失真案例当中，违法者在利益大于成本的条件下，才会敢

---

① 庞琬琦.会计信息失真的法律责任研究[D].吉林大学, 2016: 15.

触犯法律来获得巨额利益。而美国政府在《萨班斯–奥克斯利法案》中，就是通过加大欺诈罪的处罚力度，并增设同一体系的罪名来编织会计信息失真的法律网络，以便把人们的行为引导到有利于整个社会的方向，起到有效制约会计造假的作用。

三、完善我国治理会计信息失真的法律法规制度

（一）完善防范会计信息失真相关法律制度

法律法规不能一成不变，应是随着社会环境的变化而不断发展完善的，要不断修改、完善法律法规，使之与不断出现的新情况、新问题相适应，才能够更好地发挥法律效力。针对会计信息失真这一现象所产生的原因查找法律规章制度的缺陷与不足，从而完善法律法规，达到防范会计信息失真的目的。应大力加强法制化、规范化建设，积极推动《会计法》《注册会计师法》等法律法规的修订，将《公司法》《证券法》的相关处罚规定与《会计法》《注册会计师法》统一起来，统一政府各监管部门的执法尺度，全面提升会计监管的层面和效果。

1.完善《会计法》的建议

《会计法》是调整会计行为的基本法，对防范会计信息失真起着关键性作用。完善《会计法》的近期目标，即应当主要围绕解决会计工作主要是会计信息质量监管问题，重点强化对会计工作的外部监管，使监管工作责权明确并落实到位，提高监管的力度和权威性，使法律具有威慑力。完善《会计法》的长期目标，即应当在实施近期目标的同时，着眼于长远，按照在改革中不断成熟的市场经济体制、会计管理体制以及法律体系等的要求，重新设计我国会计基本法的体系、调整范围和基本构成，以实现市场经济条件下对会计工作的监管要求。

（1）更改会计职能。完善《会计法》，需要重新审视会计人员是否能够真正拥有《会计法》中所赋予的监督职能。在我国市场经济新形势下，会计属于企业的内部管理活动，会计人员应当承担"控制"职能，即会计人员除了进行会计核算外，应当以企业经营管理目标为依据，对企业的经济活动实施内部控制。内部控制制度是现代经营管理的一项重要制度，《会计法》可以在进一

步明确政府监督和社会监督的具体要求的同时，突出内部控制的内容，在法律规定中对有一定规模的企业的内部控制制度建设提出原则性要求，以督促其加强内部控制制度建设。

（2）完善法律责任。"任何法律都不能没有牙齿，制度只有以责任为后盾，才具有法律上之力。一切以法律形态实现的目的、宗旨、理念、权利皆是如此。"①法律责任应当是体现《会计法》权威性和威慑力的关键因素，制止会计信息失真问题，仅依靠行政制裁是不够的，对情节严重的会计违法行为，必须加大惩治力度，依法追究刑事责任，这是提高《会计法》威慑力的有效方法。现行《刑法》中关于会计犯罪仅设立了虚假财务会计报告罪、打击报复会计人员罪，相对于会计秩序混乱的状况而言是远远不够的，可以增加罪名，或者扩大主体范围，以打击会计工作中的违法犯罪行为。例如可增加扰乱会计秩序罪名，明确以制裁乱设账、假造凭证以及隐匿、故意销毁会计资料等导致会计信息失真的违法行为，并在此基础上，扩大主体范围，凡是对外提供会计报表的单位，都适用该条规定。

2.完善《公司法》的建议

为了能够更加有效的防范会计信息失真，《公司法》应在以下几方面进一步完善。

（1）将有限责任公司股东的查阅范围由会计账簿扩展到原始会计凭证。这是因为有限责任公司并没有强制披露会计信息的义务，其财务报告也缺乏股份有限公司那样的外部监督，容易存在造假的可能性，会计账簿很容易伪造，仅靠查阅会计账簿，是很难发现会计质量问题的，而原始凭证更能反映出经济业务的真实情况，所以应将股东的查阅范围扩展到原始会计凭证同时，取消"公司有合理根据认为股东查阅会计账簿有不正当目的，可能损害公司合法利益的，可以拒绝提供查阅"的法律条文，因为对于"不正当目的"是很难判定的，大多是靠猜测，没有权威性。

（2）建立审计委员会制度。由于会计信息是由管理层负责提供，而管理层的聘任显然受大股东意志的支配或影响，为了防止内部人控制和制衡管理层

---

① 杨志华.证券法律制度研究［M］.北京：中国政法大学出版社，1995：250.

和大股东在会计信息方面的权利滥用，应在《公司法》中增加建立审计委员会的规定，对受制于经理层的会计信息进行再监督。虽然现行《公司法》规定股份公司的监事会负有监督职权，但如果监事会成员不具备会计专业能力，则很难履行财务监督的职责，同时，监事会成员大多在公司兼任内部职务，很容易受到公司各种内部利益的制约，致使监事会缺乏实质上的独立性。审计委员会设于董事会下，代表董事会负责对公司财务报告和经营活动进行独立性的评价和监督，是公司内部控制的一种手段，可通过监督公司内部控制的有效性、财务报告的公允性以及为董事会决策提供依据，把监督机制引入到公司的决策上，可以在很大程度上弥补监事会的功能缺陷。

（3）强化监事会的监督职能。监事会可履行审计委员会以外的监督职能，对执行公司规章制度情况的监督，对是否有违法现象的监督，以及对其他危害小股东利益以及公司利益行为的监督。应在《公司法》中强化监事会独立性的规定，赋予监事会实质上的独立监督权。加大外部监事的比例，并赋予监事会更大的权利，使之与董事会完全独立运行，实现监督作用。并从法律规定中进一步加强监事会的监督地位，强化监事会的监督手段。做到监事会成员有责、有权、有利，实现责权利的对等统一。只有这样，监督职能才能确保到位，公司经营管理质量才能得到明显提高。

（4）完善股东代表诉讼法律制度。首先，应按照保护股东权益的基本原则，降低《公司法》对原告股东资格的要求，同时对股东资格作必要限制。对持股期限可以规定为3个月并降低持股比例要求，同时还必须规定有例外情形，如公司成立不满规定的持股期限的、股东对其持股后发生的侵害行为提起诉讼的情况等，不受持股期限限制。为能够保证大多数投资者具有原告股东资格，应借鉴美国的"同时所有权原则"[1]。防止那些在知悉董事等人的违法行为后，为了谋取不正当利益，故意购入股份以取得诉讼资格的情形出现，要求股东在维持代表诉讼时始终具有股东身份，这主要是考虑到原告股东与诉讼结果之间存在间接利益关系，如果在诉讼期间，原告股东身份丧失，则其与诉讼结果就毫无联系，此时除非有其他符合条件的股东作为原告承继该代表诉讼，

---

[1] 在美国，能够提起代表诉讼的人应当是在不恰当交易行为实施时就已经是公司的股东，并且，一般说来，在诉讼期间，他也须是公司的股东——笔者注.

否则法院应当裁定终结诉讼。其次，应明确公司在我国民事诉讼中的法律地位。如果要更好地实施股东代表诉讼制度，必须明确公司的法律地位。从我国现行民事诉讼程序的实际出发，借鉴国外相关法律规定，在我国民事诉讼框架内，公司应作为无独立请求权第三人参加诉讼。最后，针对诉讼成本与利益归属的不公平问题，法院可以根据致害人的情节和危害程度，判决其在一定时间内不能取得公司收益，也可以根据情形认定其不适合继续担任公司的董事、监事或经理等，情节严重的还要追究其刑事责任，提高董事、监事、公司高管等违法的成本，有效防范会计信息失真。

3.完善《审计法》的建议

为使《审计法》能够有效地发挥其效力，更好地防范会计信息失真，应完善以下内容。

（1）完善法律责任。应完善《审计法》中对被审计单位及审计机关的法律责任的规定，明确规定审计机关有权依据哪些法律对被审计单位进行具体的定性处理，对违反审计法规定的单位、单位负责人和其他直接责任人的责任追究作出具体规定，使审计机关享有的监管权力落到实处。同时，也应进一步明确规定审计机关和审计人员不正确行使职权所应当承担的法律责任，体现责权统一。

（2）建立审查结果公告制度。由于审计结果直接反映和验证了公共受托责任的履行情况，所以审计结果公告必将引起被审计单位和社会公众的关注，产生极大的社会影响。《审计法》将审计报告作为审计结果的最终载体，并向社会公布。可借鉴审计准则在风险控制和质量控制方面的新规定，构建新的政府审计准则，准则中还应该对审计结果公告的内容、审批程序、公告程序等作出详细规定。审计结果公告的基本程序可分为准备、实施和终结等三个程序。准备程序主要有审定公告和审核批准两项工作：审计结果公告一般是在审计报告的基础上形成的，在遵循审计结果公告基本原则的前提下，审计结果公告的结构和内容也可根据公告需要作适当调整。审计结果公告的审定工作一般先由审计组根据审计结果公告的原则在审计报告的基础上出具审计结果公告清样，再由审计机关复核机构进行审定。审定以后，由审计组根据审定意见，修正审计结果公告，报审计局局长审查并签批，再报请政府领导批示。审计机关根据政府领导批示的意见对审计结果公告进行完善以后，方可进行公告。实施程序主要是审计机关对审核批准的审计结果公告正式文书，选择适当的时机和适当的形式进行公告，一般应通过报纸、电台、电视台等形式进行公告，这样有利于大多数公众了解审计情况，提升审计公告的效果。终结程序主要包括两项工作：一是搞好跟踪审计。对审计结果公告的问题尚未整改纠正的要进行跟踪审计，督促整改。对性质严重的违纪违规问题且整改困难的，要依法移交有关部门进行处理。二是建立公告档案。审计机关要建立审计结果公告档案，对审计公告各个程序的文件、资料以及公告后所产生的社会效果等进行收集整理归档。但是，随着审计结果公开程度的提高对审计质量提出了更高的要求，如果审计人员出现了判断失误或采取不恰当的审计程序和方法，公布了含不恰当意见的低质量的审计结论，必定会降低政府和审计机关的公信度，甚至损害国家审计结果的权威性。我国现有的法律规范已经不能满足政府信息公开的要求，加大了审计结果公告的风险。要降低审计结果公告的风险，还有待审计规范体系的健全。

4.完善《注册会计师法》的建议

注册会计师作为会计报表的鉴证者，被誉为"经济警察"，是确保会计信息真实可靠的重要防线，因此，完善《注册会计师法》，规范注册会计师执业行为，是防范会计信息失真的有效途径。

（1）建立对注册会计师的监管制度，进一步明确以财政部门为主导，证监、审计、工商等部门相配合的行政监管体制，形成政府监管合力。

（2）细化和明确法律责任条款及适用情形，特别是增强审计责任认定的可操作性，确保处理处罚的客观公正。

（3）协调立法，将《注册会计师法》的相关处罚规定与《公司法》《证券法》统一起来，统一各监管部门的执法尺度。

（4）加大惩处力度，将行政处罚与民事责任、刑事责任的追究衔接起来，形成完整的法律责任追究机制，督促注册会计师增强风险意识，提高注册会计师的执业质量。

（二）完善我国会计信息失真法律责任制度

目前我国已经建立起了基本的与当下社会经济秩序相吻合的会计法律，

例如《会计法》《证券法》等。但是随着世界经济的发展，以及近些年我国会计信息披露状况的不实，会计信息失真现象泛滥，给我国经济健康状态带来冲击，也给我国的国际贸易信誉带来严重影响。因此，进一步加强我国有关方面的法制建设是十分有必要的。完善会计、审计等相关法律，加强与别法的连接融合，使处罚有理有据；同时加大行政处罚力度，并且使行政处罚的责任人具体化、体系化，解决各现行法律中责任主体规定不统一的问题，[①]使其有较强针对性，起到治标又治本的效果。加强会计监督机制，使其最大程度地从根本上解决会计信息失真带来的危害。

1.厘清法律责任的归属

会计信息从生成到披露经过很多环节，主要涉及人员如注册会计师、会计工作者、政府管理人员、投资者。在此情况下就需要通过法律规定来厘清相关责任主体的法律责任。

一是会计人员的法律责任。会计人员直接负责编制会计报表，其对这些信息的真实、完整负有直接的责任，在主观故意并造成严重后果时应当承担刑事责任。

二是单位负责人的法律责任。这种会计信息失真一般是单位领导授权下的，或者对会计信息失真行为没有进行阻止的，应承担主要法律责任。

三是注册会计师的法律责任。其在此过程中应该承担相应的连带责任，这主要是由于其一般协助企业做假账，对其进行的处罚主要是依据会计信息失真导致的后果，如果导致了严重的经济后果，则依据提供虚假证明文件罪来进行处罚。

四是有关政府部门的法律责任。与此相关的政府机构较多，主要有审计，税务和审计部门。其对企业会计报表审查时，由于没有尽到相应的责任而导致严重后果的，则需要对失职负法律责任。如果相关的会计报表在经过多层批准之后，也没有发现问题，并对投资者的利益造成损失，则如何对各级政府机构进行责任划分。有些研究者认为政府部门应该对自身的审查结果负责，在审查结果得到上级部门的认可后，下级部门可以对此不负责，这样可以明确多

---

① 许家林, 张华林.法理视角的会计法规体系协调研究[J].专家论坛, 2007(05): 32.

头监管情况下相关方的责任。

2.强化会计信息失真刑事责任制度

我国现行刑法对于会计信息失真责任问题有几点不足。首先，相关条款规定不全。对于《会计法》中所规定的"构成犯罪的，依法追究刑事责任"，但在《刑法》中却无法找到相对应的法律条款，法无明文不为罪，这就使犯罪分子往往都逃脱了应有的法律制裁。其次，刑法中相关罪名量刑较轻。1995年全国人大常委会通过了《关于惩治违反公司法犯罪的决定》，其中"提供虚假财务报告罪"的设立，标志着我国正式将会计违法行为纳入刑罚调整的范围，这对会计行业的规范性而言是一个历史性的举措。如今我国现行《刑法》第一百六十一条对"违规披露、不披露重要信息罪"进行了具体的规定，对公司企业的财会信息披露质量问题制定出较其他法律法规更为严格的惩罚标准，但从最高刑三年与最高罚金二十万元来看处罚力度还是不尽人意。美国在有关会计信息失真问题上的刑罚制度要比我国严厉得多。由于2001年和2002年美国连续出现了安然事件和世通事件，在极大影响了当时美国资本市场的信任度后，美国政府急切地通过了《萨班斯-奥克斯利法案》以控制会计信息披露失真带来的恶劣后果。在该法案中，加重了对违法行为的处罚措施，其中相关犯罪中最高刑可判入狱25年，个人可判罚金500万美元、单位可判罚金2500万美元。这样的惩罚力度可想而知，它不仅对有心犯罪的人发挥了充分的威慑功能、更对广大人民有教育意义，同时又鼓励了人们遵纪守法。

笔者认为，加强相关的刑罚力度，使之完整化、权威化，让违法行为有法可依，才能使刑法发挥巨大的震慑力，让违法者在法律面前望而却步。

首先，对《刑法》中现有的会计相关法律完善执行。在我国现行《刑法》中已有相当数量的罪行针对会计行业的违法犯罪行为设立，比如"虚报注册资本罪""违规披露、不披露重要信息罪""隐匿、故意销毁会计凭证、会计账簿、财务会计报告罪"等直接通过罪名列举出了会计违法行为，使法律更有针对性的惩罚相关的犯罪，再比如"欺诈发行股票、债券罪""妨害清算罪""虚假破产罪"等，也均是通过造假会计资料从而达到犯罪目的的，我国法律也自然不会漏掉。同时，在《会计法》和《注册会计师法》等其他会计相关法律中也对会计行业的犯罪行为进行了规定。会计人员长期接触大量财物难免会受利益驱动，为了满足自己的私欲甘愿冒着违法犯罪的风险，视执业操守和法律法规于无物，进行会计造假的行为或是有关监管机关、执法部门为了地方利益而放松执法，导致会计违法之风不断。故而，严格执行现有法律，才能体现出法律设立的意义，才能树立法律的威严性，不能将良好的法律制度变成现实生活中的一纸空文，司法中的纸上谈兵。法律只有有效地执行，才能起到预期的作用。

其次，扩大刑事责任的处罚范围。虽然我国现行《刑法》中已经对会计信息造假行为进行了一定的规制，但是随着经济模式的多样化，会计信息造假的手段也可谓是层出不穷。上有政策、下有对策的不良之风在企业中表现得淋漓尽致。很多严重的会计信息造假行为并未在法律中得以涉猎。因此，应当将下列行为犯罪化：（1）对于不依照我国法律相关规定设立企业会计账簿，从而致使国家监管不能顺利进行的；（2）私设会计账簿、另立会计账簿的，情节严重，严重影响反映公司实际经济状态的；（3）强令财会人员对正常会计行为进行造假，情节严重的；（4）伪造、变造会计凭证等会计资料、会计信息，情节严重的。在此基础上，建议《刑法》分则中细化具体的有关会计信息失真的罪名，使之与具体的会计相关法律相适应，使整个法律体系更完善，融合更加密切。另外建议详细列举具体的违法行为有哪些，例如：伪造、变造会计凭证的行为，隐匿、销毁会计资料的行为，以及受外界因素使得财会人员违反会计行业规定对会计信息造假、损毁的相关违法行为等。在处罚力度上也应严格，并且规定与其行为相匹配的罚金政策，从法律多个角度增加违法成本，使违法者的不法目的被扼杀。建议严格实行双罚制，不仅要对涉案单位判处罚金，同时也要对单位中法人代表及其他责任相关人追究刑事责任。

3.强化会计信息失真行政责任制度

就我国现行的会计相关法律来看，在行政处罚方面表面上来看很具体，监督也很严密。对具体的会计违法行为作出的相关规定都很详细并且有相对的处罚方式，在监督方面，既有政府部门监督，又有审计部门的社会监督，还有企业内部的自我监督。按理说，目前我国社会经济秩序良好，会计信息失真问题应该得到充分的遏制。然而事实是这样吗？在以往的经济案件中涉及会计信息披露问题的几乎没有是通过上述监督管理部门发现的。这就充分说明了，监督部门过多带来的危害，看似好像由多方面共同制约，但结果却是各部门之间相互推诿。在惩罚方式和惩罚力度上也出现标准不一致的现象，导致会计信息披露治理的混乱局面。这也正是以行政责任作为主导来解决会计信息失真现象最大的弊端。

虽然一味靠行政手段来治理现如今日益猖獗的会计信息失真问题存在缺陷，但行政责任对于这一现象的处理仍然是不可或缺的必要途径，也是其他责任形式不可替代的。因此，我们要做的是改革对会计违法现象行政治理机制，明确各行为的主管机构，树立权威性。

第一，政府财政监管机构要统一、权威。当前对会计进行监督的方式很多，企业内部要进行监督，社会各界也进行监督，但是在众多监督形式中仍然应当以政府职能部门的监督为核心。我国企业的内部控制环节较为薄弱，社会监督的权威性又不够高，那么此时政府相关部门的作用就显得尤为重要。政府部门的监督是效率最高且最科学的，它对于整个市场的宏观控制、资源的合理分配、市场走向的纠正都有着重要的意义。在许多西方发达国家，认为市场力量才是促进经济发展的首要力量，政府力量只能作为其次。他们通常崇尚的是企业家精神，而非政府干预。推崇私有制和自由市场经济。尽管如此，在监督管理方面，西方国家仍然极为重视政府的作用。无论是从制度构建、规范立法还是维护社会经济秩序，政府职能部门都功不可没。比如前文提到的美国的《萨班斯-奥克斯利法案》，该法案除了进一步加强了对相关会计违法犯罪行为的刑事责任外，另外一个主要内容就是建立独立的机构来监管上市公司审计，更强化了政府对会计的监管。这部法案不仅影响了美国有关会计监管方面的走向，同时给其他国家政府实施会计监督带来了深远的影响。加大政府的监督力度，不仅符合当代社会市场经济的需要，更符合中国特色的法制体系。

第二，配置专业素质高的监管人才。会计是一个专业性质极强的行业，因此我们会发现会计信息失真没有我们想象的那么简单，不单单是一张财务报表上一个数字出现偏差的问题。只有具有专业素质的会计人才才能从中发现门道，解决问题。而我国政府监督部门的一些工作人员并不具备这样的素质。

第三，统一各相关法律中会计信息披露的相关处罚规定。各类法律中对类似会计行为都有裁决，在行政处罚形式上大同小异，不免造成惩罚交叉等情况。应以《会计法》为主,协调统一各相关法规与之相呼应。

第四,形成独立的执法环境。使行政处罚权和调查权、审核权相分离。可适当提高相关部门监管人员的薪酬待遇,实行跟踪监察制度,定期对其工作的绩效进行评估,对工作中的表现做到重奖重罚,并且实现责任终身制,保证有关人员能够尽忠职守,降低甚至阻止外界对其执法的干扰,确保法律实现公平公正。

第五,建设相关制衡机制。设置专门机构针对会计审计部门进行严格的工作监督。建立专门的人员信息网,收录全国会计监管人员的相关信息,并使其个人基本情况、执法情况、工作业绩、奖惩情况以及工资待遇合理地被公布出来,使执法透明化,接受社会公开监督。

4.强化会计信息失真民事责任制度

除了刑事责任和行政责任的规定,有关法律对责任人应负的民事责任也作出了规定,但与刑事责任和行政责任相比较起来,明显比较薄弱。比如,整部《证券法》,除了第207条①的原则性规定之外,只有第63条②、第202条③作了有关信息披露的民事法律责任的规定。当前的研究重点主要是会计信息失真如何从法律的角度进行判读,如何从多个视角对这一问题进行认真的思考,从而更好地解决当前面临的各类问题。

会计信息失真的法律法规具有可操作性是十分关键的。为了进一步体现对法律法规的可操作性,必须加重现有的法律法规对违法行为的处罚力度,进一步起到威慑的效果,从而更好地规范整个行业的操作方式。从国外的实践来看,要收到较好的法律效果,就必须要不断增强处罚力度,更好地服务于不同的法律责任主体,并且不断加强监督与管理。显然,我国目前几部与会计信息

① 《证券法》第207条规定:"违反本法规定,应当承担民事赔偿责任和缴纳罚款、罚金,其财产不足以向其支付时,先承担民事赔偿责任。"

② 《证券法》第63条规定:"发行人、承销的证券公司公告招股说明书、公司债券募集办法、财务会计报告、上市报告文件、年度报告、中期报告、临时报告,存在虚假记载、误导性陈述或者有重大遗漏,致使投资者在证券交易中遭受损失的,发行人、承销的证券公司应当承担赔偿责任,发行人、承销的证券公司有责任的董事、监事、经理应当承担连带赔偿责任。"

③ 《证券法》第202条规定:"为证券发行、上市或者证券交易活动出具审计报告、资产评估报告或者法律意见书等文件的专业机构,就其所负责的内容弄虚作假的,造成损失的,承担连带赔偿责任。"

失真有关的法律法规，在这一方面的实践远远不够，对于会计信息失真的行为的处罚力度不够，难以起到约束作用。许多的违法行为，虽然在法律法规当中有所体现，但是由于处罚的力度较小，对于违法行为难以起到打击的作用。

我国的行政以及刑事责任在会计信息失真的法律责任当中占据主体的地位，而民事责任基本上起不到作用，这导致了违法的成本较低，违法的行为基本上不需要负民事责任。民事责任是对违法行为重要的约束方式，国外在这一方面有着较丰富的实践经验，并且也收到较好的效果，这就说明，实现这一目标，必须要不断加强民事责任。在整个法律责任体系当中，不断完善民事责任，对民事责任的范围、主体、义务等内容进行规范，从而增强可操作性，更好地服务于会计行业。

法律责任的本质可以从一个重要的视角来判断，从国家层面来说，主要是统治阶段对各类违反规定的现象从法律上进行详细的说明，明确界定了各类问题产生的原因，同时把违法的边界界定清楚，避免造成不必要的麻烦。为此，我们可以对其总结为：在国家规定的法律和义务规定下，个人和组织由于违反了相关法律法规，触犯了国家法律，法律有权强制该个人或组织承担其行为所应承担的法律责任。《会计法》作为当前进行判断的主要法律条文，在整个判断的过程当中起着重要的支撑作用，必须要对这部法律的条文进行深入的探讨。而《公司法》《证券法》则是《民法》中的特别法，也属于公法，同样，其中所包含的内容都为公法义务。通过对会计失真条例的描述我们可以看出，涉及威胁到其他财产损失的会计失真行为应该承担民事赔偿责任。出于上述讨论，我们又出现了新的问题：对于同一违法行为，既违反了《会计法》中的公法义务原则，又违反了《民法》中的民事赔偿责任，对于责任的判断，必须要从不同的视角出发进行研究，要有一个统一的标准，才能避免这种现象的产生。一般来说，违反行为人的行为同时构成了多部法律的犯罪条件，且其不同的法律规定存在着冲突关系，则对其追究法律责任时只能选择一种法律的制裁。所谓责任聚合，是指同一违法行为虽然触及了多重法律条件，但其间不存在两两冲突的关系。这两种责任的相同点在于该行为都是实际上在犯罪的要素构成上是一样，这一点是两种责任的最大的相似之处。

在对相同的地点进行判断以后，有必须对两种责任的不同之处进行相应的判断，才能更好把握其中的区别，有利于我们作出正确的判断。一是由于这两种情况在不同的条件下产生出来的结果不同，最终必须要承担的法律责任有着本质的区别，因此，这种区别造成了两种之间法律责任的不同；二是相关的处理部门也有着区别，其中对于责任竞合而言，只需要面临一个部门，另一种责任就要面临多个部门，分属多个部门管理。对于具体案件的分析及归属责任认定问题上，法律并未明确规定，尤其是当企业会计信息失真的行业涉及第三方的情况。

企业会计信息失真民事责任的适用应遵循以下原则：第一，优先适用原则。这一原则比较明白易懂，主要是从面临的各类情况出发进行相应的判断，涉及罚款、罚金、没收财产等相关行政和刑事责任时，应确保违反行为人在有足够的财产赔偿金额的基础上，适用行政和刑事责任；如果违反行为人经核实后无误可用于赔偿的财产时，则优先适用民事责任。第二，区别对待原则。由于参与会计失真行为的不同参与主体参与的程度、参与动机不同，或主动或被动，最终其导致会计失真对其他方造成的损失的程度也不同，因此，对于不同的情况必须要以区别对待的方式进行相应的处理，这是十分必要的。企业在会计信息失真行为中，为民事赔偿的第一责任主体；当企业具有法人资格时，法人需要独立承担对外民事责任，如果没有设立人的出资或认缴的投资额没有到位或转移的，则不需要再承担会计失真造成的民事赔偿责任。当企业不具有法人资格时，一般来说，相关的股东对于所要承担的责任具有法律效应，必须面临相应的责任，即只有当违反会计失真的企业财力无力支付其对第三方造成的损失时，第二赔偿责任由自然人承担，其中单位主要负责人应承担会计失真行为造成的损失的无限责任，而会计主管人员以及实际会计失真行为操作人员则应该在损失赔偿中承担有限赔偿责任。

企业必须明确会计信息失真民事赔偿责任的赔偿范围。首先，必须要明确缔约过失责任当中所要赔偿的范围，这对于解决会计信息失真的问题具有指导性的作用。一般来说，在这种情况下，可能会产生两个部分的赔偿：第一，会计失真企业在与受害企业签订合作合同时所支出的必要费用。如果在签订合同时一方企业存在目的性的会计失真行为用以欺骗另一方企业，造成对其实际经济状况的误解，导致在合作中蒙受损失，则受害方有权根据《合同法》第

42条及第54条的规定，要求撤销合同或者变更合同项目以此减少或避免企业再次遭受会计失真行为造成的损失，同时，由此导致的为签订合同或变更合同所花的全部必要费用，有权要求涉假方予以赔偿。第二，对方与会计失真企业签订合同后，导致其丧失与其他潜在企业签订合同的机会成本的赔偿。前项所列举的损失属于企业在会计失真行为中的直接、积极损失，而第二项损失则为间接、消极损失，从经济学角度来说，该项损失是无法避免的，在企业当中会经常产生。

其次，当面临侵权责任性质不同时，赔偿范围也是有着较大的区别。此项赔偿范围，是由于企业在进行日常的运营过程当中所从事的违法行为或参与交易而最终产生财产损失的范围。对此项损失范围的认定，主要应当从两方面的限制来界定：第一，在参与交易过程中，被损害利益企业的参与活动不存在过错，仅由会计失真企业单方存在会计失真的过失行为。第二，对于遭受损失的企业对其的赔偿范围应控制在恢复与其签订合同之前的财务状况为限。此赔偿范围具体包括以下几个方面：其一，受害企业在签订合同时所支出的准备维护等必要支出费用。其二，受害企业在履行合同过程中所遭受的财产损失。其三，上述两条中涉及的财产损失金额的利息赔偿。

5.完善我国会计信息失真法律救济制度

我国目前的公司组织形式主要为有限责任公司和股份有限公司，相对应的会计信息失真可能侵害的主体主要为小股东和出资份额小的投资者，毕竟这些投资者没有决策权和决定权，对会计真实信息的收集和掌握也就相对有限，可能产生的危害就会使得投资收益减少或丧失，需要通过法律渠道对这些小投资者给予法律救济。下面主要针对小投资者的诉讼制度和证据收集等方面提出相关建议。

（1）改革代表人诉讼制度

代表人诉讼制度设计的目的是改变原告弱势地位，通过人数的集中来扭转原告不利的地位，从而也节约司法资源达到社会纠纷的有效解决。换言之，代表人诉讼制度是通过改变原告的权利生态和权利力量来动员社会力量参与，以便挑战权利救济渠道，从而达到制裁违法者的宗旨。而目前我国在审理相关信息失真类的民事赔偿案件时，也是主要采取代表人诉讼制度。笔者发现这种制度存在一定的缺陷，主要表现为：首先，此种诉讼制度的适用范围较小，适用于诉讼标的属于同一种类，这样很多的利益受损者就不能使用这种制度获得赔偿。[①]其次，代表人诉讼权利登记的流程很繁杂，对诉讼工作造成了明显影响，而且代表人的选择也存在一定的信任问题。最后，因诉讼周期较长，且相应的时间精力付出很大，因而可能出现这样一个问题就是，损失小的投资者因为怕麻烦不愿意付出时间精力而放弃起诉，这样对违法行为造成了一定的放纵后果。[②]因此很有必要对这种制度进行改进，这可以从如下几方面入手。首先，扩大其相应的适用范围，这可以将诉讼标的为同一类，变为共同损害事实，以此来确保受损少的投资人可适用这种制度。而会计信息失真案例的发生往往是基于存在利益受损，而利益受损的前提主要是会计信息失真所直接引发的结果，也就是都存在共同的损害事实，这样便于最大程度地保护会计信息失真所导致发生的利益受损。其次，改变申报加入原则为申报退出原则，也就是在法院公告后退出的不受判决约束，其他情况下的都受到制约。这是基于会计信息失真所发生的案例往往会涉及很多人，毕竟在我国股份结构中散户很多，而这些散户都分布于全国各地，尽管我国的交通条件大大改善，但是基于工作、时间、成本等各种因素的考量，散户很难会在限定的时间内及时申报，如若错过限定时间就意味着排除损害赔偿，并不与法律所提倡的公正原则所一致。而如若将申报加入改为申报退出原则，就意味着即便没有及时申报，也可以在判决发生后得到应有的损失赔偿。

（2）引入律师胜诉酬金制度

胜诉酬金是在当事人与律师事务所约定的胜诉前提下支付费用的制度。具体来说，胜诉酬金与"风险代理"含义基本一致，即当事人无须事先支付律师费用，等律师所代理事务获得成功后，当事人从所得的财物或者利益中提取代理协议所规定的比例作为律师费，但是如果出现败诉则无须支付律师费的一种律师收费制度。胜诉酬金制度最早起源于美国，其最大的特点是以诉讼结果

---

① 魏兵.我国代表人诉讼制度的完善［J］.长春工程学院学报（社会科学版），2012（04）：9.

② 陈莹莹.浅议我国代表人诉讼制度的完善——以美国集团诉讼制度为借鉴［J］.吉林省教育学院学报，2013（01）：73.

为标准来计算律师费用。①考虑到胜诉收费在一些特殊的情形下有违法律和公共政策或者破坏律师有效的功能，在美国对家庭及刑事案件两类案件不得实行胜诉酬金制，并规定允许在集团诉讼中实行律师胜诉酬金制度。而基于中国的群体纠纷和群体性事件数量的急剧增加，特别是基于上市公司会计信息失真而可能出现的诉讼而言，呈现出诉讼人数多、规模大、复杂性强等特点，仅仅通过行政性手段等非司法程序根本不能有效解决所出现的问题，况且我国目前已经具备了律师业走向企业化经营的模式阶段，并基于律师自身已经能够成为诉讼进展的有力主导方，综合这些因素，在会计信息失真法律规制之中引入律师胜诉酬金制度，能够最大程度地激发律师的诉讼主动性，这样可以在保护自身利益的同时，对打击公司虚假会计行为也起到一定效果。②而在会计信息失真的法律制度引入当中，第一，需要明确集团诉讼胜诉酬金收费比例。明确这种收费比例，可以有效防范无限制地提高酬金比例而不利于该制度的长期发展；同时，也可以有效地防范律师胜诉酬金过低情况，从而激励律师代理与此相关的此类案件。而若在会计信息失真的案件之中，通过明确合理的胜诉酬金收费比例，就可以最大程度地促进律师胜诉酬金制度的良性发展。第二，确立胜诉酬金的计付方法。目前西方法治发达国家的主要模式为：当事人自身承担相应的费用，后者是败诉方承担胜诉方的律师费用。我国在会计信息失真案例之中也可以采取败诉方承担律师诉讼费用的方式，符合我国国情并能够有效地遏制会计信息失真现象的发生。第三，还应该同时赋予律师协会以纪律惩戒权力。在涉及会计信息失真的案件发生，律师协会就可以对情节严重的律师事务所和律师予以纪律惩戒，以便震慑会计信息失真的发生。

（3）实行举证责任倒置制度

举证责任倒置制度的创建目标主要是对弱势群体进行强大的保护，尽量展现出法的正义理念。通过举证责任倒置的主要因素去思考，主要存在于原告举证困难以及社会反映强烈的事情中。虽然目前国内法律也清楚要求举证责任倒置的八个种类，然而在有关会计信息失真的案例当中还没有清楚要求应该使用什么样的举证模式。会计是专业化强度很高的行业，会计信息包含业务数

---

① 陆庆.集团诉讼代理的酬劳——胜诉酬金制度的引入[J].改革与开放，2012（12）：20.

② 陆庆.集团诉讼代理的酬劳——胜诉酬金制度的引入[J].改革与开放，2012（12）：21.

据、计算模式，准则选择等众多流程。缺少正式培育的非专业人员就不能清楚的评判会计信息是否真实，即便工作时间很长的会计人员也无法全面确保可以精准辨别识会计信息的真假。假如执行"谁主张，谁举证"原则，事实上就是剥夺了位于举证弱势群体的中小投资者的法律救济权利。所以，在善意信息使用者表明其损失是由信息披露者不实行为造成的，且本身并未出现过错时，那么我们就可以相信披露信息是真的，此后举证责任需要让信息披露者担负，假如无法表明本身没有过错，就可以推测信息披露者有过错，就需要担负对应的民事责任。举证责任倒置制度，可以明显地减少投资人的举证费用以及诉讼投资，提升中小投资者监管会计信息的自主性，最后提升会计信息质量。^①国内医疗领域的民事侵权归责已开始使用举证责任倒置原则，让医疗单位担负相应的举证责任。会计行业服务特点和医疗行业相似，我们可以对照医疗行业执行举证责任倒置制度。

（三）完善我国会计信息失真监督制度

1.完善企业内部监督制度

（1）完善独立董事制度

独立董事一般表示和公司、股东无产权关系以及任意关联关系的董事。我国从2001年开始发布相关指导意见，表明独立董事制度步入正式执行时期，之后又陆续发布有关政策，持续加快了独立董事的后续发展。然而因为独立董事制度发展时间不长，并不是内发型，在国内企业也不是自主产生的，所以也因此发生了有关问题，需要我们使用高效合理的处理方式进行处理。

第一，全面确定独立董事的职责。只有对独立董事的职责进行清楚划分，才可以加快独立董事全面执行法定职责，进而进一步完成制衡目的，不只是把独立董事放在"咨询顾问"的不合适处境，全面合理地预防以及制约会计信息失真的出现。因此，独立董事的职责需要负有诚信与诚勉义务，并按照相关法律法规和公司章程要求切实维护公司整体利益，不受公司相关领导者、利害关系者的影响，并可以赋予特别职权来有效监督公司的经营活动，即向董事会提议聘用或解聘会计师事务所，独立聘请外部审计机构和咨询机构，重大关

---

① 叶自强.举证责任倒置规则的构成要素与适用[J].河北法学, 2011 (05)：73.

联交易认可权，董事会召开提议权等。

第二，改良健全独立董事的聘任体制。因其是独立董事，那么就要将其独立性特点激发出来，让其免受大股东的制约。但是通过对部分企业的调查以及参考部分有关案例，我们知道，独立董事的独立性并未清楚地展现出来，而大股东以及中小股东的权益位于不平衡或不对称的环境中，如此就造成独立董事受到大股东或多或少的影响和制约，这就表明独立董事的聘任体制需要改良以及健全，也就是大股东回避制、中小股东提名制、董事会提名委员会提名制、自律组织推荐制，等等。其中董事会提名委员会提名制的重点是由独立董事构成并进行授权，自律组织推荐制的重点是由协会创建独立董事人才库且进行推荐。不管通过什么样的方式或组合方式开展，都需要保证独立董事的独立性。

第三，创建且健全独立董事评价问责机制。[①]在大多数独立董事中，"花瓶董事"以及"签字董事"的情况层出不穷。造成上述情况出现的关键因素就是问责评价机制缺少，导致独立董事没有承担相应的职责。我们需要使用相应的方式按时公开独立董事履职评价、独立董事诚信档案库构建，对独立董事进行限制。

第四，强化对独立董事的服务以及一般管理。我国经过多年的独立董事制度运行，独立董事群体已经成为公司发展的不可分割部分，然而独立董事的内部归属感以及特定诉求渠道依旧没有完全的创建起来。这就需要组建独立董事交流机构，且准备完善的服务以及管理，也就是独立董事资格认证和长久培训—创建独立董事人才库—编制独立董事工作指导—进行独立董事履职评价。

（2）完善审计委员会制度

健全审计委员会制度，对企业会计信息的出现进行全方位监管、管理会计师事务所的招聘和后续的沟通、检查监督企业的内部审计等，委员会成员也需要由独立董事构成。我国《公司法》第123条规定：企业设立独立董事。有上述体制前提，审计委员会的设置的花费也逐渐减少。另外，因为现在国内公司的内部审计部门大部分由总会计师或主管财务的副总经理管理，行政色彩

---

① 仇俊林，范晓阳.企业会计信息失真问题研究[M].北京：人民出版社，2006：98.

重，内部审计明显缺少独立性，无法激发自身的监督职能。[1]建议由审计委员会全面管理监督内部审计，管理内部审计部门的设定、关键负责人的任免和人员的分配、薪酬等，但是内部审计部门和其人员也需要向审计委员会负责，在工作中出现问题需要向审计委员会报告，如此就能进一步增强内部审计的独立性，脱离经理层的影响，进而对公司会计信息质量开展合理的审查。其中由审计委员会决定会计师事务所的招聘、续聘、收费等事情，也可以确保注册会计师的独立性，让其免受经理层的干涉，非常合理的激发外部审计的影响。

设置审计委员会需要在《公司法》或《证券法》中进行清楚的要求，且对审计委员会的组成、职责、工作流程等进行规定，详细的执行细节需要让证监会去负责。在任职资格上要求审计委员会成员的素养必须是全面的，一定要具备法律、财经部分的教育常识，一般都需要接受过会计、审计、票据、银行、证券和有关法律等部分知识的系统教育，另外也需要具备在企业担任中层以上管理人员、财务人员的经历或者具备法律职业资格且有特定的工作经验等；在审计委员会的职能上重点是对企业对外财务报表开展审查，重视报表中信息披露的全面性、精准性以及公允性，和董事会有关报告叙述的合理性；审核评价企业内部审计任务，招聘外部独立审计，且对外部审计的服务范畴进行划分，评估外部审计的综合绩效等。

（3）完善监事会财务监督职能

我国《公司法》对监事会只用财务监督权的相关要求，然而要求十分概括笼统，并未对监事会怎样开展财务监督进行清楚的要求。所以，在《公司法》中对监事会财务监督的职能需要进行详细的确定，确保其监督企业会计信息质量的职能可以全面的实施。第一，建议参考德国《股份公司法》的相关要求，确定董事会需要在年度账目以及情况报告编写完成以后马上上交给监事会。第二，在要求监事会相关职权的时候，需要规定其对应的义务。在董事会把年度报告上交给监事会之后，监事会需要审查年度账目、情况报告和对使用结算盈余的意见，且需要把审查结果向股东大会进行相应的汇报，且在对外信息披露中公开披露。监事会需要审查过且认定的多种公司财务账簿及其余文件

① 张世鹏, 张洁瑛, 谢星.会计独董、治理环境与审计委员会勤勉度 [J].审计研究, 2013（03）：84.

上签署名称。第三，要加强监事会成员的责任意识。假如监事没有履行其注意和忠实义务或者不切实际执行监督义务，向股东大会上交不真实监督报告或者没有暗示上交财务报告，在发现之后，就需要马上暂停其行使监事职责，严重的可以免职。企业及股东因此遭受的亏损，其可以向企业索要赔偿。第四，需要借鉴德国《股份公司法》的"默认不批准"规则，要求监事会假如在特定时间内没有对财务报告作出是否批准的意见，此时财务报告就可以被当作未被监事会批准，预防监事怠于执行财务监督职能，导致财务报告发生混乱事情。

2.完善企业外部监督制度

在企业外部监督中，最关键的就是加强社会公众监督。社会监督一般表示注册会计师以及资本市场参与者对其会计信息真实性的监督。[1]注册会计师的审计任务是社会监督的关键构成方面，是企业会计信息质量的重要保证体制，注册会计师依靠自身专业知识以及职业道德，可以合理地评估企业所披露的会计信息的真实情况，且当作会计信息进入资本市场的关键屏障，在预防会计信息失真部分具有十分关键的作用。

（1）强化注册会计师审计的独立性

独立性是注册会计师审计的核心所在，是其是否可以激发防范会计信息失真职能的重点所在。注册会计师审计的独立性很高，大众对其审计成果的认可性就越强，需要使用部分措施来加强上述独立性。第一，健全企业对会计师事务所的招聘以及更换体制。目前有关法规条文在现实工作中无法完全变成注册会计师独立审计的"护身符"，[2]其关键因素是：上市公司变换会计师事务所让股东大会和大股东决定并没有任何不同，变换会计师事务所只告知变换理由无法满足预期目的。第二，改变会计师事务所和被审计单位的委托关联。注册会计师审计所执行的是社会监管职责，因此其委托人就是社会公众。但是现在的情况是被审计单位是审计委托人，对审计人招聘、收费等事情有重要的影响，上述关系就会造成会计师事务所去迎合被审计单位的利益需要，乃至出现造假，因此就无法确保审计的独立性和公正性。监管部门或主管部门利用招标方式，整体评价会计师事务所的声誉、规模和实力，为被审计单位挑选符合

---

① 彭柯.不良会计行为产生的动机及对策[J].湖南商学院学报，2013（04）：95.

② 李瑜丽.浅析会计法律规范体系的完善[J].中国证券期货.2013（06）：123.

要求的会计师事务所。有关审计成本，需要依照修订的统一要求，每年由被审计单位向管理组织或主管部门上交预算金额，让监管或主管机构负责向会计师事务所上交有关资金。上述方式能全面地划分会计师事务所和被审计单位的利益，让注册会计师独立和被审计单位维持合理、公正的态度。第三，制约会计师事务所执行和审计没有关系的其余工作。国内会计师事务所在执行审计业务的时候，还进行了部分会计咨询、代理记账业务等非审计工作，注册会计师和被审计单位业务有非常密切的关系，一定会造成两者之间产生利益共同体，因此就不能确保单独、客观、合理的审计。需要制约会计师事务所的非审计业务的执行，会计师事务所不能接受3年内提供过非审计业务的企业的委托审计业务，以便更好地确保审计独立性。

（2）改变会计师事务所的组织形式

我国法律要求会计师事务所能使用下列组织形式：公司制及合伙制。上述不同特点的事务所在得到营业资格以及签订审计报告的效力等部分是一样的，只有在承担法律责任上有所差异：公司制以出资额为限度承担有限责任；合伙制负无限责任。[①]这就造成国内会计师事务所大部分都使用有限责任制。但是注册会计师审计报告的真实性对社会所有投资者和债权人权利息息相关，会计师事务所担负的社会大众责任，这和有限责任制是无法匹配的。为了让会计师事务所全面担负起社会责任，就需要提高会计师事务所的法律责任，把组织形式转变成合伙制，让其担负无限责任。

（3）加强对注册会计师审计的监管

因为很多因素，政府监督制度受到了限制，注册会计师协会的监管也需要不断强化。为强化对注册会计师审计的监督，首先，查看政府各监管机构的职责，减少监管重叠或真空情况的出现。其次，为让政府机构全面执行其职责，需要创建政府监管行为的社会评估以及责任约束体制，例如由专家人员、政协委员、社会大众等构成的社会评议部门对政府监管行为开展评议，且要求政府监管人员对其监管举动的后果担负一定的责任，减少官僚主义，提升工作效率。此外，强化各级注册会计师协会的管理强度，尽早修订监管工作要求和

---

① 陈依群.会计信息失真的原因、危害及治理初探[J].财经界(学术界),2014(14):160.

相关惩戒方案，健全对监管者的奖励以及约束体制。

3.强化以政府为主导的行政监督机制

政府对企业的监督的作用是十分明显的，对企业的发展具有重要的启迪的作用。对于企业而言，政府在企业的各类事务当中都起到监督的作用，尤其是对企业的各类行为的规范。因此，政府可以从以下几个方面着手解决这一问题。

（1）建立起相应的监督管理体系。由于不同的部门在对企业的监督当中所起的作用不同，这就导致在不同的部门会出现不同的监督结果，并且这一结果不进行共享，造成了信息的不完善。另外，存在着部门与部门之间的职责的不明确，企业受到不同的部门相关的监督与管理，这就造成了企业的负担。由于政府在监督的过程当中，既出现了监督不到位的问题，又出现了监督的重复的问题，实际上就是资源的浪费，这就要求企业在进行各类操作的过程当中，不断加强合作，建立相应的统一的监督管理体系，更好地服务于企业的发展。

（2）加强对行业从业人员的监管。对行业的从业人员的规范是十分重要的，对不同的群体的约束是十分关键的，从相关的法律条例的制定到不断地调整与修订，这就体现出政府在引导从业人员方面所起的作用。另外通过相应的培训进一步加强从业人员的业务水平，更好地服务于企业的发展。同时，有必要对当前我国各类行业从业人员的相关法律与条例进行有针对性的修订，不断进行细化，从而更好地适应市场经济的发展。

（3）逐步构建会计委派制度。会计委派制度，在国外还是比较常见，并且运用的效果比较好，可以为企业的发展奠定良好的基础。由于我国当前的会计信息出现各类失真的问题，这就要求在制度方面进行不断创新，从而更好地为解决这一问题提供新的思路。对于出现各类会计信息失真的问题，一方面是由于相关从业人员的道德素质不高，受利益的影响作出违法的行为；另一方面是由于企业的管理人员要求从业人员进行相关的操作，为管理人员谋求更多的福利。为了解决这一问题，可以采用会计人员委派制度，通过对相关的企业委派企业外部的会计人员对本企业的相关财务报表进行核查，确以保企业更好地服务于这一行业的发展。

（4）培养从业人员的职业素养。会计从业人员出现各类违法的行为，是因为自身的职业素养不高，道德出现问题，从而影响了从业人员对相关情况的判断。为此，要解决这一问题，还得从企业的会计人员的职业素养开展始进行培训与养成，以提高从业人员的道德水平。对于整个行业而言，就是要建立起一套诚信体系，让失信的会计从业人员在市场当中难以找到谋生的方式，让失信的人员失助，而诚信的人员可以获得相应的报酬。在整个行业协会当中，要建立起黑名单制度，通过对违反职业素养的人员进行相应的备案，加大对违法查处以及惩罚的力度，而让其在整个行业当中无法获得相关的工作岗位，让失真的人无立足之地。当然，还可以根据国外的相关的成功经验，对会计信用进行评级，对不同的信用人员进行级别的确定，从而建立起诚信的操作规范。

参考文献

[1] 邬焜, 李琦. 哲学信息论导论 [M]. 西安: 陕西人民出版社, 1986.

[2] [美] 财务会计准则委员会编. 论财务会计概念 [M]. 娄余行, 译. 北京: 中国财政经济出版社, 1992.

[3] 吴敬琏. 现代公司与企业改革 [M]. 天津: 天津人民出版社, 1994.

[4] 杨志华. 证券法律制度研究 [M]. 北京: 中国政法大学出版社, 1995.

[5] 葛家澍, 黄世忠. 反映经济真实是会计的基本职能 [J]. 会计研究, 1999 (12).

[6] 《会计信息质量与会计监督检查》编写组. 会计信息质量与会计监督检查 [M] 北京: 中国财政经济出版社, 2001.

[7] 张纲. 公共管理学引论 [M]. 杭州: 浙江大学出版社, 2003.

[8] 王建忠. 会计发展史 [M]. 大连: 东北财经大学出版社, 2003.

[9] 张跃建, 陈友福. 德国的税务管理模式、税务稽查体系及借鉴意义 [J]. 税收与企业, 2003 (S1).

[10] 李大明. 税收管理与稽查 [M]. 北京: 经济科学出版社, 2004.

[11] 李钢. 会计信息质量特征研究 [D]. 首都经贸大学, 2004.

[12] 宋效中. 反偷逃税与税务稽查 [M]. 北京: 机械工业出版社, 2005.

[13] 孙铮, 杨世忠. 会计信息质量特征 [M]. 大连: 大连出版社, 2005.

[14] 王国弘. 会计信息失真问题研究及对策探析 [D]. 天津大学, 2005.

[15] 潘凤广. 上市公司会计信息失真问题研究 [D]. 四川农业大学, 2005.

[16] 牟建国, 侯文哲. 会计信息失真对我国税收的危害及对策分析 [J]. 黑龙江纺织, 2005 (12).

[17] 蔡春, 唐滔智等. 公司治理审计论 [M]. 北京: 中国时代经济出版社, 2006.

[18] 刘晓丹. 公司治理与内部控制研究 [D]. 山西财经大学, 2006.

[19]仇俊林,范晓阳.企业会计信息失真问题研究[M].北京:人民出版社,2006.

[20]会计信息质量特征研究课题组.对建立我国会计信息质量特征体系的认识[J].会计研究,2006(01).

[21]刘次邦,李鹏.美国税务稽查法律制度及其启示[J].涉外税务,2006(12).

[22]彭未名,邵任薇,刘玉蓉,等.新公共管理[M].广州:华南理工大学出版社,2007.

[23]苏慧玲."浅论西方国家会计信息失真"[J].科学之友,2007(05).

[24]许家林,张华林.法理视角的会计法规体系协调研究[J].专家论坛,2007(05).

[25]国家税务总局教材编写组.税务稽查管理[M].北京:中国税务出版社,2008.

[26]蔡昌.中国税制[M].北京:清华大学出版社,2009.

[27]李维安.公司治理学(第2版)[M].北京:高等教育出版社,2009.

[28]吕洪雁.创业板市场发行、上市规则的解读与思考[J].财会月刊,2009(24).

[29]江江.公司治理结构对我国上市公司会计信息披露质量的影响探讨[D].江西财经大学,2010.

[30]梁钰.我国防范会计信息失真法律制度的完善研究[D].南昌大学,2010.

[31]程世红.浅议会计信息失真的成因和防范对策[J].财经界,2010(01).

[32]张云.美加两国税务稽查管理特色及对我国的启示[J].涉外税务,2011(03).

[33]叶自强.举证责任倒置规则的构成要素与适用[J].河北法学,2011(5).

[34]郑雪蓉.会计信息失真的原因及解决对策[J].老区建设,2011(20).

[35]王泽应.伦理学[M].北京:北京师范大学出版社,2012.

[36]李荔.走出财务黑洞[M].北京:经济科学出版社,2012.

[37]王泽应.伦理学[M].北京:北京师范大学出版社,2012.

[38]魏兵.我国代表人诉讼制度的完善[J].长春工程学院学报(社会科学版),2012(04).

[39]刘玉文,段志晓,王强.对直辖市构建现代化税务"一级稽查"模式的探讨[J].天津经济,2012(03).

[40]陆庆.集团诉讼代理的酬劳——胜诉酬金制度的引入[J].改革与开放,2012(12).

[41] 苗丽云. D市国税某稽查局执法风险防范对策研究 [D]. 大连理工大学, 2013.

[42] 王金一. 税务执法风险防范研究 [D]. 山东师范大学, 2013.

[43] 陈莹莹. 浅议我国代表人诉讼制度的完善——以美国集团诉讼制度为借鉴 [J]. 吉林省教育学院学报, 2013 (01).

[44] 宋良荣, 吴圣静. 论税收遵从研究的理论基础 [J]. 南京财经大学学报, 2013 (02).

[45] 张世鹏, 张洁瑛, 谢星. 会计独董、治理环境与审计委员会勤勉度 [J]. 审计研究, 2013 (03).

[46] 彭柯. 不良会计行为产生的动机及对策 [J]. 湖南商学院学报, 2013 (04).

[47] 甘绍平. 道德概念的两重涵义 [J]. 伦理学研究, 2013 (05).

[48] 李瑜丽. 浅析会计法律规范体系的完善 [J]. 中国证券期货, 2013 (06).

[49] 史桂芝, 任学民. 会计职业道德现状、问题与治理对策探索 [J]. 产业与科技论坛, 2014 (18).

[50] 陈依群. 会计信息失真的原因、危害及治理初探 [J]. 财经界 (学术界), 2014 (14).

[51] 林爱琴. 审计式税务稽查与传统税务稽查异同刍议 [J]. 合作经济与科技, 2014 (12).

[52] 李晓曼. 税收风险管理方法与实务 [M]. 大连: 东北财经大学出版社, 2015.

[53] 国家税务总局教材编写组. 税务稽查 (初级) [M]. 北京: 中国税务出版社, 2016.

[54] 庞琬琦. 会计信息失真的法律责任研究 [D]. 吉林大学, 2016.

[55] 伊虹. "营改增"后税务稽查发展方向及应对研究 [M]. 北京: 清华大学出版社, 2017.

[56] 陈礼伯, 杨轩, 伍青莲. 密切税警协作, 提升稽查质效 [J]. 税务研究, 2018 (01)

[57] 伍红, 侯伟. 税务稽查执法风险的分析与控制 [J]. 税务研究, 2018 (09).

[58] 李昂. X市税务稽查信息化应用管理研究 [D]. 西北农林科技大学, 2019.

[59] 李尔. 个人所得税改革和征管研究 [J]. 现代营销, 2020 (02).